novum pro

Henning Karcher

GLÜCKLICH durch das Meistern der

12 SPIRITUELLEN GESETZE DES UNIVERSUMS

Ergebnisse einer 40-jährigen Suche auf 5 Kontinenten

novum pro

Bibliografische Information
der Deutschen Nationalbibliothek:

Die Deutsche Nationalbibliothek
verzeichnet diese Publikation in
der Deutschen Nationalbibliografie.
Detaillierte bibliografische Daten
sind im Internet über
http://www.d-nb.de abrufbar.

ISBN 978-3-99048-628-3
Lektorat: Bianca Brenner
Umschlagfotos: Michal Bednarek,
Evgeniy Orel | Dreamstime.com
Umschlaggestaltung, Layout & Satz:
novum Verlag
Innenabbildungen: Henning Karcher

Gedruckt in der Europäischen Union
auf umweltfreundlichem, chlor- und
säurefrei gebleichtem Papier.

www.novumverlag.com

INHALT

EINLEITUNG

Jeder hat sein eigen Glück unter den Händen, wie der Künstler die rohe Materie, die er zu Gestalt umbilden will. Aber es ist mit dieser Kunst wie mit allen; nur die Fähigkeit dazu wird uns angeboren, sie will gelernt und sorgfältig ausgeübt sein.

Johann Wolfgang von Goethe

Manchmal habe ich das Gefühl, dass mein ganzes Leben nur eine Vorbereitung auf das Schreiben dieses Buches gewesen ist. Meine Arbeit für die Vereinten Nationen und die langen Aufenthalte in vielen Ländern dienten nur dem Zweck, Einsichten zu gewinnen, die irgendwann zusammenkommen und ihren Niederschlag in eben diesem Buch finden sollten.

Ich habe ein bewegtes Leben geführt, erst in Deutschland, dann vorwiegend in Asien, aber auch in Afrika und in den USA. Es gab viel Freude, aber auch allerhand Herausforderungen. Zurückblickend kann ich mit Überzeugung sagen, dass auch in schwierigen Zeiten Gutes liegt. Wenn es uns gelingt, die Lektionen zu begreifen, die in jeder Herausforderung stecken, dann sind schwierige Zeiten eine gute Sache. Und wenn ich jetzt auf Perioden intensivster Herausforderungen in meinem Leben zurückblicke, dann kann ich in aller Ehrlichkeit sagen, dass ich sie in einem positiven Licht sehe und sogar dankbar für die Entwicklungsschübe bin, die sie mir schenkten, und die Einsichten, die sie mir gewährten. Natürlich habe ich das nicht immer so gesehen, und wenn man in einer schwierigen Phase seines Lebens steckt, wünscht man sich nichts sehnlicher, als aus ihr herauszufinden.

Obwohl meine Arbeit in verantwortlichen Positionen, zum Beispiel als Leiter des gesamten UN-Systems in Nepal und in Nordkorea und als Divisionschef für Asien und den Pazifischen Ozean im Entwicklungsprogramm der Vereinten Nationen, einen

Großteil meiner Kraft in Anspruch nahm, hat das Suchen nach spirituellen Wahrheiten immer eine große Rolle in meinem Leben gespielt. Vielleicht musste ich tatsächlich viele Jahre in muslimischen, buddhistischen und hinduistischen Ländern leben, um die einfache, tiefe Wahrheit zu begreifen – dass viele Wege zu unserer spirituellen Heimat führen, dass kein Weg privilegierter und besser ist als alle anderen und dass die zentralen Wahrheiten aller großen Religionen und Weisheitslehren in vielen wichtigen Punkten übereinstimmen. Eine der größten Tragödien und der wohl verhängnisvollste Irrweg der Menschheit besteht darin, den eigenen Weg als den einzig richtigen anzusehen und sich das Recht herauszunehmen, alle anderen Wege zu verdammen und sogar mit Feuer und Schwert zu bekämpfen – was für eine schreckliche Projektion menschlichen Denkens und menschlicher Schwächen auf den göttlichen Geist des Universums!

Ich denke auch, dass meine Arbeit für die Vereinten Nationen und mein Leben in vielen Ländern mir eine gewisse Glaubwürdigkeit als ein ernst zu nehmender Zeitgenosse geben, der seine Rolle auf dem internationalen Parkett gespielt und Dinge unter oft schwierigen Bedingungen bewegt hat, sich aber gleichzeitig immer bemühte, seinen spirituellen Kern, seine grundsätzlich spirituelle Natur nicht zu vergessen. Dabei beeile ich mich zuzugeben, dass ich mich über lange Zeiträume hinweg durchaus völlig in das Dickicht des Weltlichen verstrickt und dort verlaufen habe. Es gab aber immer Helfer, die mir zur Seite standen, Fingerzeige gaben und auch tatkräftig einschritten, wenn die Gefahr bestand, völlig abzugleiten. Sogar in jüngerer Zeit, vor wenigen Jahren, hatte ich wieder einmal ein aufrüttelndes Erlebnis, das mich fast mein Leben gekostet hätte, gleichzeitig aber wieder einen Entwicklungsschub brachte. Ich habe gelernt, mein Augenmerk auf die Lektionen zu richten, die in jedem derartigen Erlebnis schlummern, dankbar dafür zu sein und sogar ein wenig darüber zu schmunzeln.

Zwei Themen haben während meines schon recht langen Lebens immer eine große Rolle gespielt: Spiritualität und Glück.

Schon während meiner Schulzeit beschäftigte ich mich intensiv mit Fragen der Spiritualität und Religion. Gibt es einen Gott? Wenn ja, was will er von uns? Hat der Mensch eine Seele? Wenn ja, hat sie eigene Ziele und Pläne für uns? Können wir mit ihr kommunizieren? Kann sie auf unser Denken und Handeln Einfluss nehmen? Ist es wichtig, ethisch und moralisch zu handeln? Woher stammen die ethischen und moralischen Werte, die unsere Kultur bestimmen, wenn nicht von einem höheren Wesen? Würde nicht ein moralisches Chaos herrschen, wenn es keine höhere Ordnungsmacht gäbe, die uns Leitlinien setzt und vielleicht auch Konsequenzen in Aussicht stellt für „unmoralisches" Handeln? Wäre der Mensch ohne eine derartige höhere Instanz oder Autorität nicht mit einem Schifflein zu vergleichen, das ruderlos auf dem Ozean seiner Triebe von Wind und Wellen herumgestoßen würde ohne Kompass und Nordstern? Mit derartigen Fragen pflegte ich meinen Mitschülern auf die Nerven zu gehen. Religion war mein mit Abstand liebstes Fach und ich erinnere mich, dass mein Klassenlehrer, der uns in Religion und Französisch unterrichtete, einmal meinen Eltern gegenüber ausrief: „Wenn Henning sich doch nur genauso für Französisch interessieren würde wie für Religion!"

Das Interesse an Fragen des Glücks entwickelte sich wesentlich später, wohl auch, weil ich von Natur aus kein ausgesprochen glücklicher Mensch bin. Von der Amerikanerin Sonja Lyubomirsky stammt die These, dass jeder Mensch einen natürlichen Glückspunkt hat, das Maß an Glück, auf das er sich einpendelt, wenn keine besonderen Ereignisse oder Einflüsse vorliegen, die ihn in positiver oder negativer Richtung aus seinem Glückspunkt schieben. Im Rahmen dieses Konzeptes lag mein natürlicher Glückspunkt lange Zeit im nicht-so-glücklichen Bereich. Ich besaß daher ein ausgesprochenes Bestreben, bewusst Glücksgefühle zu erzeugen und diese bewusst wahrzunehmen, wenn sie vorhanden waren. Schon früh entdeckte ich, dass Sport für mich eine wichtige Quelle des Glücks sein konnte und machte es mir zur Angewohnheit, über 30 Jahre hinweg fast täglich zu joggen, dadurch Glücksgefühle auszulösen und auch besser mit dem Stress zurechtzukommen, der mit meiner Arbeit verbunden war

Schon seit Jahrzehnten habe ich die Angewohnheit, Tagebuch zu führen und auch von Zeit zu Zeit sogenannte „Mission Statements“ für mich selber aufzuschreiben[1]. Interessanterweise steht das Streben, dem Göttlichen, dem großen Geist, dem Tao näherzukommen und mit ihm zu kommunizieren dabei immer an oberster Stelle, so als wollte meine Seele mir das bekannte Bibelwort in Erinnerung rufen: „Trachtet zuerst nach dem Reich Gottes, nach seiner Gerechtigkeit, so wird euch solches alles zufallen.“ (Matthäus 6,33).

Im Laufe der Zeit begann sich meine spirituelle Suche immer mehr auf das Finden universeller spiritueller Gesetze zu konzentrieren, die den Menschen Handlungsanweisungen für ihr tägliches Leben geben können, ein Leben, das dadurch gekennzeichnet zu sein scheint, dass sich im Augenblick alles immer schneller bewegt und verändert. Es scheint, dass viele Menschen, ja ganze Nationen, ihren Nordstern verloren haben und ruderlos umhertreiben. Könnte es sein, so fragte ich mich, dass in diesem scheinbaren Chaos Leitlinien, eben Gesetze, existieren, die uns helfen, wieder auf Kurs zu kommen, unsere Wurzeln zu finden und wieder fest auf einem soliden Fundament zu ruhen? Einem Fundament, das es uns erlaubt, auch dem ärgsten Sturm zu widerstehen, so wie jene legendären Weisen, die in sich ruhen, von denen in jeder Situation eine Atmosphäre des Friedens und der Harmonie ausgeht, die in jeder Situation genau wissen, was zu tun ist, und die unberührt vom Geschnatter der Medien und sozialen Netzwerke auf dem Weg zu ihrem Ziel voranschreiten.

Durch eine wunderbare Fügung des Schicksals war es mir vergönnt, im Rahmen meiner Arbeit für das Entwicklungsprogramm der Vereinten Nationen (United Nations Development Programme – UNDP) meine Suche auf fünf Kontinente

---

1 Die Idee, „Mission Statements“ zu verfassen griff ich auf aus Stephen Coveys Buch „Die 7 Wege zur Effektivität“

auszudehnen. Langzeitposten umfassten fünf Jahre in Pakistan, drei Jahre im Sudan, drei Jahre in Laos, zwei Mal fünf Jahre in den USA (zu verschiedenen Zeiten), drei Jahre in Nordkorea und fünf Jahre in Nepal. Seit über zehn Jahren lebe ich jetzt mit meiner Frau auf den Philippinen. Zahlreiche Dienstreisen ermöglichten es mir, alle Länder Asiens und die meisten Inseln des Südlichen Pazifik zu besuchen. Meine spirituelle Suche brachte mich bis nach Australien.

Mehrjährige Aufenthalte in einem fremden Land sind wie zusätzliche Leben, die es einem erlauben, in die Gedanken- und Gefühlswelt eines fremden Volkes einzutauchen. Geboren in Ostpreußen, aufgewachsen in Schleswig-Holstein und dem Saarland, waren meine Wurzeln von Anfang an deutsch und sind es immer geblieben, trotz eines eher internationalen Lebens.

Die Suche nach dem Glück ist so alt wie die Menschheit und hat sich in Deutschland speziell in jüngerer Zeit verstärkt. Im Jahre 2013 erhoben deutsche Radio- und Fernsehgesellschaften das Thema Glück sogar zum herausragenden Thema einer ganzen Programmwoche. Im gleichen Jahr brachte die Deutsche Post einen deutschen Glücksatlas heraus. Die über das Internet zugängliche „World Database of Happiness“ bringt es auf über 3000 Studien zu dem Thema[2].

Warum also eine weitere Publikation zu diesem Thema? Wie der Titel nahelegt, geht es mir ganz speziell um den Zusammenhang zwischen den spirituellen Gesetzen des Universums und Glück. Gibt es derartige Gesetze? Wenn ja, wo kommen sie her und worin bestehen sie genau? Ist ihre Geltung universell, für alle Menschen in allen Kulturen? Gelten sie genauso unumstößlich wie die Gesetze der Physik, wie zum Beispiel die Schwerkraft? Wie können wir lernen, sie zu meistern? Wie genau wirkt ihre Beherrschung sich auf unser Leben aus? Und schließlich, vielleicht mit am wichtigsten, wie beeinflusst ihre Beachtung unsere langfristige Entwicklung als Mensch und Persönlichkeit?

2 http://worlddatabaseofhappiness.eur.nl/).

Viele Seiten sind zur Definition von Glück schon geschrieben worden und ich beabsichtige nicht, allzu viel Raum und Zeit auf das Thema zu verwenden. Fest steht, dass das Ziel, Glück zu empfinden und eine langfristige Situation des Glücks zu erreichen eine der stärksten Triebfedern menschlichen Handelns darstellt. Fast genauso stark ist die Triebfeder, anderen Glück zu schenken. Viele wissenschaftliche Studien haben gezeigt, dass derjenige, der einen anderen glücklich macht, sich gleichzeitig selber beschenkt. „Geben ist seliger denn Nehmen", sagt schon die Bibel.

Im Rahmen unseres Themas ist es wichtig, zu betonen, dass dieser Zusammenhang zwischen Geben und Empfangen, den wir alle schon empfunden haben, ein naturgesetzlicher ist. Wie ich später im Einzelnen noch zeigen werde, sind wir alle Teil eines großen Energiefeldes, einer großen „Energiesuppe", wie die Wogen eines großen Ozeans. Alles ist mit allem verbunden. Alles fließt in kleinen und großen Strömen nach bestimmten Gesetzen. Was wir anderen geben, kommt unweigerlich zu uns zurück, und zumeist in vielfacher Weise. Das erlebe ich dauernd. Willst du glücklich sein, schenke anderen Glück!

Schülern der spirituellen Gesetze wird das Wissen um diese Zusammenhänge zur zweiten Natur. Fast unmerklich, aber stetig, verschiebt sich der Schwerpunkt ihrer Wünsche und Ziele von ihrem eigenen Ego in die Richtung anderer. Statt der Frage, wie man selber profitieren kann, beschäftigt sie mehr und mehr die Frage, wie man anderen helfen kann. Mehr und mehr wird ihnen klar, dass sie nackt auf diese Erde gekommen sind und sie sie auch wieder nackend verlassen werden. Das Beste und Sinnvollste, was sie fortlaufend tun können, besteht darin, so viel wie möglich wegzugeben …

Es ist dieser Zusammenhang zwischen Geben und Glück, den ich hier besonders hervorheben möchte. Er stellt zugleich das stärkste Argument gegen den Vorwurf dar, die Beschäftigung mit dem Glück sei nur ein Thema für Selbstbezogene und Hartherzige. Das Gegenteil ist der Fall.

Die gute Nachricht lautet, liebe Leserin und lieber Leser, dass diese Gesetze in der Tat existieren und dass jeder sich daranmachen kann, sie zu meistern. Tatsächlich ist die Suche nach diesen Gesetzen nicht neu. Schon die alten Ägypter und Griechen beschäftigten sich mit der Frage und fassten ihre Erkenntnisse unter dem Namen „Hermetische Gesetze“ zusammen, auch bekannt unter dem Namen „Kybalion“. Ihre Abfassung wird einem sagenumwobenen Weisen namens Hermes Trismegistus zugeschrieben. Jahrhundertelang wurden sie als Geheimwissen behandelt und unter Eingeweihten nur mündlich weitergegeben. In neuerer Zeit präsentierte Deepak Chopra ausgesuchte Gesetze in einem kleinen Büchlein mit dem Titel „Die 7 Gesetze des Erfolges“. Wie schon der Titel besagt, ist dieses Büchlein sehr stark auf Erfolg und Wohlstand ausgerichtet. Der bekannte Film und das spätere Buch „The Secret“ („Das Geheimnis“) von Rhonda Byrne, stellen sehr stark auf das Gesetz der Anziehung ab. Noch bessere und weit umfassendere Ergebnisse für Ihr gesamtes Leben werden erzielt, wenn Sie, liebe Leserin und lieber Leser, alle Hauptgesetze und weitere Untergesetze beherrschen. Dies ist ein Punkt, der es verdient, gleich zu Anfang betont zu werden. Alle Gesetze und Untergesetze stellen eine Einheit dar, ein eng gewobenes Netzwerk von Regeln, die ineinandergreifen und sich gegenseitig beeinflussen. Ihr Ziel muss es sein, sie alle zu beherrschen. Unser Leben auf dieser Erde ist ein Mannschaftsspiel. Diejenigen, die die Regeln beherrschen, können das Spiel erfolgreich spielen. Diejenigen, die die Regeln nicht kennen, tapsen eher plump herum.

Was für viele vielleicht neu ist, ist die Tatsache, dass die Naturwissenschaften, genauer gesagt die Quantenphysik, in jüngerer Zeit Verbindungen zwischen dem Verhalten der kleinsten Teile der Materie und den spirituellen Gesetzen hergestellt haben. Genauer gesagt geht es vor allem um die Entdeckung, dass das Verhalten der kleinsten Teilchen des Universums, die Entscheidung, ob sie sich als Welle oder Partikel präsentieren, von der Erwartungshaltung des Beobachters abhängt. Mit anderen Worten, die Gedanken des Beobachters beeinflussen auf direkte messbare Weise die Materie. Die Implikationen dieser Entdeckung sind gewaltig. Ich nehme an, dass Quantenphysik vielleicht nicht zu Ihren großen Leidenschaften zählt. Dennoch könnte es Sie vielleicht interessieren, ein klein wenig mehr über diesen Punkt zu hören. Vielleicht ist der Ausdruck *Metaphysik* ja irreführend, weil es eben einen nahtlosen Übergang zwischen der sichtbaren und der unsichtbaren Welt gibt.

Eine weitere Komponente, die auch viele überraschen wird, kommt noch dazu, und das ist die Komponente der Liebe. Sie wird in den ursprünglichen Hermetischen Gesetzen nicht ausdrücklich erwähnt und doch stellt sie ein ganz wichtiges Element in allem dar, was in diesem Universum und in Ihrem persönlichen Leben geschieht. Das hängt damit zusammen, dass unser Universum aus Schwingungen besteht. „Alles schwingt" lautet eines der Hermetischen Gesetze. Liebe stellt die höchste aller Schwingungen dar, während Wut, Hass und Angst am untersten Ende der Skala stehen. Höhere Schwingungen besitzen die Macht, niedrigere aufzulösen, sie sozusagen zu überwältigen. Wenn es Ihnen also gelingt Ihr Denken und Fühlen so einzurichten, dass es von den hohen Schwingungen der Liebe und anderen hohen Schwingungen wie Güte, Mitgefühl, Großzügigkeit, Verzeihen, Friedfertigkeit, Wahrhaftigkeit, Schönheit und Harmonie bestimmt ist, läuft alles wie von selbst. Ihr Leben macht einen Schlenker in eine positive Richtung, das Universum „konspiriert" sozusagen, um Ihre Ziele zu verwirklichen. „Glückliche Zufälle", besser gesagt Synchronizitäten, passieren dauernd, Ihr Leben bewegt sich in eine heitere, sonnigere Richtung.

„Nun aber bleiben Glaube, Hoffnung, Liebe, aber die Liebe ist die größte unter ihnen" (1.Korinther 13). Vielleicht geht es Ihnen genau wie mir. Irgendwie haben mich diese Worte immer sehr angesprochen und intuitiv fühlte ich, dass da etwas dran war … Dieser Intuition werden wir in diesem Buch auch noch nachgehen. Ich werde Ihnen zeigen, wie Sie es anstellen können, Liebe zu einer dominierenden Kraft in ihrem Leben zu machen, wobei ich natürlich weniger von der romantischen Liebe spreche, wie sie heute unsere Medien beherrscht, sondern mehr von der uneigennützigen und absichtslosen Liebe, die die alten Grieche als „Agape" bezeichneten.

Kann ich Ihnen versprechen, dass Ihnen, wenn Sie die Gesetze meistern, nichts Unerfreuliches mehr zustoßen wird? Natürlich nicht. Ich kann Ihnen aber versprechen, dass Sie alle Ereignisse in Ihrem Leben in einem völlig neuen Licht sehen und in Vorfällen, die zuvor nur blankes Entsetzen ausgelöst hätten, wertvolle Lektionen erkennen werden. Sie werden Zeuge einer Transformation werden, die alle Aspekte Ihres Lebens und Ihrer Persönlichkeit erfasst. Und hier kann ich nun im Brustton vollster Überzeugung sprechen als einer, der an sich selbst eine derartige Transformation beobachten konnte und immer noch beobachtet. Und dieser Prozess der Transformation erzeugt bei mir und anderen, die Ähnliches erlebt haben, einen Prozess niemals endenden freudigen Erstaunens, den ich nur als Glück bezeichnen kann. Glück ist mehr als alles andere ein Prozess der Verwirklichung der eigenen Potenziale, der Verwirklichung des Selbst, Fortschritt auf dem Weg zur Erleuchtung.

Einige der wichtigeren Erkenntnisse, die ich im Laufe meiner langen Suche gewonnen habe, lassen sich wie folgt zusammenfassen:

Es gibt spirituelle Gesetze, die in unserem Leben Geltung haben. Diese Gesetze sind genauso unumstößlich wie die Gesetze der Physik.

Das Kennen und Meistern dieser Gesetze führt zu Ordnung, Harmonie, Frieden, Schönheit, Liebe und Glück in unserem täglichen Denken, Fühlen und Handeln, und zu Glück durch die bewusste Transformation unseres Selbst.

Neben der sichtbaren, materiellen Welt gibt es eine für uns Menschen unsichtbare, geistige Welt. Die spirituellen Gesetze gelten gleichermaßen in der geistigen wie in der materiellen Welt. Wie oben so unten.

Geistige und materielle Welt interagieren fortlaufend miteinander.

Unsere Gedanken besitzen Schöpferkraft.

Mit jedem Gedanken erschaffen wir unsere Zukunft.

Wir sind zu 100 % verantwortlich für alle unsere Erfahrungen.

Das Gesetz der Schöpferkraft gilt auch für unsere Gesundheit und Krankheiten. Es gilt der Grundsatz: Wie innen, so außen.

Der Augenblick der Kraft liegt immer im Jetzt.

Es gibt keinen Tod, nur einen bewussten Übergang in die geistige Welt.

Liebe ist die größte Kraft in diesem Universum. Unserer Natur nach sind wir Geschöpfe der Liebe. Es gilt nur, diese unsere wahre Natur wieder zum Vorschein zu bringen.

Alles ist mit allem verbunden, wir sind eins mit allem, vor allem mit anderen menschlichen Wesen.

Spirituelle Helfer sind immer bereit, uns zur Seite zu stehen. Wir können sie immer um Hilfe bitten. Wir sind nie allein. Es ist möglich, spirituelle Weisheiten und Erkenntnisse aus der geistigen Welt zu erhalten.

Dieses Universum ist von einer Intelligenz erschaffen, die es auch am Laufen hält. Diese Intelligenz ist wohlwollend und hat nur unser Bestes im Auge, auch wenn dies nicht immer gleich offensichtlich ist. Es ist möglich, das Wirken dieser Intelligenz zu erkennen und zu erfahren.

Der Mensch besteht aus Körper, Geist und Seele. Es ist für unser irdisches Bewusstsein möglich, mit unserer Seele zu kommunizieren.

I. ZUR NATUR DER SPIRITUELLEN GESETZE

Wir sind nicht Menschen, die eine spirituelle Erfahrung haben, sondern spirituelle Wesen, die es erfahren, Mensch zu sein

Piere Teilhard De Chardin

Was heißt spirituell? Wieso habe Sie, liebe Leser, dieses Buch überhaupt in die Hand genommen? Spirit heißt Geist, also steckt „geistig" in dem Wort spirituell. Sie fühlen, dass es etwas Geistiges gibt, das über die materielle Welt hinausgeht, die wir mit unseren fünf Sinnen wahrnehmen können. Sie fühlen, dass da etwas dahinterstecken könnte, das es wert ist, entdeckt zu werden und das Ihr ganzes Leben und vielleicht sogar Ihr Weltbild zum Guten verändern könnte. Wir nennen diese Gesetze die spirituellen, um sie von den rein naturwissenschaftlichen Gesetzen abzugrenzen. Sie sind komplexer, nicht so einfach messbar, vor allem aber nehmen sie Bezug auf das Zusammenspiel von geistiger und materieller Welt. Es gibt Anzeichen dafür, dass eine geistige Welt existiert, eine geistige Welt, aus der wir kommen und in die wir zurückkehren nach unserem Tode. Es gibt Anzeichen dafür, dass es Dinge zwischen Himmel und Erde gibt, von denen sich unsere Schulweisheit nichts träumen lässt, wie Shakespeare es ausdrückte.

Den Gesetzen liegen gewisse Erkenntnisse darüber zugrunde, wie das Leben in der diesseitigen und jenseitigen Welt in übergreifender Weise funktioniert. Wie schon früher erwähnt, gibt es keine strenge Trennung zwischen diesseitiger und jenseitiger Welt. Wir sind in erster Linie spirituelle Wesen, die es erfahren, Mensch zu sein. Wir kommen aus der geistigen Welt, nehmen einen Körper an, spielen unsere Rolle hier auf der irdischen Bühne und treten dann wieder zurück in die geistige Welt. Mit einem Bein bleiben wir aber immer in der geistigen Welt. Der Mensch ist ein dreiteiliges Wesen, das sich aus Körper, Geist und Seele zusammensetzt. Die Seele, jener unsterbliche, ewige Teil unseres Selbst, ist immer da und beobachtet still, wie wir unsere Rolle spielen. Es ist die Seele, die unser ureigenes, wirkliches Selbst darstellt – nicht der Körper, auch wenn unser irdisches Bewusstsein sehr eng mit ihm verbunden ist und die Tendenz hat, sich mit dem Körper zu identifizieren. Wenn Sie sich einen Augenblick ruhig hinsetzen, liebe Leserin und lieber Leser, tief und ruhig durchatmen, ist es Ihnen möglich, nach innen zu gehen und Ihr Bewusstsein auf die Perspektive der Seele zu verschieben. Wayne Dyer nennt diese Technik „Cultivating the Witness" – das Kultivieren des Zeugen[3]. Es ist eine sehr wirksame Methode, um Abstand zu gewinnen und festzustellen, dass wir nicht mit unseren Gedanken und Gefühlen identisch sind. Wir sind ein Wesen, das die Erfahrung macht, gewisse Gefühle wie zum Beispiel Traurigkeit zu empfinden. Es liegt in der menschlichen Natur, von Zeit zu Zeit solche Gefühle zu erfahren. Wir sind aber nicht identisch mit diesen Gefühlen.

Die Gesetze der Physik funktionieren nie in Isolierung. Ein Rennwagen, der sich in die Kurve legt, unterliegt gleichermaßen der Fliehkraft wie der Schwerkraft. Das Gleiche gilt für die spirituellen Gesetze des Universums. Sie wirken immer zusammen, können ihre jeweiligen Wirkungen aufheben, verstärken oder abwandeln. Die Kunst besteht darin, auf der Klaviatur aller Gesetze so zu spielen, dass wir eine Kraft des Guten für uns selber und alle, mit denen wir in Berührung geraten, werden. An Zeichen und Hinweisen mangelt es nie. Es liegt an uns, sie wahrzunehmen und ihnen zu folgen.

Ein Backstein fällt hinunter, wenn Sie die ihn haltende Hand öffnen, und verletzt Ihren darunter stehenden nackten Fuß völlig unabhängig davon, ob Sie an das Gesetz der Schwerkraft glauben oder nicht. Und genauso ist es mit den spirituellen Gesetzen des Universums, zum Beispiel dem Gesetz von Ursache und Wirkung,

3 Er beschreibt diese Technik insbesondere in seinem Buch: Your Sacred Self. Auch Michael A. Singer erläutert die Technik auf sehr detaillierte Weise in seinem Buch: The untethered soul, a journey beyond yourself.

das auch das Gesetz des Karmas genannt wird. Die Strafe folgt der bösen Tat auf dem Fuß! Allerdings sind die spirituellen Gesetze komplexer, schwieriger zu verstehen und weniger offensichtlich. Zum Beispiel ist das Gesetz des Karmas außerordentlich komplex und nur wenige haben es wirklich verstanden.

Bedeutet ein Gesetz nicht automatisch, dass ein Gesetzgeber dahintersteht – eine Autorität, die die Gesetze gemacht hat und nun eifersüchtig darüber wacht, dass sie auch eingehalten werden? Wir kommen hier in einen Bereich, der an die 10 Gebote der Bibel erinnert. Die Frage lautet: Wurden die 12 Spirituellen Gesetze von einer höheren, bewussten Autorität erstellt, die uns sozusagen kategorisch – wie der kategorische Imperativ des Philosophen Immanuel Kant – gebietet: „Befolgt meine Gesetze und wenn Ihr es tut, werdet Ihr glücklich sein, auf dass es Euch wohl ergehe und Ihr lange lebet auf Erden!"

Die Frage, ob es eine höhere Intelligenz gibt, einen unendlichen Geist, der uns erschuf und den wir Gott, Göttin, Krishna, Brahman, Allah, Tao, Alpha und Omega oder das Eine nennen mögen, muss jeder für sich entscheiden. Die Antwort darauf ist aber, wie gesagt, nicht entscheidend für die Geltung und Anwendung der 12 spirituellen Gesetze des Universums. Der Backstein wird auf Ihren Fuß fallen, unabhängig davon, ob Sie glauben, dass ein Gott das Gesetz der Schwerkraft gemacht hat oder ob dieses Gesetz einfach so entstanden ist und gilt.

Was nun die Motivation angeht, die spirituellen Gesetze zu meistern und zu befolgen, so würde ich postulieren, dass dies in erster Linie in Ihrem ureigensten Interesse liegt. Wenn Sie die Gesetze in Ihrem praktischen Leben meistern und beherzigen, dann läuft fast alles wie von selbst. Sie werden Ihre Ziele und Wünsche klar formulieren und sich wundern, wie das Universum, wie schon erwähnt, sozusagen konspiriert, um sie in Erfüllung gehen zu lassen. Jetzt, in meinem siebten Lebensjahrzehnt, erlebe ich das tatsächlich täglich und ich kenne eine ganze Reihe von Menschen, denen es ähnlich ergeht.

Mit zunehmendem Verstehen der spirituellen Gesetze wird sich auch Ihr gesamter Ausblick auf das Leben, Ihre ganze Perspektive verändern. Und wenn wir den Blickwinkel verändern, mit dem wir auf Dinge blicken, verändern sich die Dinge, auf die wir blicken. Wayne Dyer sagte dies und schrieb ein lesenswertes Buch zu diesem Thema mit der Kernthese: „When you change the way you look at things, the things you look at change.[4]"

Ich, ganz persönlich gesprochen, kann mir nicht vorstellen, dass dieses wunderbare Universum mit dem Makrokosmos mit seinen Millionen von Galaxien und dem Mikrokosmos mit dem Wunder der Atome, Moleküle, Protonen und Elektronen einfach so durch Zufall entstanden ist. Ich kann mir auch nicht vorstellen, dass das Wunder des Lebens einfach so entstanden ist, dass zum Beispiel eine gewaltige Eiche aus einer kleinen Buchecker hervorgeht; dass die Erde sich gerade so im Gleichgewicht erhält, zwischen der Anziehungskraft der Massen und der Fliehkraft, ohne dass eine Intelligenz sie davor bewahrt, in die Sonne zu stürzen oder in den Weltraum zu taumeln. Aber darauf kommt es, wie gesagt, nicht an.

Wie schon früher angedeutet, stellen die Schwingungen der Liebe, die höchsten Schwingungen überhaupt dar. Die Liebe ist eine Urkraft, die alles andere hervorbringt und erhält.

Genau genommen lassen sich die spirituellen Gesetze auf ein einziges Gesetz, auf einen einzigen Grundsatz reduzieren: Handle immer aus Liebe. Das beinhaltet natürlich Liebe zu deinen Mitmenschen, zu deinem Gott und auch zu dir selbst. Du brauchst nur immer dein Herz zu fragen: „Was würde Liebe jetzt tun, sagen, denken." Daraus folgt dann alles andere. Natürlich ist es nicht ganz leicht, seinem Herzen zu lauschen und zu folgen. Frühere Generationen hatten es da leichter. Ohne Radio, Fernsehen, Handys und Computer gab es einfach mehr Stille. Wenn

4 Die deutsche Übersetzung klingt etwas schwerfällig und besitzt nicht die Leichtigkeit und Eleganz des Originals: „Wenn du den Blickwinkel änderst mit dem du auf Dinge blickst, verändern sich die Dinge auf die du blickst".

dauernd Informationen auf einen einstürzen, ist es schwierig, der Stimme des Herzens zu lauschen. Der moderne Mensch hat sich von seinem Herzen entfremdet. Vielen Menschen fehlt deshalb der Polarstern, der innere moralische Kompass, an dem sie sich ausrichten können. Auch in der Politik merkt man das ganz deutlich. Meinungsumfragen und Machtkalküle ersetzen den moralischen Kompass, oder, um es ganz altmodisch auszudrücken, das Wohl des Volkes.

In dieser Welt, in der es den wenigsten gelingt, sich einzustimmen auf die Stimme ihres Herzens, stellen die spirituellen Gesetze nichts anderes dar als eine Krücke, allerdings eine sehr gute, sehr effektive, sehr umfassende und sehr elegante Krücke. Wenn jemand die 12 Spirituellen Gesetze des Universums verinnerlicht und praktiziert, wird er ein glückliches und gesegnetes Leben führen. Er wird nicht nur ein Segen für sich selbst, sondern auch ein Segen für seine Mitmenschen sein. Am Ende wird er den Weg zurück zu seinem Herzen gefunden haben, zu seinem höheren Selbst, zu seiner Seele.

Da ich in der „Kantstadt" Königsberg geboren wurde, möchte ich dieses wichtige Kapitel mit einem Zitat Immanuel Kants beschließen, das das Lieblingszitat meines Vaters war. Er erwähnte es zuweilen, wenn er mir Sternbilder erklärte. Beachten sie bitte das Wort „Gesetz".

> Zwei Dinge erfüllen das Gemüt mit immer neuer und zunehmender Bewunderung und Ehrfurcht, je öfter und anhaltender sich das Nachdenken damit beschäftigt:
> Der gestirnte Himmel über mir und das moralische Gesetz in mir.
> Ich sehe sie beide vor mir und verknüpfe sie unmittelbar mit dem Bewusstsein meiner Existenz.

II. ECKPUNKTE MENSCHLICHER EXISTENZ

Mich lässt der Gedanke an den Tod in völliger Ruhe, denn ich habe die feste Überzeugung, dass unser Geist ein Wesen ist ganz unzerstörbarer Natur; es ist ein Fortwirkendes von Ewigkeit zu Ewigkeit[5].
Ich bin gewiss wie Sie mich hier sehen, schon tausendmal dagewesen und hoffe wohl noch tausendmal wiederzukommen[6].

Johann Wolfgang von Goethe

Wie schon erwähnt, spricht viel dafür, dass wir in erster Linie spirituelle Wesen sind, die eine spirituelle Erfahrung haben und nicht umgekehrt. Wenn wir diese Prämisse akzeptieren, erhebt sich die Frage, wo genau wir herkommen und hingehen. Und warum haben wir uns auf diese menschliche Erfahrung eingelassen?

Wie schon erwähnt, liegt den spirituellen Gesetzen die Tatsache zugrunde, dass es eine spirituelle Welt gibt, die sich von der irdischen unterscheidet, und ebenso die Tatsache, dass diese beiden Welten eng miteinander verwoben sind. Die spirituelle Welt ist wie die Rückseite des Mondes. Wir sehen nur dessen beleuchtete Vorderseite, trotzdem gibt es die andere Hälfte.

Welche kausalen Beziehungen bestehen nun zwischen unserer Existenz in der spirituellen Welt und unserer irdischen Erfahrung? Was veranlasste uns, uns auf diese irdische Erfahrung einzulassen, standen irgendwelche Ziele und Absichten dahinter und hatten wir die Möglichkeit, Einfluss auf die Rahmenbedingungen unserer menschlichen Existenz zu nehmen?

---

5 2. 5. 1784 an Eckermann

6 25. 1. 1813 an Johann Daniel Falk. Den gleichen Gedanken bringt Goethe in dem bekannten Gedicht „Gesang der Geister über den Wassern“ zum Ausdruck.

In diesem Zusammenhang kann ich nicht umhin, ein kurzes Wort zur Reinkarnationslehre zu sagen. Langjährige Aufenthalte in buddhistischen und hinduistischen Ländern veranlassten mich immer wieder dazu, mich mit diesem Thema zu befassen und auch die umfassende Literatur zu studieren, die dazu im Osten wie im Westen existiert. Kurz und gut, im Laufe der Zeit verfestigte sich bei mir die Überzeugung, dass tatsächlich etwas an dieser Lehre dran ist. Es würde den Rahmen dieses Buches sprengen, die Argumente aufzuzählen, die dafür und dagegen sprechen. Lassen Sie mich einfach nur erwähnen, dass es so viele gut dokumentierte Fälle gibt, die darauf hinweisen, dass jemand schon einmal gelebt hat, dass es mir einfach unmöglich wurde, diese zu ignorieren. Als eine wichtige Quelle möchte ich hier das Buch *Wiedergeburt, ein neuer Horizont in Wissenschaft, Religion und Gesellschaft* von S. Cranston und C. Williams nennen. Wer Ohren hat, der höre, und wer Augen hat, der sehe!

Offensichtlich ist es nicht notwendig, an die Reinkarnationslehre zu glauben, um die Gesetze erfolgreich anzuwenden. Dennoch bieten die folgenden Ausführungen zu den Themen „Eckpunkte des Lebens“, „Potenziale“ und „Lektionen“ interessante Ansätze zum Verständnis unseres großen Lebensplanes und auch zum Verständnis von Schicksalen, die auf den ersten Blick als außerordentlich ungerecht erscheinen mögen.

Die Erde ist eine Ebene des freien Willens. Wir können uns entscheiden, ob wir die Gesetze befolgen wollen oder nicht. Allerdings hat das Befolgen oder Ignorieren Konsequenzen. Es lohnt sich deshalb, Anstrengungen zu unternehmen, um sie zu meistern. Wie bei allem Lernen handelt es sich hier um einen langsamen und stetigen Prozess. Jeder hegt zunächst Zweifel, macht erste zaghafte Versuche, die Gesetze zur Anwendung zu bringen, beobachtet die Konsequenzen und gewinnt so im Laufe der Zeit zunächst Zuversicht, dann Vertrauen und zuletzt Überzeugung und Wissen. Jesus, der die Gesetze hundertprozentig beherrschte, wusste, dass alle seine Wünsche und Ziele sofort verwirklicht werden würden und konnte deshalb dem Himmlischen Vater für deren Erfüllung danken, noch bevor er einen bestimmten Wunsch oder ein bestimmtes Ziel klar artikuliert hatte.

Willensfreiheit bedeutet zuallererst, dass unsere Macht im jetzigen Augenblick liegt. Was auch immer geschehen mag, was auch immer die Rahmenbedingungen sein mögen, die das Schicksal uns beschert hat, es liegt bei uns, wie wir darauf reagieren. Überhaupt haben alle Ereignisse keinen Sinn in sich selbst. Ein schwerer Regensturm kann eine Katastrophe bedeuten für denjenigen, der einen Straßenumzug geplant hat, und ein Segen sein für den Bauern, dessen Feldfrüchte verdorren. Es kommt immer auf die Umstände an und die Perspektive der Betroffenen. Wir geben durch unsere Gedanken Ereignissen eine bestimmte Bedeutung, und was zunächst als ausgesprochen schlecht und eine Katastrophe erscheint, kann sich langfristig als ein versteckter Segen erweisen. Es gibt gute Gründe anzunehmen, dass unser Universum von einer Intelligenz geschaffen wurde und beherrscht wird, die im Endeffekt nur positive Ziele im Sinn hat. Das Endziel besteht in unserer Evolution in die Richtung höherer Stufen unseres Bewusstseins.

Lassen Sie mich nochmal betonen, dass die Macht im Jetzt, im jetzigen Augenblick liegt. Wir sind nicht unsere Vergangenheit und nicht unsere Zukunft. Die Vergangenheit ist Geschichte. Die Zukunft liegt im Verborgenen. Alles, was zählt, ist der jetzige Augenblick, das Hic et Nunc. Deswegen wird der jetzige Augenblick im Englischen auch „The Present" genannt, was zugleich so viel heißt wie ein Geschenk. Die Gegenwart, der jetzige Augenblick, ist das Geschenk, das uns in jedem Augenblick gegeben wird. Und ich erwähnte schon, dass unsere Gedanken schöpferische Macht besitzen. Wenn wir Gedanken der Liebe, des Mitgefühls, des Verzeihens, der Harmonie, des Friedens, des Helfens und der Schönheit denken, senden wir positive Schwingungen aus und erschaffen entsprechende Umstände. Sind unsere Gedanken auf der anderen Seite gekennzeichnet durch Hass, Furcht, Aggressionen, Eifersucht und andere negative Gefühle, so werden sie ebenfalls eine entsprechende Welt erschaffen. In jedem Augenblick sind wir aufgerufen, Entscheidungen über unsere Gedanken und Taten zu fällen. Wir sind sozusagen dazu verdammt, dauernd Entscheidungen zu treffen und dadurch unsere Welt zu erschaffen.

Dies bedeutet allerdings nicht, dass wir als ein völlig unbeschriebenes Blatt in dieses Leben eintreten. Es sind drei Begriffe, die in diesem Zusammenhang eine besondere Rolle spielen: Eckpunkte, Potenziale und Lektionen. Wie schon vorher erwähnt, besteht das übergeordnete Ziel unseres Lebens darin, uns weiterzuentwickeln und dadurch als geistige Wesen, die wir in erster Linie sind, in eine höhere Dimension der geistigen Welt aufzusteigen, in eine Dimension, die durch höhere Schwingungen, größere Freude und größeres Glück gekennzeichnet ist.

Eines der spirituellen Gesetze, zu dem später noch mehr zu sagen sein wird, ist das Gesetz von Ursache und Wirkung, das auch Gesetz des Karmas genannt wird. Alle unsere Gedanken und Taten haben Konsequenzen. Wie ihr säet, so werdet ihr ernten. Positive Gedanken und Taten erzeugen positives Karma, negative Gedanken und Taten negatives Karma. Wir betreten die irdische Bühne also mit einem gewissen „Karma-Konto“, das wir sozusagen abarbeiten müssen. Über verschiedene Wege, die Begleichung karmischer Schulden zu beschleunigen und dem Rad des Karmas völlig zu entkommen, werden wir später noch sprechen.

Mit dem Endziel der Weiter- und Höherentwicklung im Auge wählt unser höheres Selbst bestimmte Rahmenbedingungen wie Land, Stadt, Eltern, Geschwister, Gesundheit, Krankheit oder gewisse schwere Gebrechen aus, die als hilfreich angesehen werden, den Entwicklungsprozess voranzutreiben. Zu diesen vorbestimmten Elementen können auch gewisse einschneidende, oft traumatische Ereignisse zählen, die das Potenzial besitzen, den Menschen aufzurütteln, an seinen geistigen Ursprung zu erinnern und zum Pfad der positiven Entwicklung zurückzuführen. Im breiten Rahmen dieser vorgegebenen Eckpunkte besteht aber vollständige Willensfreiheit. Wir sind wie Reisende, die eine Flugreise um die Erde mit bestimmten Stopps gebucht haben, im Übrigen aber frei sind, ihre Tage nach freiem Gutdünken zu gestalten.

Der Weise wird sich daher hüten zu urteilen oder gar zu verurteilen. Wir wissen nicht, warum jemand bestimmte Lebensumstände gewählt hat, warum jemand mit bestimmten Krankheiten belastet ist, warum jemand einen bestimmten Unfall erleidet. Wir wissen nicht, warum jemand mit widrigen Familienumständen zu kämpfen hat oder in extremer Armut lebt. All dies können Eckpunkte sein, die das höhere Selbst vor der Inkarnation gewählt hat. Bedeutet dies nun, dass wir am besten die Hände in den Schoß legen und sagen, es ist alles schon aus guten Gründen vorbestimmt, lasst die Hände weg vom Helfen? Natürlich nicht! Wichtig ist es aber, das Helfen auf Situationen zu fokussieren, in denen die Hilfe erbeten wird. Sich aufzudrängen oder gar zu versuchen, gewaltsam den Lebensweg eines anderen Menschen zu verändern, kann sehr wohl nicht nur einen Bärendienst, sondern ein ganz und gar schädliches Eingreifen in den selbst gewählten Lebensweg eines anderen bedeuten. Nun gibt es ja weiß Gott genug Menschen in Not, die um Hilfe bitten, sodass zur Untätigkeit gewiss kein Anlass besteht.

Auch das bewusste Wählen von glücklichen und harmonischen Lebensumständen ist nichts Ungewöhnliches. Manch einer hat sich durch positive Taten ein glückliches und harmonisches Leben mit einem lieben Partner verdient. Auch „Ruhepausen" in der Form von eher blassen und ereignisarmen Leben zwischen zwei schwierigen Inkarnationen kommen vor.

Nahe Familienangehörige haben häufig schon in früheren Inkarnationen in anderen Konstellationen zusammengelebt und finden sich auf der Basis von Seelenverträgen wieder zusammen, um gemeinsam ihre Probleme zu bearbeiten. Spirituelle Gesetze, wie das Gesetz der Beziehungen, bieten wichtige Handlungsanweisungen für das Angehen derartiger Probleme.

Vorgegeben sind auch bestimmte Anlagen und Potenziale. Eine der wichtigsten und selbst gestellten Aufgaben besteht darin, die höchsten Potenziale, die in uns schlummern, zur Entwicklung zu bringen und auszuleben. Niemand sollte sterben, von dieser irdischen Bühne abtreten, ohne die Musik, die in ihm schlummert voll gespielt zu haben, ohne sich selbst zu verwirklichen. Wir alle kennen Menschen, die unter oft widrigsten Umständen ihr Ziel verfolgen und ihre Bestimmung verwirklichen.

Mit am wichtigsten ist in diesem Zusammenhang das Konzept der Lektionen. In vielerlei Hinsicht kann die irdische Bühne wie ein Klassenzimmer angesehen werden, das uns fortlaufend Lektionen anbietet, die es zu lernen gilt. Wird eine Lektion nicht gemeistert, so muss sie wiederholt werden. Das erklärt, wieso wir zuweilen immer wiederkehrende, ganz ähnliche Situationen erleben. In zwischenmenschlichen Beziehungen wird das oft sehr deutlich. Wer kennt nicht Fälle von Freunden und Bekannten, die nach einer Trennung gleich wieder einem ganz ähnlich gearteten Partner in die Arme liefen und dadurch eine erneute Gelegenheit hatten, die Lektion zu lernen? Weglaufen ist keine Lösung im Rahmen der spirituellen Gesetze. Hier sei noch erwähnt, dass es immer nur um uns selber geht. Es gilt das Gesetz der Spiegelung, das besagt, dass unsere ganze Umwelt einschließlich unserer Mitmenschen uns dauernd Spiegel von Eigenschaften und Prozessen in unserem eigenen Inneren vorhält. Wie innen, so außen, wie oben, so unten – so lautet das Gesetz der Entsprechung oder Analogien.

Schließlich sei noch erwähnt, dass immer spirituelle Helfer bereitstehen, um uns zu unterstützen. Jeder hatte einen Schutzengel und andere spirituelle Helfer, die nur darauf warten, gebeten zu werden, uns zur Seite zu stehen. Die Kunst besteht darin, sich auf diese Helfer einzustimmen, um in der Lage zu sein, ihre Nachrichten zu vernehmen und mit ihnen in einen Dialog einzutreten. Mehr dazu erfahren Sie in dem Kapitel über Meditation.

Erlauben sie mir, dieses nicht ganz leichte Kapitel mit einem Zitat von Wilhelm Busch zu beenden:

„Die Lehre von der Wiederkehr
Ist zweifelhaften Sinns.
Es fragt sich sehr, ob man nachher
Noch sagen kann ich bin's.
Allein was tut's, wenn mit der Zeit
Sich ändert die Gestalt?
Die Fähigkeit zu Lust und Leid
Vergeht wohl nicht so bald".

III. WIE SIE DIESES BUCH LESEN, UM DEN GRÖSSTEN GEWINN DARAUS ZU ZIEHEN

Das Lesen und Verinnerlichen der Gesetze kann etwas überwältigend sein. Es ist kein ausgesprochener „Left-Brain-Prozess“, nicht etwas, was nur mit dem Verstand, dem Intellekt zu tun hat. Es involviert Ihr Herz, liebe Leserin und lieber Leser, Aspekte ihrer Persönlichkeit, die mit dem Intellekt absolut gar nichts zu tun haben. Natürlich können Sie dieses Buch vom Anfang bis zum Ende durchlesen und dann zu den Gesetzen zurückkommen, die zu diesem Zeitpunkt Ihres Lebens besonders wichtig für Sie sind. Diesen Ansatz würde ich Ihnen sehr empfehlen und ans Herz legen. Ich habe sehr lange darüber nachgedacht in welcher Reihenfolge die spirituellen Gesetze präsentiert werden sollen. Sie bauen aufeinander auf, es gibt eine Progression. Sie können aber auch von Anfang an einzelne Kapitel herauspicken, die Sie besonders ansprechen. Das Kapitel über das erste Gesetz würde ich jedem empfehlen, weil es den so wichtigen Zusammenhang zu den Naturwissenschaften herstellt. Das zweite Kapitel über das Gesetz der Manifestation würde ich jedem empfehlen, dem es in erster Linie um rasche, greifbare Ergebnisse geht. Es ist reich an konkreten Handlungsanweisungen, fast wie ein Selbsthilfebuch.

Im Übrigen würde ich Ihnen empfehlen, sich einfach für einen Augenblick ruhig hinzusetzen, die Augen zu schließen, tief durchzuatmen und nach innen zu horchen. Wenn Sie einen Blick auf Ihr Leben werfen, so wie es jetzt, am heutigen Tag, vor Ihnen liegt, fragen Sie sich: Was stößt Ihnen auf? Wo gibt es Bereiche, dunkle Flächen, wo der Prozess des Schlafwandelns, der für uns alle gilt, besonders ausgeprägt ist? Wo haben Sie das Gefühl, sich selber gegenüber vielleicht nicht ganz ehrlich zu sein, wo einfach das Gefühl, dass etwas nicht ganz rund läuft, dass da noch etwas sein könnte, an dem zu arbeiten sich lohnen würde …? Ihr höheres Selbst, Ihre Intuition, wird Sie dann mit leichter Hand zu dem für Sie relevanten Gesetz führen. Ich finde diesen Prozess des Nach-Innen-Gehens äußerst hilfreich und wende ihn häufig an. Lassen sie mich hier auf den Unterschied zwischen Tun und Sein hinweisen. Der Seele kommt es ausschließlich auf das Sein an. Wir haben uns inkarniert, um die höchste Vorstellung, die wir für uns selber haben, zu sein. Das Tun fließt dann vom Sein. Das Stillsein, das Nach-Innen-Gehen, macht es uns leichter, uns auf unser Sein zu fokussieren. Lassen Sie mich hier nochmal betonen, dass es das Zusammenspiel aller Gesetze ist, das optimale Ergebnisse erbringt. Vielleicht können Sie als eine Routine ein Gesetz für jede Woche aussuchen, es täglich wiederholen, anwenden und einfach beobachten, wie Sie sich verändern … Ihr neues Sein wird dann ganz von selber auftauchen und Ihr Leben überstrahlen. Beachten Sie die Reaktionen Ihrer Mitmenschen!

Die Kapitel über die einzelnen spirituellen Gesetze sind so geschrieben, dass sie weitgehend frei stehend gelesen und verstanden werden können. Eine Reihe von weitverbreiteten Irrtümern und einige grundlegende Wahrheiten werden dabei bewusst mehrmals berührt. Beim Überwinden tief eingewurzelter Überzeugungen ist es wie bei dem Freilegen einer Statue, die bereits im Inneren eines Marmorblocks verborgen liegt. Der Meißel muss viele Male angesetzt werden. Schwere Säulen bringt man nur langsam zum Wanken. Es ist wie bei Affirmationen. Sie müssen wiederholt werden um zu wirken, auch wenn der Verstand ihnen schon lange zugestimmt hat. Old habits die hard – wir sind Gewohnheitstiere. Und noch etwas, bitte lesen Sie dieses Buch mit offenem Herzen! Es ist ein Geschenk von meinem Herz an ihr Herz!

IV. MEINE SPIRITUELLE REISE

Von allen Gemeinschaften und Organisationen möchte ich nur einer angehören, und das ist die Gemeinschaft derjenigen, die die Wahrheit suchen.
Albert Einstein

Kindheit und Jugend

Wie schon früher erwähnt, habe ich mich zeit meines Lebens stark für spirituelle und esoterische Themen interessiert, so sehr, dass ich ohne zu zögern sagen kann, dass dieses Interesse, das sich wie ein roter Faden durch mein ganzes Leben zieht, stärker und kontinuierlicher war als alles andere in meinem an Abwechslungen und Abenteuern reichen Leben.

Wie schon gesagt, standen „das Finden von Gott und Gott näherzukommen" immer an allererster Stelle in meinen zahlreichen persönlichen „Mission Statements", die ich im Laufe der Jahre verfasst habe. Meine Eltern waren beide spirituell verankert in dem Sinne, dass sie an die Existenz Gottes glaubten. Die einfache Gottgläubigkeit meiner Mutter, die aus Ostpreußen stammte, drücke sich in dem kurzen Abendgebet aus, das sie meine beiden Schwestern und mich lehrte: „Ich bin klein, mein Herz ist rein, soll niemand drin wohnen als Gott allein." Wenn ich gefragt würde, was das Wichtigste ist, das meine Mutter mich gelehrt hat, würde ich ohne Zögern antworten: Liebe, unerschöpfliche, bedingungslose, niemals endende Liebe, auch über den Tod hinaus. Noch heute kann ich ihre Liebe spüren. Sie gibt mir auch Zeichen… Mein Vater hatte ein ausgeprägtes Interesse an spirituellen Themen. Er abonnierte viele Jahre lang die Zeitschriften „Esotera" und „Die andere Welt". Er besaß auch eine Reihe von Büchern zu metaphysischen Themen und bemühte sich zeitlebens, durch Meditation spirituell weiterzukommen. Er war fest vom persönlichen Weiterleben nach dem Tode überzeugt und pflegte zu sagen: „Nach dem Tode geht es munter weiter." Er hielt die Reinkarnationslehre für sehr plausibel und erwähnte mehrfach, dass er wohl in einem früheren Leben ein Medizinmann gewesen sei und dass sein ausgeprägtes Interesse an Gift- und Heilpflanzen davon herrühre. Dieses Interesse ging so weit, dass er die Samen und Ableger seltener Pflanzen, die er entdeckt hatte, an versteckten Stellen im Wald oder in Parks einpflanzte, um ihre Verbreitung zu unterstützen – eine Art frühen Bemühens um die Erhaltung von Artenvielfalt, lange bevor dies ein großes internationales Thema wurde.

Die Familie meines Vaters stammt aus dem Saarland. Mein Urgroßvater Friedrich-Bernhard Karcher hatte in Beckingen an der unteren Saar eine Schraubenfabrik, die Karcher Schraubenwerke gegründet, die zu ihrer Blütezeit über 1000 Mitarbeiter zählte. Später übernahmen mein Großonkel Bodo Karcher und nach ihm mein Vater Fritz-Henning Karcher die Leitung des Betriebes.

Zu meinem Großvater, Guido Karcher, hatte und habe ich immer eine besonders enge Beziehung. Als älterer von zwei Söhnen, hätte er eigentlich die Firma übernehmen sollen. Aber es zog ihn hinaus aufs Meer. Er diente als Offizier in der kaiserlichen Marine und war nach seinem Abschied Eigentümer eines Rittergutes in der Mark Brandenburg, das ihm sein Vater gekauft hatte. Die späten Jahre seines Lebens verbrachte er mit seiner Frau Käthe in ihrem Haus am kleinen Plöner See in Schleswig-Holstein.

Meine ältere Schwester Bärbel und ich sind in Königsberg geboren. Meine Mutter, die zur Zeit meiner Geburt (1943) bei ihren Schwiegereltern in Plön lebte, war nach Königsberg gereist um sich bei der Entbindung und während der Zeit unmittelbar danach von ihrer Mutter helfen zu lassen. Mein Großvater mütterlicherseits, Kurt Ehlert, war Richter, erst in Lötzen und später in Königsberg. Wegen des Vorrückens der russischen Armee reiste meine Mutter dann aber schon zwei Wochen nach meiner Geburt mit mir zurück nach Plön.

Ich besuchte die evangelische Volksschule in Beckingen (damals ein Klassenraum mit acht Klassen und einem Lehrer in einem Raum) und das Realgymnasium in Dillingen. Noch heute unterhält unsere Familie einen kleinen Familienfriedhof auf dem Reihersberg in Beckingen, um den ich mich kümmere.

So vereinigen meine Schwester Bärbel und ich in uns die extrem unterschiedlichen Eigenschaften des (damals) äußersten Ostens und äußersten Westen Deutschlands. Ein unbestreitbarer gemeinsamer Charakterzug von Ostpreußen und Saarländern besteht darin, dass beide einen ausgeprägten Sinn für Humor besitzen, einen Humor, der sich Außenstehenden nicht immer ganz leicht erschließt. Mir war es vorbestimmt, diesem Blutgemisch durch meine philippinische Frau eine asiatische Komponente hinzuzufügen.

Aufgewachsen und erzogen in einem christlichen Land mit einem christlichen Schulsystem, spielte die christliche Religion und die zentrale Rolle Jesu immer eine wichtige Rolle in meinem spirituellen Leben. Das Leiden Christi am Karfreitag bedrückte mich sehr. Ich konnte mich in ihn hineinversetzen, wenn es mir auch schwerfiel nachzuvollziehen, wieso der allmächtige Gott seinen eingeborenen Sohn lediglich deshalb einen qualvollen Opfertod sterben ließ, um die von ihm erschaffenen und offensichtlich mit Mängeln behafteten Menschen mit sich selber zu versöhnen. Erst viele Jahre später wurde mir eine sehr viel plausiblere Erklärung für das Leiden und den Tod Christi zuteil. Das Gebet war mir immer eine Quelle der Kraft, und hier in meiner Wahlheimat, den Philippinen, habe ich viele Menschen getroffen die ihr wahrhaft schweres Schicksal überhaupt nur dank ihres unerschütterlichen Glaubens und der Kraft ihrer Gebete meistern können. Ich bin übrigens auch aufgrund vielerlei Erfahrungen zu der Überzeugung gelangt, dass wir nie alleine sind und dass uns immer unsichtbare Helfer zur Seite stehen.

Wehrpflicht (mit Ausbildung zum Leutnant der Reserve), juristisches und volkswirtschaftliches Studium in München, Freiburg und Aix-en-Provence und Referendarzeit in Völklingen, Saarbrücken, Berlin und Freiburg verliefen ohne bemerkenswerte spirituelle Ereignisse oder Erkenntnisse.

Im Jahre 1970 wurde ich durch eine Depression aufgerüttelt und veranlasst, meine berufliche Laufbahn zu überdenken. Dies führte zu der Entscheidung, im Bereich der Entwicklungshilfe tätig zu werden. Ich vollendete aber noch meine Referendarzeit, bestand das Assessor Examen mit Prädikat und wurde von der Albert-Ludwigs-Universität Freiburg zum Dr. jur promoviert.

Ein dreimonatiger Aufenthalt in Thailand mit dem Deutschen Institut für Entwicklungspolitik brachte mich zum ersten Mal in intensiven Kontakt mit einer nicht-christlichen Religion. Der Buddhismus, der meinen Kollegen und mir während unseres ausgedehnten Arbeitsaufenthaltes in ländlichen Gebieten auf Schritt und Tritt begegnete, zog mich gleich in seinen Bann und ich empfand ein Gefühl der Vertrautheit, das wohl auf frühere Inkarnationen in buddhistischen Ländern zurückgehen mag. Schon vorher hatte ich als Student bei der Lektüre von Hermann Hesses Erzählung „Siddharta“ eine Out-of-Body Erfahrung gemacht. Unter der Wohnzimmerlampe im Hause meiner Eltern sitzend sah ich plötzlich meinen Körper von außen.

Die meditierende Gestalt des Buddha mit ihrem entrückten Lächeln und die Lehre Buddhas zur Überwindung menschlichen Leidens durch den achtfachen Pfad hat mich mein ganzes Leben lang immer wieder in ihren Bann gezogen. Erst viel später sollte ich Gelegenheit haben, die Lehren Buddhas direkt aus dem Munde eines der eindrucksvollsten lebenden buddhistischen Mönche zu hören. Zwei Mal konnte ich an Retreats im Kloster Thich Nhat Hanhs im Südwesten Frankreichs teilnehmen. Die von ihm gelehrte Kunst des bewussten Atmens und bewussten Im-Hier-und-Jetzt-Seins stellt sicherlich einen der wichtigsten Ausgangspunkte für ein glückliches Leben dar[7].

Nach meiner Rückkehr aus Thailand bot mir die UN-Organisation für Ernährung und Landwirtschaft (Food and Agriculture Organisation of the United Nations – FAO) an, als beigeordneter Sachverständiger zu arbeiten. Gefragt nach einem

7 Mehr wird zu diesem Thema in dem Kapitel über das Gesetz der Bewusstheit gesagt

Land meiner Wahl, optierte ich für Indien, dessen jahrhundertealten Weisheitslehren mich schon seit Langem faszinierten. Indien war nicht mehr frei, im Nachbarland Pakistan war aber ein Posten verfügbar.

Pakistan

Was könnte für einen spirituellen Sucher hilfreicher sein als ein Langzeitaufenthalt in einem Land, dessen Geburt sich buchstäblich auf Religion gründet. Als Britisch-Indien 1947 geteilt und in die Unabhängigkeit entlassen wurde, wurden die Grenzen des neu zu schaffenden Staates Pakistan aufgrund der religiösen Zugehörigkeit der Bevölkerung gezogen. Pakistan wurde als primärer Heimatstaat für die Muslime des indischen Subkontinents geschaffen. Daher rührt auch die offizielle Bezeichnung des Staates als „Islamische Republik Pakistan“. Muselmanische Konzepte haben in die Alltagssprache des Landes Eingang gefunden. Vertrauen in Allah und den Propheten Mohammed wird bei vielen Gelegenheiten zum Ausdruck gebracht, wie zum Beispiel bei der Eröffnung von Veranstaltungen der Regierung oder des privaten Sektors. Der Ausdruck *In Sha' Allah (Wenn Gott es so will)* wird sehr häufig gebraucht. Er artikuliert die Überzeugung, dass der Mensch zwar planen kann, dass aber Gott derjenige ist, der letztendlich entscheidet. Gottes Wille ist die letzte Instanz, von der es abhängt, ob etwas gelingt.

Ohne es vielleicht damals so klar für mich selber zu formulieren, bestand mein Interesse darin, den moslemischen Weg zu Gott zu verstehen. Gibt es einen besonderen, eigenständigen, moslemischen Weg? Wenn ja, worin besteht er? Ist die islamische Gotteserfahrung eine andere als die anderer Religionen? Worin liegt die besondere Stärke dieser Religion, die zu ihrer Blütezeit auf dem indischen Subkontinent während der Herrschaft der Moguln eine blühende Zivilisation und Kultur mit wunderbaren Moscheen, Palästen, Gärten und anderen Monumenten wie zum Beispiel dem Taj Mahl, einem in der Welt wohl einmaligen Denkmal einer großen

Liebe, hervorbrachte? Was mir schon früh auffiel, waren die Ernsthaftigkeit und die Disziplin, mit denen viele Muslime die Suche nach ihrem Gott und ihren Wunsch, mit ihm in Verbindung zu treten, verfolgen. Dass Gebot und die Praxis, fünfmal pro Tag niederzuknien und mit gen Mekka gewandtem Gesicht zu beten ist Ausdruck dieser Disziplin. Auch in meinem Büro, dem Büro der Vereinten Nationen in Islamabad, konnte ich Mitarbeiter beobachten, die vor allem zu dem besonders wichtigen Mittagsgebet ihre Gebetsteppiche herausholten und im Büro beteten. Ein anderer Ausdruck dieses Bestrebens, Gott näherzukommen, ihn zu finden und vielleicht auch Buße zu tun, sind Selbstgeißelungen, die man bei Umzügen gläubiger Schiiten beobachten kann, die am Muharram-Feiertag durch die Straßen der Städte ziehen[8]. Dabei habe ich Menschen beobachtet, die sich unter rhythmischem Singen immer wieder mit der flachen Hand auf die Brust schlugen, bis ihr Hemd sich von Blut rot färbte.

Ein anderer Ausdruck dieser Disziplin ist das Fasten während des Fastenmonats Ramadan. Während des Fastenmonats enthält sich der gläubige Muslim von Sonnenaufgang bis Sonnenuntergang jeglicher Nahrung und trinkt auch nichts. Dass dies ein echtes Opfer darstellt, vor allem in Ländern wie Pakistan, die sehr heiß sind, liegt auf der Hand. Ich konnte nicht umhin, anzuerkennen, dass das Bewusstsein der Realität Gottes hier ein völlig anderes ist als in unserer westlichen Welt, wo das Denken an Gott und das Bemühen, mit ihm in Kontakt zu treten, sich bei den meisten, wenn überhaupt, auf den Besuch des sonntäglichen Gottesdienstes und vielleicht ein Morgen- und Abendgebet beschränkt. Dass Fasten im Prinzip den Körper reinigen und auch geeigneter für das Empfangen höherer Schwingungen machen kann, liegt auf der Hand. Verirrungen wie sinnlose Völlerei und

8 Am Muharram-Feiertag erinnern sich gläubige Schiiten an den Jahrestag der Schlacht von Kerbela, bei der der Imam Hussein ibn Ali, der Enkel des Propheten Mohammed, durch die Streitkräfte des zweiten Umayyad Kalifen Yazid I getötet wurde.

Prasserei nach dem „Brechen“ des Fastens am Abend gibt es natürlich auch. Jedenfalls finde ich es bemerkenswert und bewundernswert, dass so viele Muslime, die ich persönlich kenne, sich auf eine integre und authentische Weise dieser durchaus harten Disziplin unterwerfen. Tun es alle aus einem Herzensbedürfnis, ihrem Gott näher zu kommen? Vermutlich nicht. Genau wie die Bibel spricht der Koran von harschen Konsequenzen für diejenigen, die sich nicht an die Gebote halten. Furcht vor derartigen Konsequenzen spielt für viele sicher auch eine Rolle.

Auch im Gebot des Islam, jährlich einen Teil seines Besitzes als pflichtgemäße Abgabe (Zakat) für wohltätige Zwecke zur Verfügung zu stellen, liegt offensichtlich viel Gutes. Nur durch das stetige Praktizieren tätiger Nächstenliebe ist es möglich, versteinerte Herzen aufzubrechen und eine bessere Gesellschaft zu schaffen, die durch mehr Menschlichkeit und Liebe gekennzeichnet ist.

Eine weitere Säule des Islam besteht in dem Gebot, dass jeder Gläubige wenigstens einmal in seinem Leben eine Pilgerreise zu den heiligen Orten Mekka und Medina unternehmen sollte[9]. Es liegt auf der Hand, dass eine derartige Reise eine persönlichkeitsverändernde und erleuchtende Wirkung haben kann, genauso wie zum Beispiel eine Wanderung auf dem berühmten christlichen Pilgerweg nach Santiago de Compostela, den ich selber zu begehen Gelegenheit hatte.

Wie schon erwähnt, hat der Islam herrliche Bauwerke hervorgebracht, so zum Beispiel die Badshahi-Moschee in Lahore, in deren Kuppel die 99 Eigenschaften Allahs niedergelegt sind und die sicherlich geeignet ist, den Geist des Suchers zu erheben.

In den ländlichen Gegenden um Islamabad gibt es eine Reihe von Orten, in denen der Sufismus praktiziert wird. Es ist dies eine Art des Islam, die mit ihrem Schwerpunkt auf religiöser Versenkung Parallelen zu christlicher und buddhistischer Meditation aufweist.

---

9 Der Islam wird von seiner heiligen Schrift und seinen „Fünf Pfeilern“ zusammengehalten: Glaubensbekenntnis, Gebet, Armensteuer, Fasten und Wallfahrt

Natürlich konnten mir auch die Schattenseiten des Islam nicht verborgen bleiben. Vor allem das Verschleierungsgebot der Frauen empfand ich als bedrückend. In entlegenen Gebieten aller Provinzen tragen Frauen sogar die Burka, eine Haube, die dem gesamten Kopf übergestülpt ist und es der Trägerin nur durch ein Gitterfester vor den Augen erlaubt, überhaupt etwas zu sehen. Wenn man einer derartig vermummten Gestalt im Dunkeln begegnet, kann einem der Schreck in die Knochen fahren. Im Gebiet der Pathanen in der nordwestlichen Grenzprovinz Pakistans (NWP) nimmt die Unterdrückung der Frauen so extreme Formen an, dass Frauen nur zwei Mal in ihrem Leben die Türschwelle des Hauses ihres Mannes passieren. Einmal während der Hochzeit und zum zweiten Mal nach ihrem Tod. Während der übrigen Zeit ihrer Existenz als verheiratete Frau ist ihr Leben auf den Innenbereich der oft gewaltigen, aus Lehm gebauten Burgen und Schlösser ihrer Männer beschränkt. Religiöser und nationalistischer Fanatismus zeigte sich vor allem in dem immer wieder aufbrechenden Konflikt um Kaschmir.

Pakistan verfügt über einmalig schöne Landschaften mit dem gewaltigen Himalayagebirge im Norden, das dort mit dem K2 den zweithöchsten Berg der Erde beherbergt, den zentral gelegenen, weiten, äußerst fruchtbaren Ebenen des Indus, mit den rollenden, weiten Wüstenlandschaften Balutschistans im Nordwesten und der langen Küste im Süden entlang des arabischen Meeres.

Nach anfänglich zweijähriger Arbeit für die FAO wechselte ich zum Entwicklungsprogramm der Vereinten Nationen (United Nations Development Programm – UNDP) über und hatte für weitere drei Jahre in Pakistan Gelegenheit, regelmäßig alle Landesteile zu besuchen.

In Pakistan kamen meine spirituellen Interessen stärker zum Ausdruck und brachen sich neue Bahnen. Ich begann, mehr und mehr spirituelle Bücher zu lesen. Wo auch immer ich war, spürte ich den Drang, in Buchhandlungen zu gehen und ich hatte auch das Gefühl, dass ich zu bestimmten Büchern geführt wurde. Ich wurde ein Schüler des indischen Yogi Paramahansa

Yogananda und folgte seinem Fernlehrgang. Mein Mitgefühl für Haustiere, die geschlachtet wurden, wuchs und ich hörte auf, Fleisch zu essen. Irgendwie schien es mir unerträglich, das Fleisch eines Tieres, das auf blutige und oft brutale Weise getötet wurde, in meinen Körper zu bringen. Außerdem hatte ich den Eindruck, dass vegetarische Essgewohnheiten dem spirituellen Fortschritt zuträglich seien. Seit meiner Zeit in Pakistan habe ich nie wieder Fleisch angerührt. In Pakistan begann ich auch, täglich zu meditieren.

Als mein erster Dienstort und auch weil einer meiner Söhne dort geboren wurde, wird dieses gastfreundliche, wunderschöne Land, das jetzt leider von so viel Gewalt erschüttert wird, immer einen besonderen Platz in meinem Herzen einnehmen.

Wie nationale Administrationen sind die Vereinten Nationen hierarchisch und bürokratisch organisiert. Man wird ständig beurteilt und, wenn man Gnade vor den Augen der Vorgesetzten findet, befördert. Das Berufsziel der meisten Mitarbeiter vom UNDP ist es, Resident Representative zu werden. Der „ResRep" leitet ein Länderbüro vom UNDP. Er hat den Rang eines Botschafters, vertritt den Generalsekretär der UN, koordiniert die Programme aller UN Organisationen vor Ort und ist damit beschäftigt, die UNDP-Mittel gemeinsam mit der Regierung zu programmieren und in Projekte umzusetzen. Viele Stufen auf der Karriereleiter müssen erklommen und viele Dienstorte durchlaufen werden, bevor die Auserwählten das Ziel erreichen. Für mich hatten die Götter vier weitere Dienstorte auf drei Kontinenten vorgesehen.

Sudan

Jedem, der die Entwicklungsprobleme Afrikas gebündelt und wie in einem Brennglas konzentriert studieren möchte, würde ich empfehlen, den Sudan zu besuchen. Ich hatte Gelegenheit von 1978 bis 1981 dort zu arbeiten. Bürgerkrieg zwischen Arabern und nicht-arabischen Bevölkerungsgruppen, Militärdiktatur, Dürrekatastrophe, Schuldenkrise, Misswirtschaft. Alles kam in diesem damals noch flächenmäßig größten Staat des Kontinents zusammen. Dennoch denken meine Frau und ich gerne an unsere Zeit in Khartum zurück. Der Bürgerkrieg schwelte damals auf kleiner Flamme, die Friedensverträge von Addis Abeba waren zumindest nominell noch in Kraft. Die Sudanesen waren offen und freundlich und wir gewannen rasch eine Reihe guter Freunde. Man konnte frei reisen und unser UNDP-Flugzeug trug uns in alle Ecken und Winkel dieses in vielen Teilen wunderschönen Landes. Vom Zusammenfluss des Weißen und Blauen Nils in Khartum nach Suakin am Roten Meer, von Dongola in der nubischen Wüste nach Bor, wo die nilotischen Dinkas in ihren runden Tukas leben und nach Juba, der Hauptstadt des Südens. Es war meistens sehr heiß (bis zu 50 Grad im Schatten). Nie werde ich den Augenblick meiner Ankunft vergessen. Als ich gegen 3:00 Uhr morgens unserer Lufthansa-Maschine entstieg, die nach Nairobi weiterflog[10], hatte ich das Gefühl, in einen Backofen zu treten.

Vielleicht, weil der Sudan ein überwiegend arabisches Land mit räumlicher Nähe zu den heiligen Orten des Islam in Saudi-Arabien ist, empfand ich die Ausprägung des muslimischen Glaubens dort als reifer und weniger repressiv als in Pakistan. Der Sufismus, die mystische Richtung des Islam, spielt im Sudan eine große Rolle. Als Basis ihrer praktischen und theoretischen Lehren nehmen die Sufis eine Einheit alles Existierenden an. Sie beziehen sich auf einen „Inneren Sinn“ des Korans und insbesondere auf Verse, die auf eine individuelle Beziehung oder Unmittelbarkeit zu Gott hinweisen. Für Auflockerungen und eine entspanntere Atmosphäre sorgten die zahlreichen Angehörigen der koptisch-orthodoxen Kirche und die Gegenwart von überwiegend katholischen Christen aus dem Süden des Landes[11].

Erst später, mit einigem Abstand, gelang es mir, ein tieferes und positiveres Verständnis vom Islam zu entwickeln. Ich denke, dass

10 Ich war der einzige Passagier, der ausstieg.

11 Im Jahre 2011 erlangte der Südsudan unter dem Namen „Republik Südsudan“ Unabhängikeit vom Sudan.

jede Religion der Welt etwas Einmaliges zu geben hat und wir von jeder Religion etwas Besonderes lernen können betreffend unsere Beziehung zu Gott und dem Göttlichen. Wenn es einen Gott[12] gibt, wovon ich ausgehe, und wenn wir mit ihm in Kontakt treten können, dann ist es sicher wichtig und hilfreich, sich dieser Gegenwart Gottes so häufig wie möglich bewusst zu sein, ja sich ihrer im Idealfall immer bewusst zu sein. Die Disziplin des fünfmaligen täglichen Gebets stellt ein ganz wichtiges Hilfsmittel dafür dar, ein derartiges dauerndes Bewusstsein der Existenz und Gegenwart Gottes zu entwickeln. Ich habe viele Muslime kennengelernt, die ihre fünf täglichen Gebete sehr ernst nahmen und so tatsächlich ein hohes Bewusstsein der Gegenwart Gottes erleben konnten. Auch die Disziplin des Fastens während des Fastenmonats Ramadan dient dem gleichen Zweck. Die Bibel berichtet, dass Jesus in die Wüste ging und dort 40 Tage lang fastete. Das Fasten reinigt und entschlackt den Körper. Die Befreiung von Ballast erleichtert die Kommunikation mit dem Göttlichen. Dass eine Reise zu heiligen Orten zu einem spirituellen Erlebnis werden kann, liegt nahe. Pilgerfahrten gibt es in fast allen Religionen. Vielleicht haben Sie, liebe Leserin und lieber Leser, auch schon selbst empfunden, dass von manchen Orten wie zum Beispiel Kathedralen, Tempeln oder auch bestimmten Gesteinsformationen eine besondere Kraft ausgeht. In dem Verbot, Schweinefleisch zu essen und Alkohol zu trinken, liegt auch eine tiefe Weisheit. Unsere Gesellschaft könnte sich viele Probleme ersparen, wenn sie derartige Gebote befolgte. Die Anordnung, jährlich einen Teil seines Besitzes mit den Armen zu teilen, stellt ein Gebot praktischer Nächstenliebe dar und hilft, eines der größten

---

12 Ich tendiere dazu, jenen Weisen zuzustimmen, die der Auffassung sind, dass alle Namen, die Gott gegeben werden, in die Irre führen. Wir habe einfach keine verlässliche Vorstellung von dem Allmächtigen. Das Problem, eine Bezeichnung des Absoluten zu finden, wird auch nicht dadurch gelöst, dass man alle männlichen Namen und Pronomen durch weibliche ersetzt. „Gott“ und „Göttin“, er und sie, sind gleichermaßen nutzlos. Das Absolute entzieht sich grundsätzlich einer Beschreibung, einschließlich der Beschreibung des Geschlechtes.

Probleme unserer Zeit zu reduzieren, nämlich die immer größer werdende Kluft zwischen Arm und Reich. Gerade hier auf den Philippinen kann man auf erschreckende Weise sehen, wie das Wachsen dieser Kluft zu sozialen Spannungen, Hass und Gewalt führen kann.

Islam bedeutet „Hingabe an Gott oder Ergebung in den Willen Allahs", in dessen Augen alle Menschen gleich und in dessen Dienst alle Menschen Brüder sind. Diese jüngste der großen Weltreligionen, die auch die größten Zuwachsraten verzeichnet, fußt auf einem ganz einfachen, unkomplizierten Glaubensbekenntnis: „Es gibt keinen Gott außer Allah und Mohammed ist sein Prophet." Der Zusatz macht den Unterschied zwischen dem Islam und anderen monotheistischen Religionen deutlich. Die Anhänger des Islam verehren Mohammed als den größten Propheten aller Zeiten. Aber sie verehren ihn so wie die Propheten vor ihm – Noah, Abraham, Moses und Jesus: als Menschen, nicht als göttliches Wesen. Von der Toleranz, die in dieser Sichtweise zum Ausdruck kommt, könnte sich manch eifernder christlicher Fundamentalist eine Scheibe abschneiden. Dass es auch schreckliche Verwirrungen auf der Seite islamistischer Fundamentalisten gibt, lässt sich natürlich nicht abstreiten.

Alle großen Religionen, Philosophien und Weisheitssysteme sind Ausdruck der spirituellen Gesetze des Universums. Sie werden von erleuchteten Führern, Philosophen und Propheten übermittelt. Übermittelt natürlich auf eine Weise, die mit dem Bewusstseinszustand der Zeit in Einklang steht. Um sich seinen Zeitgenossen verständlich zu machen, sprach Jesus zum Beispiel vorwiegend in Gleichnissen. In der Zwischenzeit hat die Menschheit sich weiterentwickelt und kann heute spirituelle Weisheiten, auch die Weisheiten, die in den spirituellen Gesetzen stecken, direkter aufnehmen. Anfänglich, während der ersten Jahrhunderte, die den Offenbarungen durch einen Avatar folgen, werden die Nachrichten relativ rein erhalten. Im Laufe der Zeit erfolgt dann häufig eine Veränderung, Verwässerung, manchmal auch bewusste Verfälschung. In allen Bereichen, in denen Menschen zugange sind, kommt es eben auch zu Handlungen, die auf wenig edlen Motiven wie der Gier nach Macht, Einfluss und materiellen Dingen beruhen. Manchmal richten die Anhänger einer bestimmten Lehre auch ihr ganzes Augenmerk auf die Person des Propheten und geraten dabei in eine Art „Götzendienst". Wahren Avataren geht es immer um die Lehre, um die Wahrheit, um das spirituelle Gesetz, nicht um ihre eigene Person. Das gilt auch und insbesondere für Jesus Christus, der Liebe verkörperte. Ihm ging es nie um seine eigene Person. Er verwies immer auf seinen himmlischen Vater.

Auch im Islam stecken große, tiefe Weisheiten, die natürlich Berührungspunkte zu den spirituellen Gesetzen des Universums aufweisen, wie dem Gesetz der Liebe, dem Gesetz der Einheit, dem Gesetz des Gebens und dem Gesetz des Dienens. Auf die Gemeinsamkeiten der großen Religionen und Weisheitslehren und ihre Übereinstimmung mit den spirituellen Gesetzen werde ich noch mehrfach zurückkommen. Hier sei nur erwähnt, dass eine solche Übereinstimmung sich am deutlichsten an der sogenannten „Goldenen Regel" zeigt, deren Kurzformel lautet: *Was du nicht willst was man dir tu, das füg auch keinem anderen zu.* In den Hadithe, den überlieferten Sprüchen des Propheten Mohammed kommt dieser Grundsatz durch die folgenden Worte zum Ausdruck: *Keiner von euch ist ein Gläubiger, solange er nicht seinem Bruder wünscht, was er sich selber wünscht.* Dem Islam, insbesondere den Sufis, geht es vor allen Dingen um die Verbindung mit dem Göttlichen. Sufis bezeichnen das unmittelbare Erleben Gottes oft als die Vereinigung mit dem Geliebten.

Der Islam hat der Welt wunderschöne, tiefe, religiöse Dichtungen geschenkt. In diesem Zusammenhang möchte ich ein Gedicht des berühmten persischen Mystikers Dschalal ad-Din ar-Rumi widergeben:

Und denke so inständig Gottes
bis selber du dich ganz vergisst,
dass du im Gerufenen aufgehst
wo Rufer und Ruf nicht mehr ist.

Nicht ohne Grund ist Rumi der zur Zeit populärste Dichter in den Vereinigten Staaten von Amerika.

Die Übermittlung, das Ausschütten der Weisheiten, die in den großen Religionen und Weisheitssystemen enthalten sind, kann mit den Strahlen der Sonne verglichen werden, die von einer großen Energiequelle ausgehen. Wo auch immer sie aufgefangen werden, sorgen sie für Erhellung und Wärme. Menschen, die diese Erhellung erfahren, die sich in bestimmten Weisheitslehren ausdrückt, haben die Tendenz, diese als freistehend und unabhängig zu sehen. Der gemeinsame, identische Ursprung ist ihnen nicht immer klar.

Laos

Wenn man drei Jahre oder länger in einem kleinen asiatischen Land lebt, wenn man sich täglich mit den Sorgen und Nöten der Menschen dort befasst und sich zusammen mit ihnen bemüht, langfristige Lösungen für Entwicklungsprobleme zu finden, entwickelt man automatisch eine besondere Beziehung zu einem solchen Land und zu seinen Menschen. Man schließt das Land ins Herz, kann es nicht vergessen, bleibt mit ihm in Kontakt. Und so ging und geht es mir gewiss mit Laos, diesem kleinen am Mekongfluss liegenden früheren „Königreich der Million Elefanten", mit seiner jüngeren, sehr bewegten, durch Gewalt und Krieg gekennzeichneten Geschichte im Zusammenhang mit den Konflikten in Indochina und dem noch jüngeren Übergang zu einer kommunistischen Regierungsform, die dort bis heute besteht. Es war meiner Frau und mir vergönnt, von 1981 bis 1985 in Laos zu leben.

Ich hatte es in der Zwischenzeit zum Stellvertretenden (Deputy) Resident Representative gebracht und war für die direkte Überwachung unseres vorwiegend landwirtschaftlich orientierten Programms in diesem außerordentlich armen Land ohne Küste, wo das Pro-Kopf-Einkommen sich damals auf etwa 80 Dollar pro

Jahr belief, zuständig. Von der Natur mit viel fruchtbarem Land und einem Klima ausgestattet, das drei Ernten pro Jahr erlaubt, konnten und können die Lao sich immer einen leicht verspielten Lebensstiel erlauben. Kein Seminar ohne Lamvong-Tanz, kein Projektbesuch ohne Reisschnaps. Der Kommunismus drang der Bevölkerung nie unter die Haut und hatte hier nie eine Chance.

Es gibt wenige Länder, deren äußeres Erscheinungsbild so sehr vom Buddhismus geprägt ist wie das von Laos. Klosteranlagen (Vats) mit ihren geschwungenen, mehrfach gestaffelten, weit überhängenden Dächern und golden leuchtenden Fassaden sind über das ganze Land verstreut. Man kann kaum vor die Tür seines Hauses treten, ohne Mönchen zu begegnen, die sich mit ihren orangefarbenen Roben deutlich von ihrer Umgebung abheben.

Für einen spirituell interessierten Menschen wie mich bot sich hier die Gelegenheit, tiefer in das Verständnis einer der großen Weltreligionen, die offensichtlich auch nach weit über 2000 Jahren nichts von ihrer Attraktivität verloren hat, einzusteigen.

Was veranlasste so viele junge Männer, nicht nur in Laos, sondern auch in den Nachbarländern Thailand und Burma, sich der Disziplin des Klosterlebens zu unterwerfen und wie ließ es sich erklären, dass sie sich ausgesprochen wohl dabei zu fühlen schienen? Und was hatte es mit dem verklärten, gleichsam von innen her leuchtenden Lächeln, das den meisten Buddha-Statuen zu eigen ist, auf sich? Die Antwort musste mit den Lehren des Ehrwürdigen zusammenhängen und hier bot es sich an, mit seiner Lebensgeschichte zu beginnen, die millionenfach auf den Wänden von Tempeln in Südostasien abgebildet ist. Natürlich ranken sich viele Erzählungen und Geschichten um das Leben des großen Meisters und es ist nicht leicht herauszufinden, was wirklich geschah.

Siddharta Gautama wurde wohl als Sohn eines Fürsten um 563 in Lumbini im heutigen Nepal geboren. Im Alter von 29 Jahren wurde ihm bewusst, dass Reichtum und Luxus nicht die Grundlage für Glück sein können. Er erkannte, dass Leid wie Altern, Krankheit, Tod und Schmerz untrennbar mit dem Leben verbunden ist, und brach auf, um verschiedene Religionslehren und Philosophien zu erkunden, um die wahre Natur menschlichen Glücks zu finden. Sechs Jahre der Askese, des Studiums und danach der Meditation führten ihn schließlich auf den Weg der Mitte. Unter einem Feigenbaum in Bodhgaya im heutigen Nordindien hatte er das Erlebnis des Erwachens (Bodhi). Wenig später hielt er in Isipatana, dem heutigen Sarnath, seine erste Lehrrede und setzte damit das „Rad der Lehre" (Dharmachakra) in Bewegung.

Danach verbrachte er als ein Buddha den Rest seines Lebens mit der Unterweisung und Weitergabe der buddhistischen Lehre, des Dharma, an die von ihm begründete Gemeinschaft. Diese vierfache Gemeinschaft bestand aus den Mönchen (Bhikkhu) und Nonnen (Bhikkhuni) des buddhistischen Mönchtums sowie aus männlichen Laien (Upāsaka) und weiblichen Laien (Upasika). Mit seinem (angeblichen) Todesjahr im Alter von 80 Jahren beginnt die buddhistische Zeitrechnung.

Grundlage der buddhistischen Praxis und Theorie sind die Vier Edlen Wahrheiten: Die Erste Edle Wahrheit ist, dass das Leben in der Regel vom Leid (Dukkha) über Geburt, Alter, Krankheit und Tod geprägt ist; die Zweite Edle Wahrheit, dass dieses Leid durch die Drei Geistesgifte Gier, Hass und Verblendung verursacht wird; die Dritte Edle Wahrheit, dass zukünftiges Leid durch die Vermeidung dieser Ursachen nicht entstehen kann bzw. aus dieser Vermeidung Glück entsteht und die Vierte Edle Wahrheit, dass die Mittel zur Vermeidung von Leid, und damit zur Entstehung von Glück, in der Praxis der Übungen des Edlen Achtfachen Pfades zu finden sind. Diese bestehen in: rechter Erkenntnis, rechter Absicht, rechter Rede, rechtem Handeln, rechtem Lebenserwerb, rechter Übung, rechter Achtsamkeit und rechter Meditation.

Nach der buddhistischen Lehre sind alle unerleuchteten Wesen einem endlosen, leidvollen Kreislauf (Samsara) von Geburt und Wiedergeburt unterworfen. Ziel der buddhistischen Praxis ist es, aus diesem Kreislauf des ansonsten immerwährenden Leidenszustandes herauszutreten. Dieses Ziel soll durch die Vermeidung von Leid, also ethisches Verhalten, die Kultivierung der Tugenden

(Fünf Silas), die Praxis der „Versenkung" (Samadhi – Meditation), die Entwicklung von Mitgefühl für alle Wesen und allumfassende Weisheit (Prajna) als Ergebnisse der Praxis des Edlen Achtfachen Pfades erreicht werden. Auf diesem Weg werden Leid und Unvollkommenheit überwunden und durch Erleuchtung (Erwachen) wird der Zustand des Nirwana, der Leidlosigkeit bzw. der Zustand des Glücks, realisiert.

Indem jemand Zuflucht zum Buddha (dem Zustand), zum Dharma (Lehre und Weg zu diesem Zustand) und zur Sangha (der Gemeinschaft der Praktizierenden) nimmt, bezeugt er seinen Willen zur Anerkennung und Praxis der Vier Edlen Wahrheiten und seine Zugehörigkeit zur Gemeinschaft der Praktizierenden des Dharma. Die Sangha selbst unterteilt sich in die Praktizierenden der Laien-Gemeinschaft und die Ordinierten der Mönchs- bzw. Nonnenorden.

Mit das Wichtigste, was der Buddhismus der Welt geschenkt hat – wohl mehr als alle anderen großen Religionen – ist die Betonung der Meditation als Basis für spirituellen Fortschritt. Auch die These, dass Leid einen untrennbaren Teil der menschlichen Existenz ausmacht und dass der buddhistische Ansatz des achtfachen edlen Pfades es möglich macht, Leid zu überwinden und zu lernen, damit auf eine Weise umzugehen, die uns nicht aus der Bahn wirft, halte ich für sehr plausibel.

Dem Buddhismus geht es direkt um das Glück des Menschen. Buddha hatte erkannt, dass die Mehrheit der Menschen nicht glücklich ist. Er entwickelte einen sehr logischen und systematischen Weg, um die Ursachen des Unglücklichseins zu identifizieren und zu entfernen. Durch das Entfernen der Ursachen des Unglücklichseins kann das Glücklichsein erblühen. Es ist wohl schon so, dass es in unserer Gesellschaft viel Leid gibt und dass die wenigsten Menschen wirklich glücklich sind. Im Verständnis der Buddhisten hat Glück viel mit Freiheit zu tun. Freiheit von Verhaftungen. Ich begann zu begreifen, dass die Praxis der Meditation dem Menschen helfen kann, sich von seinen Verhaftungen zu befreien, und auch, sich von seinem Ärger zu befreien, der in ihm brennt. Wie konnte es sein, dass Menschen mit einem extrem einfachen Lebensstil, Menschen, deren einzige Besitztümer in ihrem Mönchsgewand und ihrer Bettelschale bestanden, glücklich zu sein schienen, viel glücklicher als all die Europäer und Amerikaner, mit denen ich es täglich zu tun hatte und die in einem niemals endenden Netzwerk und Karussell von Problemen gefangen zu sein schienen, gefangen in der Illusion der Maya?

Ich begann, die Vier edlen Wahrheiten sowie den Edlen Achtfachen Pfad zu studieren und setzte auch meine tägliche Meditationspraxis fort. Erst viele Jahre später hatte ich auch Gelegenheit, an „Retreats" des vietnamesischen Mönchs und Lehrers Thich Nhat Hanh (TNH) teilzunehmen, die er in „Plum Village", in der Nähe von Bordeaux, in dem von ihm dort gegründeten Kloster abhielt. Mir wurde klar, dass in den Lehren von TNH ganz tiefe Weisheiten, ein ungeheurer Schatz von Lebensweisheit und praktische Handlungsanweisungen ruhen, ein Schatz, der es auch möglich macht, mit dem Phänomen des Ärgers fertigzuwerden. Ärger brennt wie ein gewaltiges Feuer, im Inneren vieler Menschen unserer westlichen Welt.

Es bedarf eines systematischen Ansatzes, um dieses Feuer des Ärgers zum Erlöschen zu bringen. Das wurde mir nach und nach für mich selber bewusst. Heute kann ich mich, wenn mich etwas richtig ärgert und in Rage bringt, zurücklehnen und herzhaft über mich selber lachen. Wie komisch ist es doch, dass mich so etwas Banales in Rage bringt. Und natürlich geht es immer nur um mich selber. Was mich an meinem Gegenüber so ärgert, ist nichts anderes als eine Widerspieglung dessen, was sich in meinem Inneren abspielt und befindet. „Wie innen, so außen", lautet das dritte Hermetische Gesetz, das Gesetz der Entsprechungen. Und je mehr und je öfter mir bestimmte ähnliche ärgerliche Situationen begegnen, desto dringender und wichtiger sind die Lektionen, die darin liegen.

Es erfordert ein lebenslanges Studium, einen ganz praktischen Weg der Liebe, des Verstehens und des Mitgefühls, um Ärger und Leid zu überwinden und Glück zu erzeugen. Glück nicht im Sinne von oberflächlicher Befriedigung der Sinne, sondern ein Glück, das auf dem Heilen unserer Herzen, Mitgefühl, tätiger

Nächstenliebe und Achtsamkeit in allem, was wir tun, basiert. Es ist kein einfacher, schneller Weg, kein „Quick Fix“. Er verlangt vielleicht mehr als alles andere Beharrungsvermögen, die Bereitschaft, auf dem einmal eingeschlagenen Weg voranzuschreiten.

Heute ist mir auch klar, dass eine weitgehende Übereinstimmung zwischen dem Edlen Achtfachen Pfad und den spirituellen Gesetzen des Universums besteht. Insbesondere besteht Übereinstimmung mit dem Gesetz der Kraft der Gedanken, dem Gesetz des Loslassens, dem Gesetz der Bewusstheit, dem Gesetz von Ursache und Wirkung, dem Gesetz der Wahrheit und natürlich dem Gesetz der Meditation.

New York I

Ein stärkerer Gegensatz als unsere Umsiedlung vom ländlichen Laos nach New York ist kaum denkbar. Die starke Ausrichtung der Stadt auf Geld und materielle Dinge generell irritierte mich. Doch auch in der Metropole der Weltfinanz blüht Spiritualität, wenn auch zumeist im Verborgenen. Schon bald nach meiner Ankunft entdeckte ich den Parapsychologischen Club der UN, dessen Mitglieder sich von Zeit zu Zeit in einem Sitzungssaal im Untergeschoss des UN-Hauptgebäudes trafen. Oft hörten wir Vorträge von Gästen über metaphysische und esoterische Themen. Hier hatte ich auch zum ersten Mal Gelegenheit, ein Medium in Aktion zu sehen. Eine evangelische Pfarrerin, Doktor Seidel, leitete zunächst eine Gruppenmeditation und kündigte dann an, dass sie einem nicht verkörperten Wesen als Medium (Channel im Englischen – wörtlich Kanal) dienen und dessen verbale Äußerungen übermitteln werde. Nach einigen tiefen Atemzügen fiel ihr Kopf kurz nach vorne und als sie ihn wieder hob, befand sie sich offenbar in einer Trance. Sie begann, mit einer völlig anderen Stimme in einem altertümlichen Stil zu sprechen. Der „Geist“ der alten Dame, der durch sie zu sprechen schien, hatte offenbar in einem früheren Jahrhundert auf dieser Erde gelebt und brachte durch sein gesamtes Verhalten seine

Nähe zum Göttlichen zum Ausdruck. Die Einzelheiten ihrer Äußerungen sind mir heute nicht mehr erinnerlich. Es war aber offensichtlich, dass sie von einer hohen spirituellen Weisheitsstufe aus sprach. Sie beantwortete auch Fragen und erteilte Rat. Hier sei erwähnt, dass nicht alle Wesenheiten, die Nachrichten durch Medien übermitteln, von einer hohen spirituellen Ebene aus sprechen. Die bloße Tatsache, dass sich jemand in der „anderen Welt" aufhält, bedeutet nicht, dass er mehr Weisheit besitzt als wir Irdischen. In der jenseitigen Welt wimmelt es genauso von Narren und Heiligen aller Schattierungen, wie hier auf der Erde. Der Zuhörer muss sich immer ein eigenes Urteil bilden, muss immer sein Unterscheidungsvermögen zur Anwendung bringen, muss seinen rationalen Verstand einschalten und natürlich auch auf sein Herz hören.

Das Phänomen der Existenz einer Geisterwelt hatte mich schon während meiner Jugend beschäftigt und fasziniert, auch wegen der Implikationen für das Leben nach dem Tode, für die Existenz einer unsterblichen Seele und die mögliche Präsenz unsichtbarer Helfer wie Schutzengel. Mein Vater hatte mir wichtige Bücher zu dem Thema gegeben, zum Beispiel: Das absolut grundlegende dreibändige Werk von Dr. Emil Mattiesen, „*Das persönliche Überleben des Todes*", „*Der Verkehr mit der Geisterwelt, seine Gesetze und sein Zweck. Selbsterlebnisse eines katholischen Geistlichen*" von Johannes Greber und „*30 Jahre unter den Toten*" von Dr. med. Carl Wickland. Vor allem Greber und Wickland faszinierten mich. Greber wegen der eindrucksvollen Beschreibung seiner eigenen Widerstände und Zweifel, die er aufrechterhielt, bis er sich schließlich geschlagen geben musste. Seine detaillierte Darstellung der Gesetze, denen der Verkehr mit der Geisterwelt unterliegt, dürfte in der Weltliteratur einmalig sein. Wicklands Buch enthält wortgetreue, oft erschütternde Protokolle über hunderte von Gesprächen, die er dank der medialen Kräfte seiner Frau mit den Geistern Verstorbener zu führen in der Lage war. Diese unglücklichen Wesen hatten in den meisten Fällen nicht realisiert, dass sie bereits gestorben waren, und versuchten in ihrer Verwirrung ein „irdisches

Leben" zu führen, indem sie Besitz vom Körper ahnungsloser Opfer ergriffen, die für derartige Eingriffe empfänglich waren. Wie Dr. Wickland überzeugend darstellt, erklärt das Phänomen derartiger Besessenheit einen Großteil der sogenannten Geisteskrankheiten. Durch ein ruhiges, erläuterndes Gespräch wurde den verwirrten Geistern in den meisten Fällen bewusst, in welch misslicher Lage sie sich befanden. Sie verließen die Körper ihrer Opfer, bedankten sich und überließen sich der Hilfe guter Geister, die bereitstanden, um ihnen unter die Arme zu greifen.

Wicklands Protokolle zeigen, wie wichtig es ist, dass Menschen über das Weiterleben nach dem Tode informiert sind. Die Ermangelung dieses Wissens kann schreckliche, tragische Folgen haben, nicht nur für den Betroffenen selbst, sondern auch für andere, in deren Lebensraum er eindringt. Zur Frage des Weiterlebens nach dem Tode und welche Art von Jenseits uns erwartet, wird später noch mehr zu sagen sein. Von meiner Perspektive aus gesehen ist es eines der wichtigsten und faszinierendsten Themen überhaupt, und lassen Sie mich Ihnen versichern, liebe Leserin und lieber Leser, an verlässlichen Informationen zu dem Thema mangelt es nicht. Wer Ohren hat zu hören, der höre. Genauso wichtig sind die Konsequenzen, die sich aus diesem Wissen ergeben. Die Wichtigkeit des Dienens im jetzigen Leben wurde mir erst durch Wicklands Protokolle klar. Das irdische Leben ist eine Schule, und das Dienen zu lernen ist eine der wichtigsten Lektionen.

Während meines Aufenthaltes in New York studierte ich mit einer Arbeitsgruppe, die sich während der Mittagspause traf, ein bemerkenswertes spirituelles Buch: „Ein Kurs in Wundern"[13]. Ein Hauptteil des Kurses zielt darauf ab, es den Studierenden zu ermöglichen, durch die Illusionen hindurchzusehen, in denen die meisten Menschen verhaftet sind. Verzeihen, uneigennützige

13 Genauer gesagt drei Bände: Das Textbuch, das Arbeitsbuch und das Handbuch für Lehrer.

Liebe und das Aufgehen im Willen und Plan Gottes sind andere wichtige Ziele, so wie die Erkenntnis, dass Gott die ganze Zeit zu uns spricht. Nur hören wir leider die meiste Zeit nicht zu. Zu dem Kurs wird auch noch mehr zu sagen sein. Wenn ich auf mein bewegtes Leben zurückblicke, bin ich immer wieder erstaunt, wie ich buchstäblich mit der Nase auf wichtige Weisheiten gestoßen wurde. Ob ich sie dann auch verinnerlichte und in die Tat umsetzte, ist ein völlig anderes Thema.

In Amerika gibt es eine sehr ausgedehnte Selbsthilfeliteratur, die häufig auch mit spirituellen Themen verknüpft ist. Es gibt dort eine Reihe von hervorragenden Autoren zu spirituellen Themen, zum Beispiel Deepak Chopra und Wayne Dyer, die ich beide schon vorher erwähnte. Während meiner Zeit in New York hatte ich Gelegenheit, eine ganze Reihe von Büchern dieser und anderer Autoren zu studieren, die tiefe Einblicke in spirituelle Themen gewähren. Auch die Bücher von Louise Hay zum Heilen des Lebens fand ich hilfreich.

Nordkorea

Nach unserer Zeit in New York war es endlich so weit. Mein Chef bot mir einen Posten als UNDP Resident Representative und UN Resident Coordinator an und ließ mir die Wahl zwischen den beiden verfügbaren Posten: Iran und Nordkorea. Da mein Bedarf an Erfahrungen mit dem Islam voll gedeckt war, fiel meine Wahl auf Nordkorea, wohl wissend, was mich dort erwartete. So geschah es, dass ich mit meiner Frau und zwei sehr kleinen Kindern (unser Jüngster war gerade mal fünf Monate alt, als wir in Pjöngjang ankamen) drei Jahre und sieben Monate (von 1989 bis 1993) in Nordkorea verbrachte, einem Land, das man nur als spirituelle Wüste bezeichnen kann.

An die Stelle des Bewusstseins von der Größe, Gegenwart und Schöpferkraft Gottes war ein Führerkult getreten, der dem

„Großen Führer" Kim Il Sung gottähnliche Eigenschaften zusprach. Statuen und Bilder Kim Il Sungs sprangen einem überall ins Auge. Riesige Zitate des Führers sollten seine Weisheit und Führungskraft bezeugen. Es handelte sich hier um eine Situation, in der ein Mensch es seinem Ego in geradezu grotesker Weise erlaubt hatte, sein Leben zu bestimmen, ohne auf die kleine, leise Stimme seiner Seele zu hören, die ihn sicherlich auf den illusionären Charakter von Ruhm, Glanz und Verehrung durch die Massen aufmerksam machen wollte. Begleiterscheinungen dieses ungezügelten Auslebens des Egos, das natürlich mit Angst vor den Konsequenzen der „Bösen Tat" einherging, waren ein allgegenwärtiger Geheimdienst, Unterdrückung und Gewalt durch Konzentrationslager, in denen Tausende gefangen gehalten und gequält wurden. Die Tradition des ungezügelten Auslebens der Wünsche des Egos haben Kim Il Sungs Nachfolger Kim Jong Il und Kim Jong Un nahtlos übernommen. Die Bewohner Nordkoreas als Opfer dieses Egowahns gehören sicherlich zu den unglücklichsten Menschen dieser Erde.

In meiner Eigenschaft als Koordinator des UN-Systems und Resident Representative des Entwicklungsprogramms der Vereinten Nationen hatte ich mehrfach Gelegenheit zu persönlichen Gesprächen mit Kim Il Sung. Wohl aus Sicherheitsgründen gab es nie präzise Vorausinformationen über Treffen mit dem „Großen Führer". Auch wenn wichtige Besucher im Lande waren, zum Beispiel die Generaldirektoren von UNESCO und UNIDO oder der Internationalen Atomenergie-Organisation (IAEA), wussten wir nie genau, ob und wann genau sie den Präsidenten treffen würden. Es gab vorsichtige Andeutungen, dass ein Treffen vielleicht stattfinden könnte und dass wir uns dafür bereithalten sollten. Auch der Ort eines derartigen Zusammentreffens mit dem Präsidenten konnte Überraschungen bergen. Einmal wurden wir unvermittelt aufgefordert, eine Zirkusvorstellung zu besuchen. Der nationale Zirkus Nordkoreas verfügt über ein mit allen technischen Finessen ausgestattetes Gebäude in der Hauptstadt und besaß ein hohes Niveau, vor allem im Bereich Akrobatik. Nachdem wir Platz genommen hatten, wurden wir darauf aufmerksam gemacht, dass

Kim Il Sung anwesend war. Wir wurden in die Räume hinter der Präsidentenloge geführt, die ein durchaus angemessenes Ambiente für ein Treffen mit dem Gründer des Staates boten. Von jedem Treffen mit dem „Großen Führer" gab es ein Bild auf der Titelseite der Pyongyang Times und vermutlich färbte etwas von dem gottähnlichen Status des Präsidenten auch auf diejenigen ab, denen die große Ehre zuteilwurde, ihn zu treffen und ihm die Hand zu schütteln. Zum Jahresende wurde das diplomatische Corps immer zu einer Aufführung in den Palast der Kinder und der Jugend eingeladen. Wenn mitten in der Aufführung plötzlich Begeisterungsschreie aufflammten, wussten wir, dass der Präsident angekommen war. Wir wurden dann in eine Halle gebeten und jeder Vertreter einer diplomatischen Mission hatte Gelegenheit, dem Präsident die Hand zu schütteln und ein paar Worte mit ihm zu wechseln. Dabei gab es gut ausgebildete Übersetzer, die die Sprache aller anwesenden Nationen beherrschten.

Auf rein persönlicher Ebene machte Kim Il Sung einen freundlichen, humorvollen und sehr menschlichen Eindruck, er war aber zugleich bestens informiert und klar in seiner Entschlossenheit, kein unliebsames Gedankengut an seine Staatsbürger heranzulassen. Gefragt, ob er eine Öffnung des Landes, wie sie gerade in China erfolgte, in Erwägung ziehe, antwortete er lachend, er wolle gerne alle Türen und Fenster öffnen, aber unliebsame Fliegen würden nicht hereingelassen! Er erzählte mir, dass er von einem Team von Ärzten mit Spezialisten für alle wichtigen Organe wie Herz, Lunge, Leber und Nieren betreut werde. Das Team schrieb ihm genau vor, was er an jedem Tage essen durfte, einschließlich der erlaubten Menge an Proteinen, Kohlenhydraten, Fett und auch Alkohol. Es ist eine interessante Frage, ob dieser Ansatz die Wirkung hatte, sein Leben zu verlängern. Immerhin erreichte er trotz eines gewaltigen, hässlichen Tumors am Halse, der offenbar nicht operiert werden konnte, das reife Alter von 82 Jahren. Es gab keine Anzeichen dafür, dass er darunter litt. Fotografien mussten so aufgenommen werden, dass sie den Tumor nicht zeigten.

Unser Aufenthalt in Nordkorea von 1989-1993 fiel in eine Zeit großer internationaler Veränderungen: Fall der Berliner Mauer, Zusammenbruch der Regierungen der meisten Staaten Osteuropas und Zusammenbruch der Sowjetunion. Gleich nachdem ich im Oktober 1989 dem Premierminister mein Akkreditierungsschreiben des UN-Generalsekretärs überreicht hatte, traf ich den Vizepremierminister Kim Dae Yong, der auch Chairman der wichtigen Economic Commission war und auf politischer Ebene mein wichtigster Gesprächspartner werden sollte. Temperamentvoll, selbstbewusst und kettenrauchend rief er mir gleich zu Anfang zu: „Sie sind Deutscher, ich bin Koreaner; unsere Länder sind geteilt; wir müssen die Teilung überwinden." Ich stimmte ihm zu. Einige Monate danach, als ich ihn wieder traf, war die Berliner Mauer gefallen. Die Einzelheiten der Wiedervereinigung Deutschlands zeichneten sich ab. Ich rief ihm zu: „Wir haben es geschafft! Jetzt seid ihr dran!" Er lachte laut und erwiderte: „Aber wir wollen es nicht so machen wie ihr. Die DDR wurde von Westdeutschland aufgefressen." Wir konnten deutlich beobachten, mit welch angespannter Aufmerksamkeit die Nordkoreaner alle Einzelheiten der Entwicklungen in Osteuropa verfolgten. Offensichtlich wollte der große Führer sich selber und seiner Familie ein ähnliches Schicksal ersparen, wie es die Herrn Ceausescu und Honecker ereilt hatte. Als eine unmittelbar damit zusammenhängende Entscheidung wurde die Rolle des Militärs gegenüber der Rolle der Koreanischen Arbeiterpartei gestärkt. Offenbar ging man davon aus, dass das Militär weniger anfällig gegen politische Veränderungen sei als die Partei. Als eine Konsequenz des Zusammenbruches des COMECON, des Sozialistischen Rates für Gegenseitige Wirtschaftshilfe, geriet die Wirtschaft Nordkoreas immer mehr in eine Talfahrt. Die Energieversorgung verschlechterte sich rapide. Im Büro meines Counterparts, Herrn Hanh Tae Yok, Generaldirektor des Büros für Internationale Organisationen, konnte man sich nur noch mit dickem Mantel, Schal, Mütze und Handschuhen aufhalten. Selbst das Unterzeichnen von Dokumenten wurde unter diesen Umständen schwierig. Man kann sich vorstellen, wie die Situation in Industriebetrieben aussah. In einer Fabrik, die ich besuchte, herrschten Temperaturen von minus 20 bis minus 30 °C. An eine geordnete Produktion war unter diesen Umständen nicht zu denken. Auch die Versorgung der Bevölkerung mit Lebensmitteln verschlechterte sich zusehends. Große Tafeln am Straßenrand ermahnten die Bürger, nur zwei Mahlzeiten pro Tag zu essen, weil das patriotisch sei.

Wegen der Allgegenwart der Geheimdienste war es schwierig, vertrauliche Nachrichten zu verfassen und zu übermitteln. Man musste davon ausgehen, dass überall in Büros und Privatwohnungen Abhörvorrichtungen installiert waren. Mit Vertretern der International Atomic Energy Agency, die regelmäßige Inspektionen des nordkoreanischen Atomprogramms ausführten, unterhielt ich mich grundsätzlich nur bei Spaziergängen im Freien.

Weil unabhängige religiöse Institutionen wie Kirchengemeinden nicht existierten, beschlossen Mitglieder des diplomatischen Corps, auf eigene Faust Gottesdienste abzuhalten. Auch mir war es vergönnt, diese gelegentlich zu leiten.

Eine attraktive Seite Nordkoreas lag für uns in der Nähe des Landes zu China. Jede Reise nach und von Pjöngjang führte über Peking. Lebensmittel und andere Gegenstände des täglichen Bedarfs mussten regelmäßig in China gekauft werden. Diese Kontakte mit China erweckten in mir ein erstes Interesse am Tao Te Ching, einem der Sage nach von Laotse geschriebenen Weisheitsbuch, das öfter übersetzt worden ist als jedes andere Buch, mit Ausnahme der Bibel. Viele Weisheitssucher betrachten dieses klassische chinesische Werk als den ultimativen Text zu Fragen der Natur aller Dinge, und er bleibt weiterhin eine wertvolle Quelle für das Erreichen eines Lebens, das durch Integrität, Freude, Gleichgewicht und Frieden gekennzeichnet ist. Tao ist die Chiffre für eine kosmische alles umfassende aber nicht zu benennende Kraft. Es ist die ewige Urquelle allen Seins, eine substantielle Kraft, die allem zugrunde liegt; es ist zugleich das Gesetz, das in der Welt wirksam ist, ohne zu reden oder zu handeln und die Richtschnur für das richtige Tun. Es ist also das allein Ewige, das höchste Prinzip der natürlichen und sittlichen Welt.[14] Erst viele Jahre später als meine Frau und ich schon auf den Philippinen lebten, sollte ich Gelegenheit haben, mich intensiver mit dem Tao Te Ching und der Frage zu beschäftigen, was Laotse zu den spirituellen Gesetzen des Universums zu sagen hat.

Nordkorea wird in diesen Tagen als so etwas wie das Land des Bösen dargestellt und aufgefasst, vor allem wegen seiner Nuklearwaffen und der Menschenrechtsverletzungen. Das ist natürlich Unfug. Andere Staaten haben schon viel Schlimmeres mit Atomwaffen angestellt. So etwas wie das Land des Bösen gibt es nicht. Es gibt nur Länder mit schlechten Regierungen. Nordkorea ist ein Land mit vielen liebenswerten Menschen, die zutiefst verunsichert und natürlich auch in die Irre geführt sind. Das Leid steht ihnen buchstäblich in die Gesichter geschrieben. Sie haben nicht genug zu essen und ihre Wohnungen sind im Winter eiskalt. Sie sind die Opfer eines ausgedehnten Bespitzelungssystems und eines Schreckensregimes, das sie ständig unter Druck setzt, ausbeutet und peinigt. Der Führerkult hat absurde Züge angenommen. An diesen Tatsachen führt nichts vorbei.

Vielleicht hatte das Universum mich nach Nordkorea verschlagen, um mir diese Extreme menschlichen Leidens vor Augen zu führen. Abgesehen von Ländern mit Kriegs- und Katastrophensituationen gibt wohl keinen anderen Staat auf dieser Erde, in dem die Bevölkerung so komplett unter Leidensdruck steht und eigentlich und so wenig Anlass hat zum Lachen und Fröhlichsein. Der Konsum von Alkohol stellt einen Ausweg dar, und mein wichtigster Gesprächspartner in der Regierung, der Direktor des Büros für internationale Organisationen, lud mich und meine Familie oft zu Abendessen ein, bei denen der Alkohol reichlich floss. Gegen

---

14 Die andere große chinesische Religion ist der Konfuzianismus. Mich interessierte immer in erster Linie der Taoismus, weil er die Geltung eines „Weltgesetzes" betont. „Weltgesetz" ist natürlich nichts anderes als ein zusammenfassender Begriff für die spirituellen Gesetze des Universums, die den Gegenstand dieses Buches bilden. Konfuzianismus und Taoismus werden häufig zusammengefasst unter dem Namen chinesischer Universismus.

Ende unserer Zeit in Pjöngjang hörte das auf, wohl weil das Wirtschaftssystem sich auf einer steilen Talfahrt befand. Vermutlich war das Budget für Gastfreundschaft zusammengestrichen worden.

Was mir in Erinnerung bleibt, ist ein landschaftlich wunderschönes, trotz allem sehr liebenswertes Land mit sehr liebenswerten Menschen, die an jedem Tage hart kämpfen müssen, um zu überleben.

New York II

Im Anschluss an unseren Aufenthalt in Nordkorea wurde ich nach New York zurückbeordert, um dort als Divisionschef für Süd- und Westasien zu arbeiten. Später wurden meine Zuständigkeiten auf ganz Asien und den Pazifischen Ozean ausgedehnt. Das UNDP ging damals durch eine schwere Existenzkrise. Viele Jobs wurden gestrichen und Furcht um die eigene berufliche Sicherheit und Zukunft beschlich uns alle.

Basierend auf Methoden der sozialen Mobilisierung ländlicher Bevölkerungen, die ein guter Freund von mir, Shoaib Sultan Khan, zunächst in den nördlichen Gebieten Pakistans entwickelt und angewendet hatte, gelang es mir, ein Programm zur Armutsbekämpfung für sechs südasiatische Länder zu entwickeln, das von erheblichem Erfolg gekrönt war[15]. Die damit verbundenen zahlreichen Reisen und der intensive Kontakt mit den ländlichen Bevölkerungen[16] ermöglichten es mir, der trüben Stimmung in New York zu entfliehen und aus der Freude der beteiligten Menschen Kraft zu schöpfen. Hunderttausende von Haushalten nahmen an

15 Der englische Originaltitel des Programms lautete: South Asia Poverty Alleviation Programme – SAPAP.

16 Das Programm wurde in Bangladesch, Indien, Nepal, Pakistan, Sri Lanka und auf den Malediven implementiert.

dem Programm teil und wurden dadurch ermächtigt, sich selbst aus der Armut herauszuarbeiten.

Am Ende unseres Programmes waren in den sechs teilnehmenden Ländern 59.543 Gemeinschaftsorganisationen mit 1.434.910 Mitgliedern geschaffen worden. Über 549.000 Mitglieder waren in verschiedenen organisatorischen, technischen und handwerklichen Fächern ausgebildet worden. Die Armen hatten 21,7 Millionen Dollar durch Sparen mobilisiert und ein Kreditprogramm im Umfang von $ 138 Millionen durchgezogen. 1,5 Millionen Mitglieder hatten einen oder mehrere Kredite erhalten.

Als wir im Frühjahr 2003 die Vollendung unseres Programmes im Indischen Staat Andhra Pradesh feierten, versammelten sich über 10 000 Frauen, die UN-blaue Saris und Mützen mit der Aufschrift „SAPAP“ trugen. Sie tanzten und sangen Lieder über ihre Befreiung von der Geißel der Armut. Sie überreichten mir auch ein dickes, schwarzes Buch mit Goldlettern, das eine Deklaration enthielt und die Unterschrift oder den Daumenabdruck aller Teilnehmerinnen. Die Deklaration gebe ich hier im Original wieder, weil sie durch eine Übersetzung viel von ihrer ursprünglichen Kraft verlieren würde.

We hereby declare that …
We have overcome social isolation and
made our voices audible everywhere including
the corridors of power and made our lives worth living.
Our children are well fed. They go now to school.
Child labour is a thing of the past.
Now we need not mortgage our self-respect to get credit.
We are not passive recipients of programmes but
active partners in development. We changed the perception
That 'women need development' to
'development needs women'. SAPAP has seen our journey
from despair to hope, from diffidence to confidence,
from subjugation to empowerment.
SAPAP as a project may come to an end,
but the spirit goes on … and on … and on …

Es gibt Nachfolgeprogramme, vor allem in Indien, Pakistan und Nepal. Das größte, das indische Nachfolgeprogramm, trägt den Namen „National Rural Livelihood Mission – NRLM“ und wird bis heute in allen indischen Staaten implementiert.

Das Programm wurde im Jahre 2011 mit einer Kapitalzuweisung von 5,1 Milliarden Dollar in den 12. Fünfjahresplan aufgenommen mit dem Ziel, die Armut von 70 Millionen Haushalten, die 350 Millionen Menschen umfassen, zu reduzieren. Die indische Regierung zögert nicht, immer wieder darauf hinzuweisen, dass das vom UNDP initiierte südasiatische Armutsbekämpfungsprogramm den Ursprung dieses Programmes bildete.

Spirituell waren wir ziemlich stark auf unsere protestantische Gemeinde in West New York mit ihrem wortgewaltigen, durch und durch unorthodoxen Pfarrer ausgerichtet. Schnell nahm ich wieder Kontakt mit dem mir lieb gewordenen parapsychologischen Club auf, der in der Zwischenzeit bezeichnenderweise in „Society for Enlightenment and Transformation“ umbenannt worden war.

Wann immer meine knappe Zeit es mir erlaubte, verbrachte ich Zeit in Buchhandlungen und ließ mich von meiner Intuition zu spirituellen Büchern führen, die gerade wichtig für meine weitere Entwicklung waren. Eckhart Tolles „Die Kraft der Gegenwart“ und Deepak Chopras „Die sieben spirituellen Gesetze des Erfolges“ gehörten zu meinen Lieblingsbüchern, die ich immer wieder in die Hand nahm. Auch aus Louise Hayes „Du kannst dein Leben heilen“ schöpfte ich Kraft während dieser an Herausforderungen reichen Jahre. Die Kunst Deepak Chopras, uralte Weisheiten der Veden mit Erkenntnissen der modernen Wissenschaft zu verbinden, schlug mich immer wieder in ihren Bann.

Die wichtigsten und mich am tiefsten berührenden Weisheiten stammten aber von einer deutschen Autorin, von Silvia Wallimann. Auf ewig unvergesslich wird mir eine kleine Kreuzfahrt bleiben, die ich mit meinem zweitältesten Sohn unternahm. Wir beide lasen abwechselnd das gerade erschienene, neueste Buch von Wallimann, „Erwache in Gott“. Damals fiel es mir schwer, den zentralen Gedanken zu akzeptieren, der lautet, dass wir aus dem Geist geborene gottähnliche Wesen sind, die sich immer mehr von ihrem göttlichen Wesenskern entfernten, bis sie sich schließlich völlig in der Illusion der Materie verloren und ihre göttliche Natur und Schöpferkraft vergaßen. Zu diesem grundlegenden Thema, das weitreichende Konsequenzen für jeden Aspekt unserer menschlichen Existenz hat, wird noch einiges zu sagen sein. Erst viele Jahre später, nach der Lektüre unzähliger weiterer spiritueller Bücher, konnte ich die volle Wucht der von Wallimann ausgesprochenen Wahrheiten voll begreifen und verinnerlichen. Mein Sohn Jan tat sich da viel leichter. Ihm schienen Wallmanns Thesen ohne Weiteres einzuleuchten. Dabei half ihm vermutlich, dass er nicht in gleichem Umfang wie ich den Lehren und der Autorität der christlichen Kirchen ausgesetzt war. Auch dazu wird noch mehr zu sagen sein. Eine andere Autorin, die damals bei mir einen tiefen Eindruck hinterließ, war die schweizerische Ärztin Dr. Kübler-Ross. Ihre Berichte über ihre Arbeit mit hunderten von Sterbenden bestärkten in mir die Überzeugung, dass der Tod nichts anderes ist als das Hinübergehen in einen anderen Bewusstseinszustand, in dem man fortfährt zu fühlen, zu sehen, zu hören, zu verstehen, zu lachen und befähigt ist, weiterhin zu wachsen. Besonders anschaulich fand ich das von ihr gebrauchte Bild, dass der Tod ganz einfach das Heraustreten aus dem physischen Körper ist, in gleicher Weise, wie ein Schmetterling aus seinem Kokon heraustritt.

Viele Jahre später sollte ich in den Philippinen dem gleichen Bild begegnen. Bei der Sterbefeier für einen guten philippinischen Freund, der an einem schweren Krebsleiden gestorben war, fühlte sich ein hellhöriger und hellsichtiger gemeinsamer Bekannter plötzlich genötigt, eine Nachricht des soeben Verstorbenen durchzugeben. Dieser berichtete mit großer Begeisterung davon, dass er sich jetzt frei fühlte von der Bürde seines Körpers, wie ein Schmetterling, der blühenden Blumen, Bäume und den Sonnenschein in seinem neuen Umfeld in vollen Zügen genießen konnte.

Nepal

Als wollte mir das Universum Gelegenheit dazu geben, meine spirituelle Reise auf angemessene Weise abzurunden, verbrachte ich die letzten fünf Jahre meiner UN-Karriere als UN Resident Coordinator und UNDP Resident Representative in Nepal, dem zum damaligen Zeitpunkt einzigen offiziell existierenden Hindu-Königreich.

Kathmandu ist ein Ort spiritueller Kraft mit vielen wichtigen buddhistischen und hinduistischen Heiligtümern. Hindus, Buddhisten, Christen und Muslime leben hier friedlich zusammen und religiöser Fanatismus scheint nicht zu existieren. Von den Fenstern meines Büros aus konnte ich die schneebedeckten Berge des Himalaya-Gebirges sehen und fast jeder Projektbesuch bot Gelegenheit zu „offiziellem Trecken".

Während unserer Zeit in Nepal befand sich das Land in einer Phase des raschen politischen Umbruchs. Ich arbeitete mit fünf Premierministern zusammen. Fast die gesamte Königsfamilie wurde ermordet. Der Bruder des ermordeten Königs wurde zum neuen König gekrönt und übernahm zeitweilig selber die Leitung eines Notstandskabinetts. Die maoistische Bewegung wuchs rasch und wurde zunehmend aktiver. Gegen Ende unserer Zeit dort befand sich das Land buchstäblich in einer Bürgerkriegssituation. Es gelang den Maoisten, ganze Distrikthauptquartiere zu überrennen. Sicherheitsfragen nahmen einen erheblichen Teil meiner Zeit in Anspruch. Die Abschaffung der Monarchie und die Geburt einer Republik zeichneten sich ab. Bemühungen, zur Überwindung der Gewalt und Schaffung eines dauerhaften Friedens beizutragen, wurden wichtige Aufgaben.

Für einen christlich aufgewachsenen Europäer ist es nicht leicht, Zugang zum Hinduismus zu finden. Wenn ich morgens durch Kathmandu joggte, stieß ich an vielen Stellen der Stadt auf kleine Altäre, Tempel und Statuen von Hindugöttern. In Saris gekleidete Frauen trugen Messingtabletts durch die Straßen, auf denen sich Opfergaben für diese Altäre wie ungekochter Reis, Blumen und

Kerzen befanden. Auf ihren Stirnen zwischen den Augenbrauen trugen sie mit Pulverfarben aufgetragene große, rote Punkte, die sogenannten Tikas, die den Sitz des Dritten Auges markierten. Nach hinduistischer Auffassung bildet das Dritte Auge das Tor zu inneren Welten.

Wenn der Europäer hört, dass es im Hinduismus viele Götter gibt, denkt er häufig an das Alte Testament und das Gebot: Ich bin der Herr, dein Gott, du sollst nicht andere Götter haben neben mir. Er denkt auch an das goldene Kalb und die furchtbaren Strafen, die diejenigen ereilten, die Götzen anbeteten. Andererseits fällt ihm vielleicht auch ein, dass es in den christlichen Kirchen, insbesondere in der katholischen Kirche, ebenso Heilige gibt, zu denen man beten kann, die man um Hilfe bitten und deren Beistand man erhalten kann.

Die zentrale Idee des Hinduismus ist die Vorstellung des Brahman, des höchsten Wesens, des obersten Gottes, des Urgrunds allen Seins. Jeder Gott des wimmelnden Pantheons ist nur ein Aspekt des allumfassenden „tausendköpfigen Brahman".

Ohne Stifter oder starres Dogma nahm das, was als älteste lebende Region der Welt gilt, seinen Anfang. Selbst die Bezeichnung Hinduismus geht nicht auf eine Doktrin zurück, sondern auf die Geographie, auf das Sanskritwort „Sindhu" oder „Indus", Ozean oder Fluss.

Über viele Jahrtausende wurde diese Religion durch neue Kulte und Philosophien bereichert und von Reformbewegungen erschüttert. Andere Religionen haben ihr Zeugnis nach Indien getragen – und diese tolerante, erstaunlich vielfältige Glaubenslehre eher gestärkt als geschwächt. Heute hat sie rund 450 Millionen Anhänger, die meisten davon in Indien und den angrenzenden Ländern.

Auch die Veden selbst bieten Abwechslungsreiches in Fülle: Magie und Melodie, Mythos, Legende, Parabel, Mitgefühl und Humor. Aus den Schriften und Offenbarungen späterer Seher erfährt der Inder, dass alle Geschöpfe an einem Prozess geistiger Entwicklung teilhaben, der durch unendliche Zeitläufe reicht. Die Lebensspanne eines Menschen gleicht der Perle eines Halsbands, dessen andere Perlen vergangene und zukünftige Lebensspannen bedeuten. Jede Seele oder „Atman“ bemüht sich, durch aufeinanderfolgende Wiedergeburten so viele Verdienste zu erwerben, bis sie – nach einem Leben voller Rechtschaffenheit, Selbstdisziplin, Gewaltlosigkeit, Mildtätigkeit, Ehrfurcht vor dem Lebenden und Beachtung des Rituals – Erlösung vom irdischen Dasein erlangt, um sich mit dem Brahman zu vereinigen. Der Weg zum geistigen Aufstieg liegt in der Befolgung des Dharma. Der Mensch ist dazu angehalten, seiner Lebensstellung gemäß rechtschaffen zu leben und seinem inneren Selbst treu zu bleiben.

Die Hindu-Religion gipfelt in den Upanishaden[17], einer Sammlung philosphischer Schriften, die seit fast dreitausend Jahren eine Quelle der Erleuchtung und Stärkung darstellen. Das Wort bedeutet „sich in der Nähe zusammensetzen“ und bezieht sich auf die Zeiten, als die Weisen ihre Schüler zu ihren Füßen zu versammeln begannen, um mit ihnen in religiösen Gemeinschaften (Aschrams) ein der Arbeit und Meditation geweihtes Leben zu führen. Die dort angebotenen Allegorien und sittlichen Regeln sowie eine erhabene Moralvorstellung sind eine Einladung an alle, an der Herrlichkeit und dem Abenteuer des menschlichen Lebenslaufes teilzunehmen.

Den Hindu-Schriften zufolge besteht ein normales, harmonisches Leben aus vier Lebensstadien. Es beginnt mit einer Zeit des Dienens und Lernens in einem Aschram unter Anleitung eines „Gurus“ oder geistigen Mentors. Dann folgen die Jahre der Ehe und der Pflichten gegenüber Familie und Gemeinde. Wenn das geistige Wachstum eines Hindu das dritte Stadium erreicht hat, löst er sich von materiellen und familiären Bindungen, um seine Anteilnahme breiteren Kreisen zuzuwenden. In der letzten Phase bereitet er sich auf den Übergang in die unbekannte Wirklichkeit jenseits der Grenze dieses Lebens vor. Was danach kommt, hängt vom „Karma“ ab, der Kette, welche eine Tat und die Früchte der Tat zusammenhält. Ein ordentlich geführtes Leben bringt

17 Die Upanishaden bilden einen Bestandteil der Veden.

Belohnung bei der nächsten Inkarnation. Ein durch Leiden gekennzeichnetes Leben kann, aber muss nicht auf Taten zurückzuführen sein, die man in früheren Leben begangen hat.

Nach allgemeiner Schätzung zählt das hinduistische Pantheon etwa 33 Millionen Götter. Alles Übergeordnete und alles Durchdringende ist das Brahman. Als Nächstwichtigstes folgt die Drei-Einigkeit von Brahma, dem Schöpfer, Wischnu, dem Bewahrer, und Shiva, dem Zerstörer.

Die Inkarnationen und Taten der Götter bilden den Gegenstand phantastischer Erzählungen und epischer Werke. Hindus mit tiefem Verständnis der spirituellen Zusammenhänge wissen, dass all diese Götter Schöpfungen des menschlichen Geistes sind, mythische Bilder, die die vielen Gesichter der Wirklichkeit widerspiegeln. Gleichzeitig ist ihnen bewusst, dass sie nicht nur geschaffen wurden, um Erzählungen attraktiver zu machen, sondern wesentlich sind, um die Lehren einer Philosophie zu vermitteln, die in mystischen Erfahrungen wurzelt.

Dass es im Hinduismus, wie in allen Religionen, auch Irrtümer und Auswüchse gibt, lässt sich natürlich nicht übersehen. Einer der schlimmsten Aspekte ist das Kastenwesen, das das Schicksal von Menschen, die zu einer „niedrigen Kaste" gehören in einer Weise festschreibt, dass sie immer auf der niedrigsten Stufe der sozialen Hierarchie verbleiben müssen. In Nepal führte das Kastenwesen unter anderem dazu, dass die obersten Kasten, die Brahmanen und Chetris zusammen mit den Newaris, das gesamte politische und wirtschaftliche Leben beherrschten, während ethnische Minderheiten weitgehend ausgeschlossen waren und auch wenig an der allgemeinen sozioökonomischen Entwicklung des Landes teilhatten. Die dadurch erzeugte extreme Ungleichheit bildete einen der wichtigsten Gründe für das Erstarken der maoistischen Bewegung.

In diesem Zusammenhang sollte ich erwähnen, dass das richtig verstandene Gesetz des Karmas keineswegs Diskriminierungen, wie sie im Kastenwesen zum Ausdruck kommen, rechtfertigt. Das Gesetz des Karmas besagt lediglich, dass jeder Gedanke und jede Tat Konsequenzen in sich trägt. Aufgrund der dem Menschen gegebenen Willensfreiheit hat er die Möglichkeit, das Beste aus den ihm gegeben Karten zu machen, und kein Mensch hat das Recht, diskriminierend gegen einen anderen vorzugehen.

Eine andere für mich schwer zu begreifende Praxis besteht darin, Tiere zu Opferzwecken zu töten. Alljährlich wurden die Leiter der diplomatischen Missionen in Kathmandu Zeuge dieser Praxis im Zusammenhang mit dem Indra-Jatra-Festival. Aus Anlass dieses größten religiösen Straßenfestes der Stadt wurden wir jedes Jahr in den Palast des Königs am Durbar Square eingeladen. Zusammen mit dem König und der Königin blickten wir vom Balkon des Palastes aus auf diesen großen Platz, wo drei goldene, reich dekorierte, vierrädrige Karren geparkt waren. Auf diesen Karren sitzend würden später die drei lebenden Königinnen der drei Königsstädte Kathmandu, Patan und Bhaktapur durch die Straßen gezogen werden. Man konnte deutlich beobachten, wie das Blut geschlachteter Hühner und anderer Kleintiere auf die Deichseln dieser Wagen gesprüht wurde. Ein Ritual bestand immer darin, dass der König dem Volk vom Balkon des Palastes aus Goldmünzen zuwarf. Ich kann mir nicht vorstellen, dass ein Gott, dem alle seine von ihm erschaffenen Lebewesen lieb sind, Gefallen daran findet, wenn diese getötet werden, um ihn positiv zu stimmen.

Obwohl die spirituellen Traditionen von Buddhismus, Hinduismus und Taoismus sich in Einzelheiten unterscheiden, stimmt ihre Sicht der Welt in vielerlei Hinsicht überein. Es ist eine Sicht, die auf mystischer Erfahrung beruht – einer direkten, nichtintellektuellen Erfahrung der Realität. Und diese Erfahrung hat eine Reihe von fundamentalen Charakteristika, die unabhängig von dem geografischen, historischen und kulturellen Hintergrund des Betroffenen sind.

Die grundlegenden Elemente eines Verständnisses der Welt, die in diesen Traditionen entwickelt wurden, sind dieselben. Und sie sind, wie ich später noch zeigen werde, die gleichen, wie sie sich aus der modernen Physik ergeben[18].

---

18 Dieser Zusammenhang wird von Fritjof Capra auf meisterhafte Weise in seinem Klassiker, „The Tao of Physics“, aufgezeigt

Das wichtigste Charakteristikum der östlichen Religionen und Philosophien – man könnte beinahe sagen, ihre Essenz – ist die Einheit beziehungsweise das Verbundensein aller Dinge und Ereignisse, die Erfahrung aller Phänomene der Welt als Manifestationen eines grundlegenden Einsseins. Alle Dinge werden als voneinander abhängige und untrennbare Teile dieses kosmischen Ganzen gesehen; als unterschiedliche Manifestationen derselben ultimativen Wirklichkeit. Die östlichen Traditionen beziehen sich dauernd auf diese ultimative, unteilbare Wirklichkeit, die sich in allen Dingen manifestiert und von der alle Dinge Teil sind. Diese Wirklichkeit wird im Buddhismus Dharmakaya, im Hinduismus Brahman und im Taoismus Tao genannt.

In unserem gewöhnlichen, täglichen Leben sind wir uns dieser Einheit aller Dinge nicht bewusst und teilen die Welt in separate Objekte und Ereignisse auf. Diese Trennung ist natürlich nützlich und notwendig, um mit unserem täglichen Umfeld zurechtzukommen, aber sie ist kein fundamentales Element der Wirklichkeit. Es ist eine von unserem unterscheidenden, kategorisierenden Verstand geschaffene Abstraktion. Nach buddhistischer und hinduistischer Auffassung stellen unsere abstrakten Konzepte von separaten Dingen und Ereignisse Illusionen dar, die auf Ignoranz beruhen und von unserem Verstand unter dem Einfluss der „Maya" erzeugt wurden. Das Hauptziel der östlichen mystischen Traditionen besteht deshalb darin, den Verstand durch Ruhe und Zentrierung – durch Meditation – aus der Illusion zu befreien. Das Sanskrit-Wort für Meditation – Samadhi – bedeutet wörtlich „Gleichgewicht des Geistes". Er bezieht sich auf den ausgeglichenen und ruhigen Zustand des Geistes, in dem die grundlegende Einheit des Universums erfahren wird.

Der Hinduismus bringt einige der spirituellen Gesetze klarer und deutlicher zum Ausdruck als die anderen großen Religionen. Das hängt damit zusammen, dass er über eine weniger strukturierte kirchliche Administration verfügt. Es sind die kirchlichen Administrationen, die häufig Texte verändern, Wahrheiten vernebeln und ihre eigenen Ideen einbringen, weil sie von dem Wunsch beseelt sind, Macht auszuüben und die Gläubigen zu kontrollieren. Ein gutes Beispiel hierfür ist das Gesetz der Reinkarnation, das sehr deutlich in der Bibel erhalten war und bewusst von den Kirchenoberen daraus entfernt wurde. Noch heute enthält die Bibel Stellen, die darauf hinweisen, dass Jesus und seine Jünger davon überzeugt waren, dass Reinkarnation möglich ist, zum Beispiel im Zusammenhang mit Johannes dem Täufer. Jesus und seine Jünger gingen davon aus, dass der Prophet Elias sich in Johannes dem Täufer reinkarniert hatte (Matthäus 17: 10–13). Ein anderes Beispiel ist in Johannes 9, 1-13 enthalten. *Unterwegs sah Jesus einen Mann, der seit seiner Geburt blind war. Da fragen ihn seine Jünger: Rabbi, wer hat gesündigt? Er selbst oder haben seine Eltern gesündigt, sodass er blind geboren wurde? Jesus antwortete: Weder er noch seine Eltern haben gesündigt, sondern das Wirken Gottes soll an ihm offenbar werden.* Es ist klar, dass ein Mann, der bereits blind geboren wurde, die Blindheit nicht durch Sünden in diesem Leben verursacht haben konnte. Also gingen die Jünger davon aus, dass er in einem früheren Leben gesündigt haben könnte.

Mit dem Gesetz der Reinkarnation eng verknüpft ist das Gesetz von Ursache und Wirkung, das auch, wie schon erwähnt, das Gesetz des Karmas genannt wird. Es ist ganz klar und unverfälscht in Hinduismus enthalten, während es im Christentum auf eine relativ verschleierte Weise übermittelt wird durch den Ausspruch *„Was der Mensch sät, das wird er ernten" (Galater 6,7).*

Erst jetzt, mit einigem Abstand im Rückblick ist mir klar, in wie weitreichendem Umfang die großen Schriften des Hinduismus auf den spirituellen Weisheiten des Universums gegründet sind und dazu beitragen, diese zu enthüllen. Ebenso sehe ich jetzt ein ganz deutliches Zusammenfließen mit anderen Weisheitslehren wie denen des Buddhismus, des Taoismus, des Judaismus, des Christentums und des Islam.

All diese Weisheitslehren stammen aus einer Quelle, von einer Intelligenz, die dieses wunderbare, geordnete Universum geschaffen hat. Sie sind wie die Strahlen der Sonne, die getrennt zu sein scheinen und doch eins sind, genau wie die Wellen des Meeres eins mit dem großen Ozean sind.

Neben täglichen Kontakten mit Buddhismus und Hinduismus beschäftigte ich mich in Nepal intensiv mit den von Neale Donald Walsch stammenden dreibändigen *„Konversationen mit Gott"*. Die von ihm wiedergegebenen und zuweilen fast flapsig anmutenden Dialoge öffneten meine Augen für die vielen absurden Elemente unserer geltenden Weltanschauung. Auch wurde mir klar, dass wir einen Großteil unserer Zeit auf absolut unwichtige Dinge verwenden. In mir verfestigte sich die Ahnung, dass es möglich ist, das Göttliche zu erfahren und in unserem Leben Realität werden zu lassen.

Philippinen

Seit über zwölf Jahren leben meine Frau und ich nun schon in unserer neuen Wahlheimat, den Philippinen, und ich finde immer noch neue Gründe, warum das Universum uns auf diesen an Kontrasten so reichen Inselstaat verschlagen hat. Es sind Jahre spiritueller Abenteuer und spiritueller Veränderung gewesen, ein Prozess der Transformation, der immer noch anhält, sich beschleunigt und vermutlich bis zu meiner letzten Stunde anhalten wird; ein Prozess spiritueller Veränderung auch unseres Planeten.

Philippinos gehören sicherlich zu den liebenswertesten und gastfreundlichsten Menschen auf dieser Erde, und wenn es Statistiken darüber gäbe, wo am meisten gelacht wird – auch in katastrophalen Situationen –, so würden die Philippinen sicherlich einen hohen Rang einnehmen. Ausländische Besucher und Helfer bei Naturkatastrophen berichten immer mit Erstaunen, dass Philippinos auch dann in der Lage sind zu lachen und zu scherzen, wenn ihnen das Wasser buchstäblich bis zum Halse steht. Politische Gewalt und Korruption gehören ebenso zum täglichen Leben wie obszöner Reichtum und brutale Armut. Etwa ein Viertel der Bevölkerung lebt unterhalb der Armutsgrenze. Hunger gehört für viele zur täglichen Realität. Und wenn jemand, wie ich, Defizite in den Bereichen Mitgefühl und

Mithilfe bei sich entdeckt, so bieten die Philippinen ihm reichlich Gelegenheit zum Lernen. In mancher Hinsicht gehören die Philippinen zu den spirituellsten Ländern dieser Erde. 93% der Bevölkerung sind bekennende Christen, und Veranstaltungen, auch kleiner Gruppen, beginnen meistens mit einem Gebet. In keinem anderen Land der Erde hat Papst Franziskus größere Menschenmassen angezogen als in den Philippinen. Zugleich zeigt das ungezügelte Bevölkerungswachstum die verhängnisvollen Folgen starren, doktrinären religiösen Denkens. Indirekt muss die katholische Kirche Verantwortung für die hunderttausenden illegalen Abtreibungen, die hier jährlich stattfindenden, und die damit verbundenen Todesfälle und Gesundheitsschäden übernehmen. Hunderttausende ungewollter Kinder werden jährlich in ein Leben der Armut und des Mangels hineingeboren. Für jemanden, der sich, wie ich, sein Leben lang mit Armutsbekämpfung beschäftigt hat, bieten die Philippinen auch nach der Pensionierung noch genug zu tun, auch wenn es nur ein Tropfen auf den heißen Stein ist.

Während unserer Zeit hier auf den Philippinen begann ich auch eine zweite Karriere als Berater für Entwicklungsfragen und Change Management. Ich wurde Mitbegründer und Partner einer Consulting Firma für „Change Facilitation" und spezialisierte mich auf „Appreciative Inquiry", eine Change-Management-Methode, die bestehende Elemente der Stärke in einer Organisation als Ausgangspunkt dafür nimmt, gemeinsam eine Vision für die Zukunft zu formulieren und in die Tat umzusetzen. Aufträge als Berater brachten mich in über 15 Länder Asiens, Europas und des Pazifischen Ozeans. Daneben betrieb und betreibe ich meine eigene Nichtregierungsorganisation[19], die auf Armutsbekämpfung durch die Schaffung von Graswurzelorganisationen und die „Ermächtigung" der betroffenen Bevölkerungsgruppen, sich durch ihre eigenen Anstrengungen aus der Armut herauszuarbeiten, spezialisiert ist.

19 Das Institute for Decentralization and Community Organization – IDCO

Eines der größten Privilegien von Menschen im Ruhestand besteht bekanntlich darin, bezahlt zu werden, ohne zu arbeiten, einfach so für das eigene Sein. Der gewaltige Wert eines derartigen Privilegs kann einem besonders in einem Land wie den Philippinen zu Bewusstsein kommen, wo viele bis ins hohe Alter hart arbeiten müssen, um ihre nächste Mahlzeit auf den Tisch zu bringen. Damit hängt das Privileg zusammen, Zeit zum Nachdenken über die wirklich wichtigen Fragen des Lebens zu haben, etwa: Wo komme ich her und wo gehe ich hin? Warum bin ich hier und was kann ich aus meiner Situation angesichts der Antworten auf die beiden ersten Fragen machen?

„Stille spricht" lautet der Titel eines sehr lesenswerten Büchleins von Eckhart Tolle. „Sei still und erkenne, dass ich Gott bin", sagt die Bibel (Psalm 46:10). Stille und Meditation gehören eng zusammen und so verbrachte und verbringe ich mehr und mehr Zeit in Meditation, allein und mit anderen. Spirituelle Reisen brachten mich zur Clairvision-Meditationsschule in Australien und zweimal zu dem aus Vietnam stammenden buddhistischen Mönch Thich Nhat Hanh, der ein Kloster in der Nähe von Bordeaux gegründet hat. Zu den Themen Meditation und Erleuchtung wird noch einiges zu sagen sein. Hier möchte ich nur erwähnen, dass spirituelle Fortschritte in der Regel in kleinen, subtilen Schritten erfolgen und dass die Verinnerlichung grundlegender Erkenntnisse in der Regel nicht von Pauken und Trompeten oder inneren Feuerwerken begleitet wird. Wichtiger erscheint mir ein stetiger Prozess innerer Transformation. Natürlich nutzte und nutze ich die Zeit auch zum Lesen wichtiger und weniger wichtiger spiritueller Bücher. Ein wachsendes Verständnis für die grundlegenden Gedanken in Eckhard Tolles Buch „Die Kraft der Gegenwart", für die von Thich Nhat Hanh in zahlreichen Schriften vertretenen Gedanken und für den „Kurs in Wundern" führte mich zu der erlebten Erkenntnis, dass das Glück genau jetzt in diesem Augenblick auf mich wartet und in der Tat bereits hier ist.

Eines der größten Geschenke während meiner Zeit hier auf Philippinen besteht in der Person eines Freundes und Lehrers, der in mein Leben trat. Ich treffe Tito jede Woche zum Meditieren und Austauschen spiritueller Wahrheiten, Einsichten und Erfahrungen und wir sind beide überrascht über den spirituellen Zug, den wir betreten haben, fast möchte ich sagen Wirbel, der uns erfasst hat und auf eine spirituelle Reise voller Überraschungen mitnimmt. Aufgrund unserer Erfahrungen sind wir beide davon überzeugt, dass wir geführt werden, dass uns spirituelle Wesen zur Seite stehen und dass wir jederzeit die Möglichkeit haben, mit unserem heiligen höheren Selbst zu kommunizieren. Auch die grundlegende spirituelle Erkenntnis, dass wir alle Teile des großen göttlichen Geistes sind, der sich in allem findet und sich durch uns selber erfährt, ist mir jetzt völlig klar. Ich weiß aus eigener Erfahrung, dass für diejenigen, die die spirituellen Gesetze des Universums auch nur halbwegs kennen und meistern, Synchronizitäten und Wunder dauernd geschehen.

Ich habe schon vorher meine Praxis erwähnt, an jedem Morgen mindestens drei Seiten zu schreiben, die Praxis der sogenannten „Morning Pages". Von Anfang an hatte ich den Eindruck, dass es sich beim Schreiben dieser Morning Pages um einen Dialog mit etwas Höherem als meinem gewöhnlichen Verstand handelte. Zuerst hatte ich den Eindruck, dass ich mit meiner Seele kommunizierte und dass mir dabei Weisheiten zuteilwurden, die meinem normalen Tagesbewusstsein, meinem Normal-Verstand, nicht so ohne Weiteres zugänglich zu sein schienen. Eines meiner Probleme bestand darin, dass meine Handschrift nicht besonders deutlich ist. Ich verbrachte viel Zeit damit, das Handgeschriebene wieder zu entziffern und leserlicher zu machen. Das brachte mich auf die Idee, mit meinem Computer zu schreiben, was gut lief. Beim Schreiben am Computer hatte ich allerdings immer schon das Problem, dass ich, obwohl ich mit zehn Fingern schreibe, viel schneller denken kann, als schreiben, was mich sehr frustriert. Das Korrigieren und Konzentrieren auf den mechanischen Vorgang des Schreibens unterbricht den Fluss meiner Gedanken. So kam ich auf die Idee, zu versuchen, meinem Computer meine Morning Pages zu diktieren. Und wer kann meine Begeisterung beschreiben, als ich entdeckte, dass dies wirklich gut funktioniert.

Ich habe schon mehrfach erwähnt, dass ich in meinen sogenannten Mission Statements immer an erster Stelle den Wunsch erwähnt hatte, Gott zu finden und Gott näher zu sein. Ich hatte auch meine Überzeugung erwähnt, dass es unsichtbare Helfer gibt, die uns immer zur Seite stehen und die wir immer bitten können, uns zu unterstützen. Es lag nahe, den Versuch zu unternehmen, bei meinen Morning Pages auch mit dem Team dieser Helfer Kontakt aufzunehmen und ihm spezifische Fragen zu stellen. Schließlich kam ich zu der Überzeugung, dass tatsächlich ein derartiges Team zur Verfügung steht, das es sich zur Aufgabe gemacht hat, mich beim Schreiben dieses Buches zu unterstützen. Mir ist bewusst, dass ich mich hier auf ein Gebiet begebe, dass bei vielen von Ihnen, liebe Leserin und lieber Leser, Stirnrunzeln hervorrufen wird. Und ich will hier auch bewusst nicht in die Einzelheiten einsteigen. Lassen Sie mich einfach sagen, dass ich das Gefühl habe, bei meinen täglichen Morning Pages mit meiner Seele und der geistigen Welt zu kommunizieren und dass mir dabei tiefe Weisheiten zuteilwerden.

Beim näheren Hinsehen ist es doch so, dass wir uns bei jeder größeren Aufgabe, sei es das Schreiben eines Buches, das Komponieren einer Symphonie oder das Erschaffen eines Gemäldes, mit einer Intelligenz, einer kreativen Kraft verbinden, die viel größer ist als unser doch eher begrenzter Verstand. Wir werden in diesem Zusammenhang zu einem Instrument, einer Violine, auf der das Universum seine Melodie spielt, ganz ohne das Zutun unseres Verstandes. Es geht darum, wie Neale Donald Walsch sagt, „to be out of one's mind" – außerhalb seines Verstandes zu sein. Und es geht darum, in der Frequenz dieser höheren Intelligenz zu schwingen. Dies ist ein Thema, das uns im Folgenden immer wieder beschäftigen wird.

Lassen Sie uns nun einen näheren Blick auf die Gesetze werfen.

Mit meinem Vater und Großvater beim Pilzesuchen im Saarland

Erste Berührung mit Entwicklungsfragen im Rahmen eines Studienaufenthaltes mit dem Deutschen Institut für Entwicklungspolitik (DIE) in Thailand 1972–73

Erste Arbeit für die Vereinten Nationen: Fünf Jahre in Pakistan (1973–78)

Eröffnung eines Workshops mit dem sudanesischen Handelsminister Ibrahim El Taha (3. v. l.)

Beim Studieren von Plänen für ein Bewässerungssystem in Laos

Treffen mit Präsident Kim Il Sung (3. v. r.), Gründer des nordkoreanischen Staates, und Domingo L. Siazon, Generaldirektor der UNIDO (3. v. l.).

Ein großer Kontrast: Nach drei Jahren in Nordkorea ziehen wir für fünf Jahre nach New York. Hier das Gebäude der UN Generalversammlung.

Das Südasiatische Armutsbekämpfungsprogramm bietet mir Gelegenheit zu Dialogen mit Dorfgemeinschaften in sechs Ländern Südasiens. Hier mit Frauen im indischen Staat Andhra Pradesh.

Besprechung mit dem Premierminister von Nepal, Girija Prasad Koirala, und dem amerikanischen Botschafter Ralph Frank

Meine Frau Candy begrüßt die Königin von Nepal, Aishwarya Rajya Laxmi Devi Shah, und König Birendra Bir Bikram Shah.

Der UN-Generalsekretär Kofi Annan besucht uns in Nepal.

Im Rahmen des COPE-Programms werden Dorfgemeinschaften in Nepal „ermächtigt“, ihre eigenen Schulen zu bauen und zu organisieren.

Beraterauftäge bringen mich in viele Länder Asiens und des südlichen Pazifik. Hier mit einer Dorfgemeinschaft auf Samoa. (Ich sitze ganz vorne links.)

Einweihung eines Trinkwassersystems auf der Insel Palawan in den Philippinen zusammen mit dem Bürgermeister von Puerto Princesa, Edward Hagedorn.

V. DIE SPIRITUELLEN GESETZE DES UNIVERSUMS

1. Das Gesetz der Kraft der Gedanken

Wer bei seiner ersten Begegnung mit der Quantentheorie nicht schockiert ist, kann sie nicht verstanden haben

Niels Bohr *– Nobelpreisträger 1922,*
verliehen für seine Arbeit zur Atomstruktur

Das Gesetz der Kraft der Gedanken ist das bei Weitem wichtigste und grundlegendste Gesetz, aus dem alles andere folgt und auf dem alles andere aufbaut. Es öffnet unsere Augen für den Punkt, an dem Naturwissenschaft und Spiritualität zusammenfließen. Gerade diejenigen unter Ihnen, liebe Leserin und lieber Leser, die allem Spirituellen skeptisch gegenüberstehen, würde ich bitten, diesem Kapitel besondere Aufmerksamkeit zu schenken. Große Physiker wie Albert Einstein, Niels Bohr, Werner Heisenberg, Max Planck und ihre Nachfolger haben durch ihre Forschung nachgewiesen, dass eine ganz enge Verbindung zwischen unseren Gedanken und der Materie besteht und dass wir buchstäblich Schöpfungsmaschinen sind, auch wenn wir uns dessen nicht bewusst sind und unbewusst oft Dinge erschaffen, die wir uns nicht wünschen.

Auf eine einfache Formel gebracht, besagt das Gesetz der Kraft der Gedanken: „Gedanken erschaffen Realität“. So lautet auch der Titel eines sehr lesenswerten Buches des Biophysikers Dieter Broers. Ein anderer Bezugspunkt liegt in dem Ersten Hermetischen Gesetz, dem „Prinzip des Geistes“[20]. Vor allem im englischen

20 Das erste Hermetische Gesetz lautet: „Alles ist Geist. Die Quelle des Lebens ist unendlicher Schöpfergeist. Die Schöpfung ist mental. Geist herrscht über Materie“.

Sprachraum ist in jüngerer Vergangenheit eine Reihe von Büchern und Artikeln über die Macht der Gedanken erschienen[21].

Zusammenfassend verdienen es die folgenden Punkte, hervorgehoben zu werden.

Das gesamte Universum besteht aus Energie, die schwingt. Wir nennen die kleinsten Teilchen des Universums, die wir kennen, subatomare Teilchen. Allerdings bestehen sie nicht aus Materie, sondern sie sind Wellenenergie. Diese Teilchen sind so winzig, dass wir nur aufgrund der Spuren, die sie in Teilchenbeschleunigern hinterlassen, um ihre Existenz wissen.

Offenbar wird die Existenz von Teilchen erst ausgelöst, wenn wir sie beobachten. Nur wenn eine bewusste Entscheidung getroffen wird, ein Teilchen zu sehen, individualisiert sich die Welle und wird eine separate Identität. Erst unsere Aufmerksamkeit, die wir auf die formlose Wellenenergie richten, erschafft die Realität, die wir Teilchen oder die solide, physikalische Welt nennen.

Fritjof Capra bemerkt: „Meine bewusste Entscheidung darüber, wie ich ein Elektron beobachte, wird zu einem gewissen Grad seine Eigenschaften bestimmen. Stelle ich eine Teilchen-Frage, so wird es mir eine Teilchen-Antwort geben. Stelle ich eine Wellen-Frage, so gibt es mir eine Wellen-Antwort."

In der Vorquanten-Ära der Physik ging man noch davon aus, dass die Welt „da draußen", außerhalb von uns, sich in einem fest gefügten, von uns unabhängigen Zustand befände. Die Quantenphysik überschritt solche Grenzziehungen. Sie entwirft ein Bild der Wirklichkeit, in dem Beobachter und Beobachtetes untrennbar miteinander verbunden sind. Die Auswirkungen der Beobachtung sind für die zum Vorschein gebrachte Realität fundamental und können weder reduziert noch kontrolliert werden.

Der Physik-Nobelpreisträger Werner Heisenberg bemerkte hierzu: „Auch in der Naturwissenschaft ist also der Gegenstand der Forschung nicht mehr die Natur an sich, sondern die der menschlichen Fragestellung ausgesetzte Natur."

---

21 Das Buch von Broers gibt dazu umfassende Literaturhinweise.

Dieter Broers bringt es wie folgt auf den Punkt:

„Fassen wir alle wichtigen quantenphysikalischen Versuchsergebnisse zusammen, erhalten wir einen Eindruck von der nahezu unbegrenzten Schöpferkraft des menschlichen Geistes. Er ist imstande, Realitäten zu kreieren und zu beeinflussen. Die Physik kommt nicht umhin, mit der Quantenphysik und Quantenphilosophie eine nonlokale, in ihren Teilen verknüpfte Quantenwelt zu akzeptieren. Die jedoch kann sich nur manifestieren, wenn wir an ihr eingreifend teilhaben. Es gibt kaum einen wissenschaftlichen Paradigmenwechsel, der unser Bild vom Menschen und vom Universum derart nachhaltig verändert hat wie die Quantenphysik. Das Newton-Zeitalter liegt hinter uns und damit die linearen Prinzipien von Ursache und Wirkung sowie die herkömmlichen Modelle der Wirklichkeitsstruktur. Der entscheidende Unterschied zur traditionellen Physik ist dabei die Begrifflichkeit von Materie, Energie und Einfluss. Materie ist kein unveränderlicher Stoff. Sie wird geformt und verändert durch Bewusstsein und Geist, durch Energien also, die nicht zu den physikalisch messbaren Einflüssen wie Wärme, Licht oder Beschleunigung gehören."

Parallelen und Übereinstimmungen mit östlichen Religionen und Philosophien liegen nun klar auf der Hand. Das Gesetz der Kraft der Gedanken beruht auf der Essenz des Universums. Alles ist mit allem verbunden. Alles ist eins. Die schöpferische Kraft des Universums ist reiner Geist, aus dem alle Schöpfung entspringt. Sie ist reines Bewusstsein, welches aus dem Feld unendlicher Möglichkeiten das Feld des reinen Potenzials erschafft.

Aus der Sichtweise der Quantenphysik ist dies nichts anderes als das Feld der Quantenwahrscheinlichkeiten, aus denen heraus alle Schöpfungen durch einen Akt der bewussten Fokussierung in die Realität, die Erfahrungen des Einzelnen gebracht werden können. In seinem Kern ist der Mensch reines Bewusstsein. Reines Bewusstsein bedeutet reines Potenzial.

Die Macht der Gedanken, die Macht des Geistes über die Materie, wird auch durch den bekannten Placebo-Effekt deutlich. Auch wenn keinerlei medizinischer Wirkstoff in einem Präparat enthalten ist, wenn es nur aus Zucker besteht, reicht der Glaube an seine Wirksamkeit aus, um dennoch eine körperliche Wirkung hervorzurufen, die den Erwartungen an das Placebo entspricht.

Dass Gedanken Einfluss haben auf die Materie zeigt auch die Forschung des Japaners Masaru Emoto. Er hat eine Methode entwickelt, die Technik der bildgebenden Kernspintomografie zur Anwendung zu bringen um die Kristalle zu photographieren, die entstehen, wenn Wasser gefriert.Die Photos zeigen, dass destilliertes Wasser nahezu biologisch bewegungslos ist und deshalb sehr einfache Kristalle bildet. Sie sind so unterentwickelt, dass sie nahezu keine erkennbare Struktur besitzen. Destilliertes Wasser, das klassischer Musik oder Gebeten ausgesetzt war, zeigt demgegenüber wunderbare Formen. Ein ähnlicher Effekt wird ausgelöst, wenn auf ein Reagenzglas, das destilliertes Wasser enthält, positive Worte wie „wunderschön" geschrieben werden, während Wasser, das mit dem Wort „dreckig" beschriftet wurde, Kristalle zeigt, die man nur als hässlich bezeichnen kann[22].

Was sind nun die Implikationen und praktischen Anwendungen dieser Realisierung, dass unsere Gedanken schöpferische Kraft in unserem täglichen Leben besitzen?

Schon vor über 50 Jahren schrieb ein Engländer namens James Allen ein Buch, das später ein Bestseller werden sollte unter dem Titel „As a Man thinketh." – „Wie ein Mann denkt."[23] James Allen berührte bereits damals in umfassender Weise alle wesentlichen Aspekte der menschlichen Existenz und damit menschlichen Glücks, die direkt von unserem Denken auf grundlegende Weise berührt werden: Umfeld und Ereignisse im menschlichen Leben, Charakter, Körper und Gesundheit, Erfolg, Vorstellungen, Ideale und innere Ruhe. Einige dieser Punkte werden später im Zusammenhang mit anderen Gesetzen behandelt werden, ins-

---

22 Beispiele der von Emoto gemachten Aufnahmen finden sich im Epilog des Buches „Presence" von Peter Senge, C. Otto Scharmer, Joseph Jaworski und Betty Sue Flowers.

23 Der Titel bezieht sich auf die gleichlautende Bibelstelle in Sprüche 23: As a man thinketh in his heart so he is – Wie ein Mann in seinem Herzen denkt, so ist er.

besondere das Thema Gedanken und Erfolg. In diesem Kapitel geht es in erster Linie um das Meistern der durch unsere Gedanken unablässig wirkenden Schöpferkraft.

Es besteht eine enge Verbindung zwischen dem Gesetz der Kraft der Gedanken und dem Gesetz der Anziehung. Das Gesetz der Anziehung bedeutet auf eine einfache Formel gebracht: Gleiches zieht Gleiches an. Wie schon vorher betont, besteht das gesamte Universum, einschließlich der scheinbar soliden Materie, aus Schwingungen. Auch unsere Gedanken sind Schwingungen – Schwingungen, die mittels eines Elektroenzephalogramms grafisch dargestellt werden können.

Natürlich hat nicht gleich jeder der etwa 60 000 Gedanken, die den meisten Menschen im Durchschnitt jeden Tag durch den Kopf gehen, große schöpferische Wirkungen. Das wäre ja auch schlimm, wenn man sich klarmacht, was für krauses Zeug einem so täglich durch den Kopf schießt. Worauf es ankommt, sind häufig wiederkehrende Gedanken und Grundüberzeugungen, die tief in unserem Unterbewusstsein schlummern. Derartige Grundüberzeugungen können jeden Versuch, etwas Bestimmtes systematisch zu „erdenken", zunichtezumachen. Lassen Sie mich das am Beispiel der Erschaffung materiellen Wohlstandes verdeutlichen.

Schließen Sie einen Augenblick Ihre Augen und lassen Sie sich durch den Kopf gehen, was Ihnen so alles im Zusammenhang mit dem Begriff Geld einfällt. Geld stinkt, Geld ist die Quelle allen Übels, Menschen wie Bill Gates sind „stinkreich". Dem Reichen in einem bekannten biblischen Gleichnis wird gesagt, dass eher ein Kamel durch ein Nadelöhr gehen kann, als dass ein Reicher in den Himmel kommt. Wenn das ihre Assoziationen mit Geld sind, könnte es sein, dass Ihre gewaltige unbewusste Gedankenmaschinerie dem Fluss von Geld in Ihr Konto im Wege steht.

Tatsächlich ist Geld weder gut noch schlecht, es stinkt nicht und riecht auch nicht nach Rosen. Geld ist schlicht und ergreifend eine besonders abstrakte Gedankenkonstruktion, eine Energie, die von den Gedanken der Menschheit geschaffen wurde und am Leben erhalten wird. Wenn sich die Mehrheit der Menschheit heute entschiede, den Gedanken des Geldes aufzugeben und lieber wieder zur Tauschwirtschaft zurückzukehren, weil die realistischer und fairer ist und weniger Raum für Manipulation und Spekulation gibt, wäre Ihr 10-Euro-Schein mit einem Schlag nur noch ein Stück Papier. Die Zahlen auf Ihrem Kontoauszug hätten jeden Sinn verloren. Geld ist nichts anderes als Energie, ein Energiefluss, den wir durch unsere Gedanken nach Belieben steuern können.

Natürlich ist es totaler Unsinn zu sagen, dass Geld stinkt. Bill Gates leitet den größten Teil seines Geldes in eine Stiftung, die wohltätigen Zwecken dient. Sein Geld riecht tatsächlich wie Rosen. Die tiefe Weisheit in den Worten Jesus' besteht darin, dass es die Liebe des Geldes ist, die spirituellen Fortschritt behindert. Natürlich kann jemand, dessen Gedanken ausschließlich um materielle Dinge kreisen, zum Beispiel darum, wie er sein Einkommen erhöhen kann, nicht erwarten, auf dem spirituellen Pfad voranzukommen.

Ausgangspunkt jeder Schöpfung sind, wie gesagt, die Gedanken. Beobachten Sie Ihre Gedanken, machen Sie es sich zur Angewohnheit, Ihre Gedanken immer zu beobachten und entscheiden Sie, wer Sie sein möchten. Hier sind wir an einem ganz, ganz wichtigen Punkt dieses Buches angekommen. Sie erschaffen in jedem Augenblick nicht nur Ihr Umfeld, die Ereignisse, die Ihnen zustoßen und die Menschen, die in Ihr Leben treten, sondern auch sich selbst. Lassen Sie mich das nochmal wiederholen, weil es so wichtig ist. Sie erschaffen sich in jedem Augenblick selbst und alles, was Sie in dieser Ihrer irdischen Welt tun und bewirken, fließt aus Ihrem SEIN!

Dies ist eins der höchsten Ziele, um derentwillen Sie sich in erster Linie inkarniert haben – um sich selber in der höchsten Version zu erschaffen, der höchsten Vision, die Sie für sich selber haben können[24].

---

24 Dies ist ein Gedanke, der sehr stark in Neale Donald Walschs „Gesprächen mit Gott" betont wird. Es ist ein Gedanke, der mir sehr einleuchtet. Ich kenne keinen anderen Autor, der diesen zentralen Gedanken so überzeugend zum Ausdruck bringt.

Setzen Sie sich jetzt, liebe Leserin und lieber Leser, hin, schließen Sie Ihre Augen, atmen Sie ein paar Mal tief durch und überlegen Sie sich: Wer möchte ich sein? Was sind meine tiefsten, innersten Wünsche, die Wünsche meiner Seele und meines Herzens für mich selbst? Ich wette, dass Sie dabei zu interessanten Ergebnissen kommen. Vielleicht erkennen Sie, dass viele Dinge, die eben noch so fürchterlich wichtig erschienen, Ihnen im innersten, tiefsten Herzen eigentlich gar nicht so wichtig sind. Ich möchte Ihnen keine Worte in den Mund legen, aber ich könnte mir schon vorstellen, dass dieser erste Schritt einen Prozess der Umorientierung in die Wege leitet, der sich über einen langen Zeitraum, vielleicht über Jahre hinzieht und aus Ihnen einen anderen Menschen macht. Und wundern Sie sich nicht, wenn ihre Umwelt es bemerkt und darauf reagiert. Vielleicht ergibt sich daraus eine totale Umorientierung Ihres ganzen Lebens einschließlich der Auswahl Ihrer Freunde und des Menschen, der Ihnen am nächsten steht. Manche Menschen finden es in diesem Zusammenhang hilfreich, sich ihre eigene Beerdigung vorzustellen. Stellen Sie sich vor, dass sich nach Ihrem irdischen Tod alle Ihnen nahestehenden Menschen um Ihren Sarg versammelt haben und dass jeder ein paar Worte über sie spricht. Was würden Sie gerne hören, welches Selbst entspricht ihrem eigenen, tiefsten Wunschbild von Ihnen selber, das Sie hier gerne widergespiegelt sehen würden in den Zeugnissen Ihnen nahestehender Menschen? Nicht von der Perspektive Ihres weltlichen Egos, nicht von der Perspektive eines Bundesverdienstordens, sondern der Perspektive ihres höheren Selbst aus, das natürlich identisch mit Ihrer Seele ist.

Es kann auch sehr hilfreich sein, dieses gewünschte Selbstbild schriftlich zu fixieren und täglich anzuschauen, am besten vor ihrer täglichen Meditation. Diese Vision ihres erwünschten Seins wird Sie dann während des ganzen Tages leiten.

Die Realisierung, dass unseren Gedanken schöpferische Kräfte innewohnen und dass wir buchstäblich durch unsere Gedanken in jedem Augenblick unser Leben erschaffen, führt unweigerlich zu Überlegungen hinsichtlich der Hygiene unserer Gedanken.

Es gilt das Gesetz der Anziehung. Gleiches zieht Gleiches an. Das bewusste Richten unserer Gedanken auf positive Dinge wie Liebe, Güte, Mitgefühl, Verzeihen, Schönheit, Wahrheit, Dankbarkeit, Harmonie und Frieden zieht diese in unser Leben. Dies sind Gefühle, die durch hohe Schwingungen gekennzeichnet sind und Menschen und Dinge, die ebenso schwingen, anziehen. Entsprechendes gilt für gegenteilige Gedanken und Gefühle, die am unteren Ende der Vibrationsskala angeordnet sind, zum Beispiel Hass, Wut, Ärger, Angst, Rachsucht, Eifersucht. Dass ständige Katastrophenmeldungen, wie sie gewisse Fernsehsender über uns ausschütten, zu einer „Vermüllung" unserer Gedankenwelt führen, ist offensichtlich. Das, was wir am meisten fürchten, ziehen wir unweigerlich in unser Leben. Dinge, denen wir keine Beachtung schenken, verlieren an Bedeutung, verlieren ihre Energie, „verwelken" und verschwinden schließlich ganz.

Ich habe es mir zur Angewohnheit gemacht, meinen Tag damit zu beginnen, Dankbarkeit für all die wunderbaren Dinge, die das Universum in mein Leben gebracht hat, wie die Luft, die ich atmen darf, die Bäume vor dem Fenster meines Arbeitszimmers, die Menschen in meinem Leben, das Geschenk meines Körpers und das Brot, das ich täglich essen darf, auszudrücken. Es ist auch eine gute Praxis, um die Perfektion des göttlichen Geistes in allem und jedem zu sehen, was uns begegnet.

Was ergeben sich nun für spezifische Konsequenzen und Handlungsempfehlungen aus dem ersten Gesetz? Ausgangspunkt muss sein, liebe Leserin und lieber Leser, was Sie sich für Ihr eigenes Leben wünschen. Wünschen Sie sich eine Gedankenwelt, die ruhig, friedlich und geordnet ist und aus der deshalb friedliche und geordnete Lebensumstände fließen oder wollen Sie es zulassen, dass ein überlasteter und überladener Geist ungeordnete, hektische, und zuweilen chaotischer Ergebnisse erzeugt? Die Antwort auf diese eher rhetorische Frage liegt auf der Hand. Das wichtigste Mittel zum Erreichen des gewünschten Ergebnisses liegt in der Praxis täglicher Meditation. Durch die Meditation bringen Sie Ihre Gedanken zur Ruhe. Sie werden die Stille des Geistes erfahren und die Kraft spüren, die in der

Stille liegt. Beginnen Sie zunächst damit, an jedem Morgen gleich nach dem Aufwachen zehn Minuten zu meditieren. Setzen Sie sich einfach auf die Kante Ihres Bettes, schließen Sie Ihre Augen, atmen Sie ein paar Mal tief durch und sagen Sie, falls Ihnen das zusagt, ein kurzes Dankgebet für den erfrischenden Schlaf der Nacht. Das Wichtigste ist es, die Stille zu erfahren und die Kraft zu spüren, die in dem bloßen Sein liegt. Lassen Sie mich noch einmal betonen, dass tiefes, ruhiges Durchatmen den Ausgangspunkt bildet und äußerst wichtig ist. Meditation wird sich wie ein roter Faden durch dieses Buch ziehen und einen Prozess der Veränderung bei Ihnen einleiten, den Sie deutlich am Ende des Buches spüren können. Im Zusammenhang mit dem Gesetz der Meditation werden wir noch im Einzelnen auf dieses Thema eingehen.

Eine weitere Handlungsempfehlung besteht darin, sich seiner Gedanken bewusst zu sein und den eigenen Denkprozess wie ein Zeuge zu beobachten. Wir sind nicht identisch mit unseren Gedanken. Wir sind nicht identisch mit diesem Körper. Wir sind in erster Linie geistige Wesen, die für einen gewissen Zeitpunkt einen Körper angenommen haben und in einem Körper wohnen. Sie können sich bewusstseinsmäßig in Ihr höheres Selbst, Ihre Seele, versetzen und von dort aus Ihren Denkprozess beobachten. Das hat eine wunderbar erfrischende Wirkung und häufig eine humorvolle Seite. Sie werden wahrnehmen, was für krause Gedanken Ihnen manchmal durch Ihr Gehirn schießen.

Lassen Sie mich dieses etwas schwere Kapitel mit einem Zitat von Albert Einstein zum menschlichen Denken und der Natur des Universums abschließen:

> „Zwei Dinge sind unendlich: Das Universum und die menschliche Dummheit. Aber beim Universum bin ich nicht ganz sicher".

2. Das Gesetz der Manifestation

Eine Absicht ist wie ein abgeschossener Pfeil.
Nichts kann ihn mehr ablenken.
Also ziele mit Bedacht!

Diana Cooper

Der Zusammenhang zwischen Glück und Erfolg liegt für die meisten Menschen auf der Hand. Wenn ich nur reich wäre, wenn ich nur ein schönes Haus, einen gutaussehenden, liebevollen Ehegatten, einen guten Posten hätte, dann wäre ich glücklich, so denken sie. Es ist schon fast eine Binsenweisheit, dass ein derartiger Zusammenhang nicht immer besteht. Bekanntlich gibt es viele Millionäre, die unglücklich sind. Statistiken zeigen, dass Menschen, die im Lotto gewonnen haben, nach etwa einem Jahr genauso glücklich oder unglücklich sind, wie sie es vor ihrem großen Gewinn waren.

Dennoch besteht ein enger Zusammenhang zwischen dem Erreichen von Zielen und dem Empfinden von Glück. Der Mensch ist nach seiner Natur ein zielgerichtetes Wesen. Jede, aber auch jede menschliche Handlung ist auf ein bestimmtes Ziel ausgerichtet. Wir trinken Wasser, um unseren Durst zu stillen. Wir essen, um unser Hungergefühl zu befriedigen. Wir arbeiten, um Geld zu verdienen und soziale Anerkennung zu erfahren. Wir wandern, um die Lust des Wanderns zu erfahren. Wir bauen ein Haus, um schön wohnen zu können oder durch seinen Verkauf Geld zu verdienen. Wir engagieren uns als Freiwillige, um anderen zu helfen und die Freude des Helfens zu erfahren und so weiter.

Ein wesentlicher Teil eines glücklichen, „geglückten" Lebens besteht sicherlich darin, sich fortlaufend wertvolle Ziele zu setzen und diese zu verwirklichen. Die Frage, wie die spirituellen Gesetze des Universums eingesetzt werden können, um Ziele zu verwirklichen, um erfolgreich zu sein, steht deshalb im Zentrum dieses Kapitels.

Für die Einsteiger in die spirituellen Gesetze und diejenigen, die an raschen, praktischen Verbesserungen ihres Lebens interessiert sind, ist es wohl eines der interessantesten Gesetze.

Das Gesetz der Manifestation ist ein „zusammengesetztes" Gesetz, das seine volle Wirkung erst durch das Zusammenspiel einer Reihe von Untergesetzen und Prinzipien entfaltet. Die wichtigsten Untergesetze sind das Gesetz der Klarheit, das Gesetz der Anziehung, das Gesetz der Aufmerksamkeit, das Gesetz der Absicht, das Gesetz des Empfangens, das Gesetz des Rhythmus, das Gesetz der Dankbarkeit und das Gesetz des Handelns. Natürlich werden wir auch den breiteren quantenmechanischen und metaphysischen Zusammenhang immer im Auge behalten.

Kurz gesagt besteht der Prozess des Erschaffens aus drei grundsätzlichen Schritten: Gedanke, Wort und Tat. „Im Anfang war das Wort", sagt die Bibel. Ausnahmslos alles, was in dieser dreidimensionalen Welt manifestiert ist, entstand zunächst als ein Gedanke, sei es ein Wolkenkratzer, ein Auto, ein Kinderspielzeug, eine Mahlzeit oder ein Buch. In der metaphysischen Literatur besteht weitgehende Einigkeit darüber, dass dem Gedanken dabei die größte Bedeutung zukommt. Wenn der Gedanke klar formuliert ist, wenn die entsprechende Vorstellung des gewünschten Ergebnisses klar vor unserem inneren Auge steht, dann ist das Ergebnis schon zu 90% realisiert. Wort und Tat sind vergleichsweise weniger wichtige „ausführende" Elemente des Schöpfungsprozesses. Vielleicht beginnt es Ihnen leise zu dämmern, liebe Leserin und lieber Leser, welche grundlegende Bedeutung in dieser Feststellung liegt. Wir sprachen schon vorher über die gestaltende Kraft von Gedanken, wie sie von der Quantenphysik offengelegt wurde. Vermutlich erahnen Sie auch gleich die hemmende, boykottierende Wirkung von negativen Glaubensvorstellungen, die wir auch schon erwähnten. Es ist wichtig zu erkennen, dass jedem Wunsch und Ziel immer zwei Aspekte innewohnen: das gewünschte Ergebnis und die Abwesenheit des gewünschten Ergebnisses. Ein gutes Beispiel hierfür ist Wohlstand. Entweder wir richten unsere Aufmerksamkeit darauf, dass wir viel Geld unser Eigen nennen wollen oder wir richten unsere Aufmerksamkeit auf den Mangel an Geld in unserem Leben. Bedauerlicherweise haben die meisten Menschen die Tendenz, sich auf den Mangel zu konzentrieren. Das ist auch bei vielen Organisationen der Fall, die sich mit Entwicklungsfragen beschäftigen. Sie haben die Tendenz, sich auf Armut und menschliches Leiden zu konzentrieren. Armut ist eine Mangelerscheinung. Es ist viel besser, seine Aufmerksamkeit auf die Verbesserung der Lebensumstände und die Schaffung von Wohlstand zu richten, diese zu artikulieren und ihnen dadurch Energie zu schenken.

Formulieren Sie deshalb Ihre Ziele immer in ausschließlich positiver Weise und vermeiden Sie absolut jede negative Formulierung. Offenbar ist es so, dass unser Unterbewusstsein, das beim Prozess des Erschaffens eine wichtige Rolle spielt, die Tendenz hat, die Worte „nicht“ und „nein“ zu ignorieren. In dem Satz „Ich möchte nicht arm sein“ schwingen in erster Linie das Wort „arm“ und die damit verbundenen Gefühle von Hilflosigkeit und Verzweiflung, die dann durch das Gesetz der Anziehung verstärkt werden. Der oft wiederholte Satz „Ich möchte nicht arm sein“ wird unweigerlich mehr Armut in Ihrem Leben erzeugen.

Das Gesetz der Absicht funktioniert auf sehr präzise Weise und reflektiert genau, was als Ziel formuliert wurde. Wenn Sie zum Beispiel den Satz „Ich möchte gerne reich werden“ gebrauchen, kann es sehr wohl sein, dass das Universum wortwörtlich reagiert und Sie auf immer im Zustand des Möchtens verharren, statt den Endzustand des Reichseins zu erreichen. Es wäre besser, einen derartigen Wunsch wie folgt zu formulieren: „Mein Kontostand ist zum Datum X um X Euros auf X Euros erhöht “.

Der erste ganz wichtige und grundsätzliche Schritt bei der Realisierung Ihrer Ziele besteht deshalb in der klaren, zweifelsfreien Formulierung Ihrer Ziele in positiver Sprache kombiniert mit dem Unterlassen aller Gedanken und Äußerungen, die an der Manifestation des Gewünschten Zweifel aufkommen lassen. Wie soll das Universum reagieren und wie wird das Gesetz der Anziehung wirken, wenn Sie zum Beispiel in einem Satz sagen: „Ich beabsichtige, in zwei Jahren einen silbergrauen Porsche zu besitzen“, und dann gleich anschließend den Gedanken nachschieben: „Aber das ist ja sowieso nicht möglich.“

Gleichzeitig ist es, wie auch schon erwähnt, wichtig, sich alle begrenzenden Auffassungen und Überzeugungen bewusst zu machen und sie aufzulösen. Glaubensstrukturen sowie die Verbindung von Gedanken und Gefühlen erzeugen unsere Realität. Wenn Sie sich also etwas wünschen, was sich nicht manifestiert, dann nehmen Sie ein Stück Papier und schreiben Sie auf eine Seite, was Sie wollen, und auf die andere Seite, was Sie in diesem Zusammenhang glauben. Wir sprachen schon früher über unsere Glaubensvorstellungen im Zusammenhang mit Geld. Wenn wir zum Beispiel tief in unserem Inneren der Auffassung sind, dass Geld nicht spirituell sei, dass wir es nicht wirklich brauchen, dass es stinkt, stoßen wir es von uns weg. Ähnliches gilt für die Liebe. Wie viele glauben, dass Liebe wehtue, Liebe Schmerz sei. Wenn wir das über Liebe denken, brauchen wir uns nicht zu wundern, wenn wir sie nicht manifestieren.

Einer der am weitesten verbreiteten, begrenzenden Irrtümer in unserer Gesellschaft lautet: Es gibt nicht genug, es herrscht Mangel, alles ist begrenzt, das Leben ist ein „Nullsummenspiel“. Dieser Gedanke führte zu dem Konkurrenzdenken, das unsere kapitalistische Gesellschaft beherrscht und Menschen veranlasst, sich dauernd zu bemühen, ihre Mitmenschen in allen Bereichen zu übertreffen.

Dem Kenner des spirituellen Gesetzes ist natürlich klar, dass derartige Begrenzungen nicht existieren. Das Quantenfeld des Universums ist unbegrenzt und auch unsere Schöpferkraft ist deshalb unbegrenzt. Am Konzept des Geldes lässt sich das besonders leicht erkennen. Geld ist, wie schon vorher erwähnt, eine reine Gedankenkonstruktion. Gedanken können auch mehr davon erschaffen. Und genauso ist es mit allen anderen Dingen in unserer materiellen Welt. Sie entstehen zunächst durch Gedanken als Schwingungen in der geistigen Welt und werden anschließend durch Verdichtung dieser Schwingungen in der materiellen Welt manifestiert. Es ist die kombinierte Anwendung der Gesetze der Aufmerksamkeit und der Absicht, die uns auf dem Weg zur Manifestation unserer Ziele voranbringt.

Vom Gesetz der Kraft des Denkens ist Ihnen schon bekannt, dass alles, dem Sie Aufmerksamkeit schenken, an Energie in Ihrem Leben gewinnt. Aufmerksamkeit ist wie das erste „Klicken" bei einem Computer, das die ausgesuchte Ikone zum Glühen bringt. Dadurch identifizieren Sie den Bereich Ihres Lebens, in dem die Veränderung erfolgen soll. Auf das Objekt Ihrer Aufmerksamkeit gerichtete Absicht setzt eine unendliche Anzahl von Ereignissen in Gang, um das gesuchte Ziel zu erreichen.

Dies gilt aber nur unter der bereits erwähnten Voraussetzung, dass man auch alle anderen spirituellen Gesetze befolgt. Deswegen ist es so wichtig, die Gesamtheit der Gesetze zu studieren, zu verstehen und zu verinnerlichen. Außerdem dürfen die Gesetze nur zum eigenen Wohl, dem Wohl anderer und zum Wohle der Menschheit eingesetzt werden. Versuche, anderen zu schaden, würden nicht in Einklang mit den Gesetzen stehen und wären zum Scheitern verurteilt.

Bevor ich ein paar zusätzliche Schritte erwähne, um die Gesetze von Aufmerksamkeit und Absicht auf optimale Weise zur Anwendung zu bringen, will ich mit Ihnen, liebe Leserin und lieber Leser eine Erfahrung aus meinem Leben teilen, die mich aus einer völlig unerwarteten Richtung mit diesen Gesetzen in Berührung brachte. Wie schon vorher erwähnt, haben die unsichtbaren Kräfte, die mein Leben in erheblicher Weise lenken und leiten, die Angewohnheit, mich geradezu auf Nachrichten, insbesondere Bücher, zu stoßen, die für meine spirituelle Entwicklung wichtig sind. So wurde ich auch in einer meiner Lieblingsbuchhandlungen in Manila auf ein Buch von Tony Burroughs mit dem bemerkenswerten Titel „Get what you want", zu Deutsch „Bekomme, was du dir wünschst", gestoßen. Beim Durchblättern des Buches wurde mir sofort klar, dass hier eine erleuchtete Seele sprach, ein Mann, der mit seinen Methoden des Intenders Clubs – zu Deutsch des Clubs der Beabsichtiger oder besser vielleicht des Absichtsklubs – schon tausenden von Menschen geholfen hatte, ihre Ziele zu verwirklichen. Offensichtlich stand Tony auch der Idee des „Channelings" offen gegenüber und hatte Weisheiten von nicht verkörperten Meistern empfangen. Was mich auch ansprach, war die Betonung, dass alle Absichten den höchsten Zielen der direkt Betroffenen, aller Beteiligten und des Universums dienen mussten. Ich erzählte meinem Freund Tito von Tonys Methoden und auch er fühlte sofort die positiven Vibrationen, die von Tonys Büchern und seinen Nachrichten im Internet ausgehen[25]. So begannen wir, unsere Absichten schriftlich zu formulieren und lasen sie uns gegenseitig laut im Rahmen unserer wöchentlichen gemeinsamen Meditationssitzungen vor. Und tatsächlich, auf wunderbare, geradezu mysteriöse Weise wurden nahezu alle unsere Intentionen verwirklicht. Unweigerlich sahen wir uns bei dem Prozess an und sagten ein ums andere Mal: „It's amazing – Es ist einfach erstaunlich und nahezu unfassbar!" Tito hatte sich zum Beispiel schon lange gewünscht, regelmäßig Aufträge für das Abhalten von Workshops zu erhalten. Kaum hatte er in seinen „Absichten" formuliert, dass er in jedem Monat zwei Workshops abhalten wollte, traf er eine Bekannte, mit der er vereinbaren konnte, genau dies zu tun. Von da an floss ein Strom von Anfragen nach Workshops auf ihn zu, der es ihm ganz ohne jede Anstrengung erlaubte, seinen Wunsch von zwei Workshops pro Monat zu verwirklichen. Einer meiner Wünsche bezog sich auf ein Projekt mit Fischerfamilien auf der Insel Palawan, das äußerst zähflüssig lief. Vor allem fehlte es an Arbeitskapital und den Fähigkeiten, die Buchführung vernünftig zu organisieren. Ich lehrte die Teilnehmer am Ende ihrer wöchentlichen Treffen, ihre Absichten und Wünsche laut vorzutragen, und in kurzer Zeit erhielten wir die Zusage des Ministeriums für Soziale Entwicklung, unserer Gruppe das nötige Arbeitskapital in der Höhe von 200 000 Pesos als zinsloses Darlehen zur Verfügung zu stellen. Eine Universität, die Palawan State University, erbot sich, kostenfrei ein Training in Finanzbuchhaltung und Financial Management durchzuführen. Später erbot sich ein Mitglied der Fakultät der Universität, regel-

25 Tony unterhält eine Webseite (www.intenders.org) mit dem Titel „The Bridge" („Die Brücke"), auf der er jeden Tag einen Schritt im Prozess der Manifestation erläutert.

mäßig die wöchentlichen Treffen unserer Gruppenmitglieder zu besuchen und die Verantwortung für die Buchhaltung voll zu übernehmen.

Tito und ich lasen auch alleine an jedem Morgen vor unseren individuellen Meditationen unsere Intentionen und verfeinerten sie stetig. Im Laufe der Zeit wurden sie Ausdruck aller wichtigen Elemente unserer Lebensphilosophie, Ausdruck der großen und kleinen Ziele, die wir uns für unser Leben gesetzt hatten. Einen Auszug meiner täglichen Intentionen mit besonderer Ausrichtung auf das Meistern der 12 spirituellen Gesetze des Universums finden Sie im Anhang dieses Buches. Die lebensverändernde Natur einer derartigen Praxis liegt auf der Hand.

Aber lassen Sie mich jetzt auf die speziellen Handlungsschritte zurückkommen, die zur Realisierung unserer Ziele führen.

Wie Sie wissen, sind Sie in allererster Linie ein geistiges Wesen, das sich für einen begrenzten Zeitraum auf dieser Erde inkarniert hat. Der größere, der wichtigere Teil von Ihnen, Ihr höheres Selbst, Ihre Seele, existiert weiterhin in der geistigen Welt. Ihr höheres Selbst nimmt nicht nur an ihrem Leben hier auf Erden Anteil, sondern spielt auch eine entscheidende, praktische Rolle bei der Realisierung Ihrer Ziele. Alles, aber auch wirklich alles, was es auf dieser Erde gibt und was auf dieser Erde geschieht, hat seinen Ursprung in der geistigen Welt, und Ihre Fähigkeit, Ziele zu verwirklichen, hängt deshalb entscheidend davon ab, inwieweit Sie mit Ihrem höheren Selbst in Verbindung stehen und von seiner Schöpferkraft profitieren können. Ihr höheres Selbst bildet einen Teil des Feldes unbegrenzter Schöpferkraft, einen Teil des Quantenfeldes. Und es ist natürlich hier, wo der Prozess der Schöpfung stattfindet. Es gibt keinen anderen Weg. Wenn Sie in einem offenen, freien Informationsaustausch mit Ihrem höheren Selbst stehen, läuft der Prozess der Schöpfung frei und flüssig. Ob dies der Fall ist, zeigt sich an Ihren Gefühlen. Hochfrequente, frohe, glückliche, dankbare Schwingungen und entsprechende Gefühle zeugen von einem frohen, flüssigen Prozess der Schöpfung. Schwere, niedergedrückte, durch negative Gefühle geprägte Gedanken zeugen von Störungen im Prozess der Schöpfung.

Emotionen besitzen Energie. Sie besitzen eine stärkere Energie als ein bloßer Gedanke oder ein bloßes Wort. Das leuchtet ohne Weiteres ein. Das empfindet man im zwischenmenschlichen Bereich auch so. Wenn jemand etwas mit Emotionen zum Ausdruck bringt, dann steht ein viel größeres Gewicht dahinter und es hat auch eine stärkere Wirkung auf den Empfänger als eine emotionslose Nachricht. Dies gilt auch in der Kommunikation mit dem Quantenfeld. Emotionen werden dadurch erzeugt, dass man sich in eine Situation hineinversetzt. Versetzen Sie sich also, liebe Leser, in die Situation, die Sie erschaffen wollen. Sehen Sie sie vor Ihrem geistigen Auge. Erzeugen Sie die ganze Szene. Malen Sie ein farbiges Bild mit Ton und Musik, Geschrei und Gelächter. Malen Sie sich aus, wie Sie sich fühlen werden, wenn das gewünschte Ergebnis erzielt ist. Nehmen wir an, das gewünschte Ziel besteht darin, eine bestimmte Beförderung zu erhalten oder einen Erfolg zu erringen, zum Beispiel im Sport. Malen Sie sich die Feier im Kreise Ihrer Kollegen oder mit Ihrer Familie aus, um die Beförderung zu feiern. Sehen Sie die Party mit Ihren Freunden in Ihrem Sportverein vor Ihrem geistigen Auge. Und agieren Sie so, als wäre das gewünschte Ergebnis schon eingetreten. Dies ist ein ganz wichtiger Punkt, der von vielen Praktikern des Gesetzes der Anziehung betont wird[26].

Der Prozess der Realisierung von Zielen wird nur zu einem kleinen Teil von Ihrem bewussten Verstand gesteuert. Ihr Unterbewusstsein spielt eine große Rolle dabei. Dieses nimmt durch Ihre Sinne und andere Quellen eine große Menge von Informationen auf, die ausgefiltert werden und nie in Ihr Bewusstsein gelangen. Es handelt sich hier um eine Schutzfunktion, um zu verhindern, dass Ihr bewusster Verstand durch zu viel Information überlastet wird. Relevanz der Informationen für aktuelle Ereignisse und Handlungsabläufe in unserem Leben ist ein wichtiges Auswahl-

---

26 Wayne Dyer und Jack Canfield betonen diesen Punkt zum Beispiel sehr stark.

kriterium bei diesem unbewussten Prozess des Ausfilterns von Informationen, der ähnlich funktioniert wie der „Spamfilter" unseres Computers. Das Unterbewusstsein unterscheidet nicht zwischen Ereignissen in Ihrer „wirklichen Welt" und Ihrer Vorstellung. Wenn Sie sich also so verhalten, als wäre das Gewünschte schon eingetreten, erhält Ihr Unterbewusstsein den Auftrag, alles, was mit diesem vorgestellten Handlungsablauf zusammenhängt, zu unterstützen, die entsprechenden Informationen durchzulassen und auch nach relevanten Informationen zu suchen. Sie können also mit diesem kleinen „Trick" die Kräfte Ihres Unterbewusstseins für sich einspannen und werden sich wundern, wie Ihnen plötzlich aus allen Richtungen durch Freunde, Verwandte, Bekannte, Kollegen, die Zeitung, Werbeleinwände, Bücher, Filme, Fernsehen und Radio hilfreiche Informationen zufließen, die die Realisierung Ihres Zieles unterstützen.

Lassen Sie mich in diesem Zusammenhang auch noch etwas zu unseren beiden Gehirnhälften sagen. Die linke Gehirnhälfte beschäftigt sich mit rationalem Denken, Mathematik, Sprache und logischen Abläufen. Die rechte Gehirnhälfte beschäftigt sich mit der Vorstellung, Fantasie und allem Musischen und Künstlerischen wie Musik, Tanz, Dichtung und Malen. Erst wenn beide Gehirnhälften aktiv an einem Prozess der Schöpfung beteiligt sind, können optimale Ergebnisse erzielt werden. Das ist übrigens eine Erkenntnis, die ich mir auch sehr stark bei Change-Management-Prozessen zunutze gemacht habe. Bei auf Appreciative Inquiry basierenden Change-Management-Workshops[27] habe ich immer teilnehmende Mannschaften aufgefordert, ihre Vision für die Zukunft durch künstlerische Mittel wie kleine Theaterstücke, Gedichte, Lieder, Tänze etc. zum Ausdruck zu bringen. Auf diese Weise wurde die Vision im Unterbewusstsein verankert, welches für die Realisierung mobilisiert wurde. Die gleichen Gesichts-

---

27 Sie erinnern sich, ich sprach darüber in dem Kapitel über meine spirituellen Reisen.

punkte gelten generell für die Realisierung von Zielen. Machen Sie es sich zur Gewohnheit, immer die rechte Gehirnhälfte für alles, was sie vorhaben, einzusetzen.

Eine weitere wichtige Handlungsempfehlung bezieht sich auf die Zusammenarbeit mit unsichtbaren Helfern. Wie schon vorher erwähnt, sind wir nie allein. Unsichtbarer Helfer stehen immer bereit, um uns zu unterstützen, falls wir sie um Hilfe bitten. Durch Meditation können wir unsere Gedanken zur Ruhe bringen, die Harmonie und das Gleichgewicht unseres gesamten Systems verbessern und dadurch schwingungsmäßig eine bessere Verbindung zu unseren Helfern herstellen.

In diesem Zusammenhang ist es auch wichtig, klarzumachen, dass Ihre Absichten sich ausschließlich auf positive, helfende Ziele richten. Mitglieder des „Intenders Club" schließen deshalb routinemäßig in Ihre Absichten ein, dass sie nur auf das Beste für alle Beteiligten, das Universum und für sie selber abzielen. Auf diese Weise werden alle negativen Elemente von vornherein ausgeschlossen.

Im Zusammenhang mit einem Buch, das die großen spirituellen Zusammenhänge der menschlichen Existenz im Auge hat, ist der Inhalt der Ziele natürlich auch von Wichtigkeit. Uns geht es offensichtlich darum, über den Tellerrand des rein materiellen Bewusstseins und der rein materiell ausgerichteten Ziele zu schauen. Alles, was wir denken, sagen und tun, ist letztendlich Ausfluss unseres Seins, unserer Persönlichkeit. Wenn wir ein Mensch sind, dessen Denken und Fühlen in erster Linie durch Schwingungen der Liebe, des Mitgefühls, des Verzeihens, des Dienens, des Friedens und der Harmonie geprägt ist, dann werden unsere Wünsche und Ziele auch durch entsprechende Schwingungen geprägt sein und sich leicht realisieren lassen, weil das Universum in seinem Kern aus Liebe besteht[28]. Menschen, die von gegenteiligen Empfindungen wie Angst, Hass, Wut, Neid, Ärger, Missgunst und Eifersucht geprägt sind und auf entsprechende Weise schwingen, werden auch Wünsche und Ziele artikulieren, die wiederum gleichartige

28 Dazu wird noch mehr unter dem spirituellen Gesetz der Liebe gesagt werden

Schwingungen, Taten und Ereignisse anziehen werden. Ganz wichtig ist immer das ultimative Ziel, das hinter einem Wunsch steht. Wenn Sie positive, liebevolle Ziele verfolgen, werden natürlich die stärksten Kräfte des Universums mobilisiert.

Das wurde mir auch immer wieder bei den vielen Projekten und Initiativen bewusst, mit denen ich im Laufe meiner Arbeit für die Vereinten Nationen befasst war. Je deutlicher ein Projekt darauf abzielte, das Leben einer großen Zahl von Menschen auf direkte, teilnehmende und unbürokratische Weise zu verbessern, desto deutlicher war es gesegnet, lief wie von selbst und überwand gleichsam spielerisch auch die scheinbar schwierigsten Hürden. Eines der besten Beispiele ist das schon früher erwähnte von mir initiierte Südasiatische Armutsbekämpfungsprogramm[29]. Aufbauend auf enger Zusammenarbeit aller beteiligten Länder einschließlich der Erzfeinde Indien und Pakistan, die sich immer wieder blutige Auseinandersetzungen liefern, gelang es dem Programm, das Leben von Millionen Menschen nachhaltig zu verbessern. Noch heute, über 20 Jahre nach dem Beginn des Programms, gibt es, wie schon erwähnt, Nachfolgeprojekte in mehreren teilnehmenden Ländern einschließlich Indien, wo der Ansatz des Programms inzwischen in allen Staaten der Union praktiziert wird.

Ein weiterer, ganz wichtiger Aspekt ist das Geschehenlassen („Allowing" im Englischen).

Durch dieses erlauben wir dem Gewünschten, in unser Leben zu treten. Wir sind in freudiger Erwartung, mit einem gewissen Gefühl der Aufgeregtheit, dass das Gewünschte in unser Leben eintreten wird. Wenn wir Weizen säen, vergeht eine gewisse Zeit, bis die Samenkörner keimen und sich Pflanzen entwickeln. „Ein jegliches hat seine Zeit", sagt die Bibel (Prediger, Kapitel 3). Es ist nicht hilfreich, dauernd die Erde aufzugraben und nachzusehen, ob die Samenkörner schon gekeimt haben. Ein Aspekt des Gesetzes des Geschehenlassens besteht darin, ein Gefühl für den

29 South Asian Poverty Alleviation Programme – SAPAP

natürlichen Rhythmus, in dem Dinge sich entwickeln, herauszubilden und darauf zu vertrauen – besser noch zu wissen –, dass die gewünschte Manifestation eintreten wird.

Die letzten beiden Elemente sind Dankbarkeit und Taten. Erfolgreiche Praktiker des Gesetzes der Manifestation betonen die Wichtigkeit von Dankbarkeit. Wer sein Augenmerk auf das Positive einer Situation richtet, wird immer sehr viele Gründe erkennen, Dankbarkeit zu empfinden. Dankbarkeit für unser Leben; den wunderbaren Tag, der vor uns liegt; den Sonnenschein und den Regen; unsere Gesundheit; unsere Angehörigen und Freunde. Die Gründe für Dankbarkeit sind buchstäblich grenzenlos. Wer sich bemüht, positive Züge und Taten bei seinen Mitmenschen zu entdecken, wird unweigerlich fündig werden. Dank des Gesetzes der Anziehung und des Gesetzes der Aufmerksamkeit werden diese positiven Dinge im Leben des Dankbaren stetig wachsen. Dass das Fokussieren auf Kritik die gegenteilige Wirkung hat, liegt auf der Hand. Große Meister wie Jesus dankten dem himmlischen Vater bereits vor der Realisierung ihrer Wünsche dafür, dass diese im Begriff waren, realisiert zu werden. Eine derartige Haltung setzt natürlich absolutes Vertrauen und Wissen voraus.

Vor drei Jahren hatten meine Frau und ich die Gelegenheit, die wunderbaren Wirkungen von Dankbarkeit am eigenen Leib zu erfahren. Ausgerechnet in dem kommunistischen Kuba, das unter einem amerikanischen Embargo litt, waren uns fast alle unsere Wertgegenstände abhandengekommen: Pässe, Kreditkarten, Bargeld. Unsere Flugkarten verfielen ohne Möglichkeit der Umbuchung. Unser Aufenthalt wurde „illegal“ weil wir die Dauer unserer Visa überschritten hatten. Es galt, Mittel für unsere Unterkunft, Essen und Flugkarten zu finden. In dieser schier aussichtslosen Situation machte ich es mir zur Angewohnheit, an jedem Morgen ausgiebig Dankbarkeit zum Ausdruck zu bringen für die vielen positiven Dinge, die es immer noch in unserem Leben gab. Dadurch hellte sich meine Stimmung schlagartig auf und Schritt für Schritt zeichneten sich auf wunderbare Weise Lösungen für unsere Probleme ab.

Der letzte Schritt schließlich besteht im Handeln, im Tun. Wir haben uns auch auf dieser irdischen Welt inkarniert, um anzupacken und uns sozusagen unsere Finger schmutzig zu machen. Darin liegt eine besondere Attraktion der Existenz auf dieser Erde. In der geistigen Welt gibt es keine Materie, die man anpacken kann. Nur Aktion realisiert Potenzial. Worte sind billig. Es ist leicht, über Mut, Liebe und Verantwortung zu sprechen, Tun beinhaltet auch Verstehen und Weisheit wächst aus der Praxis.

Zum Abschluss will ich die wichtigsten Elemente des Gesetzes der Manifestation in sieben einfachen Schritten zusammenfassen:

1. Verbinden Sie sich mit dem Quantenfeld und stimmen Sie sich auf den Prozess des Schöpfens durch tiefes Durchatmen und das Zur-Ruhe-Bringen Ihrer Gedanken ein. Ihre Gedanken im Quantenfeld können mit einem See verglichen werden. Liegt der See still da, werden auch kleine Bewegungen, wie sie von einem Windhauch ausgelöst werden, wahrgenommen. Ist der See hingegen unruhig oder gar aufgewühlt, so würde selbst das Hineinwerfen eines Felsbrockens nicht wahrgenommen. Natürlich spreche ich hier von der Praxis der Meditation.
2. Richten Sie Ihre Aufmerksamkeit auf Ihr höheres Selbst und stellen Sie fest, was Sie manifestieren wollen.
3. Schreiben Sie in klarer, positiver Sprache auf, was Sie wollen, und beschreiben Sie es im Detail. Seien Sie sich darüber im Klaren, dass das Universum wie „der Geist in der Flasche" reagiert. Gebrauchen Sie eine präzise Sprache.
4. Entspannen Sie sich und visualisieren Sie in Bild und Ton, was Sie sich wünschen. Erschaffen Sie die guten Gefühle, die mit dem Erreichen der gewünschten Ziele einhergehen.
5. Agieren Sie, als wäre das gewünschte Ereignis schon eingetreten. Geben Sie Zweifeln absolut keinen Raum.
6. Handeln Sie mit Mut und Zuversicht.
7. Danken Sie dem Universum häufig für seine Hilfe.

3. Das Gesetz des Loslassens

Im Loslassen liegt die Weisheit der Ungewissheit und in unserer Bereitschaft in das Unbekannte einzutreten überlassen wir uns der schöpferischen Intelligenz, die den Tanz des Universums orchestriert.

Deepak Chopra

Irgendwie, intuitiv, wusste ich immer schon, dass Loslassen, „Detachment“, wie es im Englischen genannt wird, wichtig ist. Ich habe den Begriff viele Male in Gesprächen verwendet, auch weil er im Buddhismus und überhaupt in östlichen Philosophien, die mich immer anzogen, eine große Rolle spielt. Aber erst im Laufe der Zeit, über viele Jahre hinweg, wurde mir die Bedeutung dieses Gesetzes und seine gewaltige Tragweite bewusst. Der schweizerische Autor und Philosoph René Egli hat eine ganze Lebenstheorie um den Begriff des Loslassens entwickelt und sie in einem beachtlichen Buch mit dem Titel *Das Lola-Prinzip* zu Papier gebracht.

Unser Ausgangspunkt ist – wie bei allen spirituellen Gesetzen des Universums – immer das Bewusstsein, dass wir in allererster Linie geistige Wesen, spirituelle Wesen sind, die eine menschliche Erfahrungen machen, die es erfahren, Mensch zu sein. Unser wahres, wirkliches Inneres, unser heiliges Selbst ist spirituell in seiner Natur und, wie wir schon mehrfach gesagt haben, ein Teil des Göttlichen. Wir haben uns auf dieser Erde inkarniert, um bestimmte Erfahrungen zu machen, um uns weiterzuentwickeln. Wie wir schon wissen, bietet das Leben auf dieser Erde einmalige Gelegenheiten, bestimmte Dinge durch die Interaktion mit dem Materiellen zu erfahren. Hier handelt es sich um Erfahrungen, die auf anderen Ebenen nicht existieren.

Das Bewusstsein, dass unsere wahre Natur spirituell ist, verleiht unserem Leben auf dieser Erde eine besondere Perspektive. Wenn wir uns darüber im Klaren sind, dass diese irdische Existenz und diese irdischen Erfahrungen nur eine Facette, eine ziemlich kleine Facette im Rahmen einer großen, unendlichen, spirituellen

Existenz darstellen, dann gewinnen wir einen gewissen Abstand und auch eine gewisse Souveränität gegenüber allem, was uns hier zustößt. Es ist alles gar nicht *SO* wichtig.

Das Gesetz des Loslassens hat verschiedene Aspekte. Zum einen, wie gesagt, den Aspekt des Buddhismus. Buddha erkannte, dass menschliches Leiden vor allem vom Anhaften an weltliche Dinge herrührt. Wenn wir loslassen, wenn es uns gelingt, das Anhaften zu überwinden, befreien wir uns vom Leid und unser natürlicher Zustand des Glücklichseins kann sich entfalten.[30]

Ein anderer Aspekt ist die Verbindung zur Quantenphysik und zum „Kurs in Wundern". Wir wissen aus der Quantenphysik und vom „Kurs in Wundern", dass diese materielle Welt, so wie wir sie wahrnehmen, eine Illusion darstellt. Nichts, nichts ist so, wie es zu sein scheint, wie es uns unsere Sinne vorspiegeln. Nichts ist solide. Alles ist nur Energie, die schwingt. Wir leben in einer selbstgeschaffenen Scheinwelt der Illusionen. So gesehen ist es geradezu unsinnig, dieser materiellen Welt sehr große Bedeutung beizumessen. Es ist so, als hätte man sich selbst ein Spiegelkabinett gebaut und verliefe sich täglich darin.

Ich will damit nicht sagen, dass diese Welt der materiellen Illusion sinnlos sei und dass wir sie total geringschätzen sollten.

---

30 Ein systematischer Weg um sich von starken Begierden („Cravings") und negativen Haltungen („Aversions") zu befreien besteht in der Teilnahme an 10-tägigen Vipassana Meditationskursen, wie sie von dem Inder S.N. Goenka entwickelt wurden und in einer Reihe von Ländern, einschließlich Deutschland, angeboten werden. Diese Kurse, die auf den Lehren Buddhas basieren und mit einem absoluten Schweigegebot verbunden sind, haben nachweislich schon tausenden von Menschen geholfen, sich von starken Abhängigkeiten (einschließlich Rauchen und Alkohol) zu befreien.
Ich hatte Gelegenheit an einem derartigen Kurs in Kambodscha teilzunehmen. Ein bemerkenswertes Charakteristikum von Organisationen, die spirituellen Prinzipien folgen, ist es, dass sie ihre Dienste häufig ohne finanzielle Gegenleistungen zur Verfügung stellen. Bei dem von mir in Batambang besuchten Kurs waren Instruktionen, Kost und Logis frei. In Einklang mit den spirituellen Gesetzen, die auch für Organisationen gelten, fließt derartigen Institutionen alles, was sie geben, um ein Vielfaches vermehrt zurück. Teilnehmer können, wenn sie wollen, nach Abschluss eines Kurses Spenden geben.

Sie ist aus gutem Grund geschaffen worden, nämlich um uns die Möglichkeit zu geben, uns zu entwickeln. Es ist gut, sich ihrer mit dieser Zielsetzung zu bedienen, ohne sich völlig in ihr zu verlieren. Jesus hat das sehr klar zum Ausdruck gebracht, als er davon sprach, dass es richtig sei, in dieser Welt zu leben, aber nicht von dieser Welt zu sein.

Diese Haltung des Abstands ist auch in diesen Tagen gegenüber Schreckensnachrichten im politischen Geschehen besonders wichtig: Brexit, Trump, Populisten, Krieg in Syrien. Einer meiner Lieblingsautoren, Robert Müller, der als Untergeneralsekretär bei den Vereinten Nationen arbeitete, hat dies in einem wunderbaren Buch zum Ausdruck gebracht: *„Most of all they taught me happiness“ – „In allererster Linie haben sie mich gelehrt, glücklich zu sein“* Er beschreibt darin, wie er bei seinen täglichen Zugfahrten im Hudson Valley zum Hauptquartier der Vereinten Nationen in New York die Zeitung las und gleichzeitig seine Blicke aus dem Fenster auf den Hudson-Fluss gleiten ließ. Die Nachrichten waren wie das schmutzige Wasser des Hudson, das an dem fettigen Gefieder der Enten abperlte, die auf ihm schwammen, und das ihnen nicht unter die Haut gehen konnte! Er ruhte in sich selber und die Nachrichten konnten ihn nicht aus seiner Bahn reißen. Noch wichtiger ist die innere Verbindung zu dem inneren Ozean der Liebe, der Freude und des Friedens, über den wir später noch sprechen werden. Auch sie hilft uns, Abstand gegenüber allen äußeren Geschehnissen zu halten.

Ein weiterer Aspekt dieses Gesetzes bezieht sich auf die Technik, Ziele zu erreichen, wie wir sie unter der Überschrift des Gesetzes der Manifestation behandelt haben. Alles fließt, alles verändert sich. Nichts ist gewiss während unserer Existenz auf dieser Erde, in dieser dreidimensionalen Welt. Wie schon vorher ausgeführt, haben wir durch unsere Gedanken und Absichten einen großen Einfluss auf alles, was uns zustößt. Diese Macht ist aber nicht absolut. „Der Mensch denkt, Gott lenkt“, lautet ein altes Sprichwort. Dieses Universum ist ein intelligentes. Es gibt eine göttliche Intelligenz, die letztendlich alles lenkt und dafür Sorge trägt, dass es sich zum Guten wendet. Indem wir uns dieser Intelligenz anvertrauen, lassen wir zugleich los, wir klammern uns nicht an unsere Ziele und Wünsche und vor allem klammern wir uns nicht an die Einzelheiten der Ausführung. Mit diesem Prozess des Loslassens ist ein großes Gefühl der Freiheit und Offenheit verbunden. Wir öffnen unsere Arme und unseren Blick für die wunderbaren Möglichkeiten, die jeder Tag bietet, für unseren Tanz mit den Kräften des Universums, die uns unter die Arme greifen und denen wir vertrauen können. Wir können darauf vertrauen, dass alles zum Besten gewendet wird, auch wenn wir nicht genau wissen, was geschehen wird. Es ist die Kombination von Absicht, der klaren Formulierung unserer Ziele und Wünsche und des Akts des Loslassens, die die besten Ergebnisse erzielt. Dass mit diesem Prozess Glücksgefühle verbunden sind, liegt auf der Hand. Ein Mensch, der vertrauensvoll mit den Kräften des Universums tanzt, muss einfach glücklich sein!

Die Wichtigkeit des Abstandhaltens bei der Realisierung von Zielen ergibt sich auch aus der folgenden Überlegung. Wie schon früher erwähnt, funktioniert das Universum in vieler Hinsicht wie der berühmte Geist in der Flasche. Es hört genau zu, greift die Nachricht auf und verstärkt ihren Inhalt auf der Basis des Gesetzes der Anziehung. Wenn wir mit starker emotionaler Anspannung und vielleicht sogar Verbissenheit ein ganz bestimmtes Ziel anstreben, hängen die dabei vorherrschenden Gefühle natürlich mit dem Mangel zusammen, der wegen des „Nicht-da-Seins", der Abwesenheit des erwünschten Ergebnisses, empfunden wird. Das Gesetz der Anziehung erhält die stark emotional besetzte Nachricht über Mangel und verstärkt diesen in der bekannten Weise.

Erlauben wir demgegenüber den Kräften unserer Imagination, auf leichte und entspannte Weise Bilder der erwünschten Situation vor unserem inneren Auge erscheinen zu lassen, kann das Universum natürlich nicht umhin, diese zu verwirklichen.

Loslassen heißt auch, anderen Menschen nicht seinen Willen aufzuzwingen. Jeder Mensch verfolgt seinen eigenen Schicksalsweg. Er hat sich inkarniert, um sich weiterzuentwickeln und seine eigenen Ziele zu verwirklichen. Er will sein eigenes Potenzial entwickeln und auch seine verschiedenen Potenziale ausgleichen. Also, Loslassen bedeutet, dass wir nichts erzwingen und auch niemandem etwas aufzwingen wollen. Abstand halten bedeutet auch, Abstand gegenüber anderen Menschen zu halten, speziell gegenüber dem besonderen Menschen in unserem Leben, unserem wichtigsten Partner, dem wir Freiraum lassen, sein eigenes Schicksal zu entfalten und seine eigenen Lebensziele zu verwirklichen. Dies ist einer der wichtigsten Aspekte einer glücklichen Ehe überhaupt. Es ist ein Hauptziel einer Ehegemeinschaft, dem anderen bei der Verwirklichung seiner Ziele unter die Arme zu greifen, ihn sozusagen zu ermächtigen, diese Ziele zu verwirklichen. Hier sehen wir natürlich auch eine Verbindung zu dem Gesetz des Dienens. Wir dienen unserem Nächsten.

Abschließend möchte ich Ihnen, lieber Leser, noch über eine praktische Erfahrung mit dem Gesetz des Loslassens berichten, die ich mit meinem Freund Oscar de Rosario hier auf den Philippinen hatte.

Im August 2015 hatte Oscar meine Frau und mich dazu eingeladen, ein Wochenende in seinem privaten Wald in der Quezon-Provinz zu verbringen. Oskar hatte schon vor Jahren ein Stück Land von etwa 15 Hektar in der Absicht erworben, dort einen Wald anzupflanzen. Er betrachtete dies als einen persönlichen Beitrag dazu, die Umwelt auf den Philippinen zu verbessern. Außerdem wollte er das Bewusstsein junger Menschen für Umweltfragen stärken. Was er uns zeigte, war ein bergiges, von zahlreichen Pfaden und Treppen durchzogenes, dicht bewaldetes Gelände. Oscar hatte tausende von Bäumen gepflanzt. Ausgesuchte Bäume trugen geschnitzte Tafeln mit ihrer genauen botanischen Bezeichnung. Zahlreiche „Cottages“ für Gäste sowie Gemeinschaftsräume waren gebaut worden. Es gab einen Fluss, eine Quelle, ein Schwimmbecken, zahlreiche Picknickplätze, ein Amphitheater, einen Platz für Ballspiele und ein Baumhaus. An zentraler Stelle waren gewaltige etwa zehn Meter hohe Statuen von Jesus und seiner Mutter errichtet worden. Gestaltet von Künstlern, die in der Nähe der berühmten Kirche von Quiapo ihre Ateliers haben, strahlten diese Statuen eine Güte, Liebe und einen Frieden aus, dem sich der Besucher nicht entziehen konnte. Am Sonntagmorgen hatte ich Gelegenheit, für etwa eine Stunde im Schnittpunkt der Blickwinkel der beiden Statuen zu meditieren. Es war eine bemerkenswerte und ungewöhnliche Erfahrung. Was mich aber am meisten beeindruckte, war die Art, auf die der Gesamtentwurf dieser großartigen Anlage zustande gekommen war. Mein Freund betonte immer wieder, dass er den Gesamtentwurf und auch Einzelheiten der Ausführung konsistent immer seinem Schöpfer überlassen habe. Ohne im Geringsten eine Vorstellung davon zu haben, wie die gesamte Anlage aussehen sollte, habe er immer wieder zu Gott gebetet, um Führung nachgesucht und dabei unweigerlich sehr spezifische Anweisungen dafür erhalten, wie er voranschreiten sollte, so als ob es immer einen großen Plan gegeben hätte, der ihm in kleinen Happen offenbar wurde. Die bedingungslose und konsequente Weise, in der mein Freund sich vollständig der Führung Gottes überlassen hatte, erfüllte mich mit großer Bewunderung. In mir entstand der Wunsch, mein Leben auf ähnliche Weise dem Höchsten anzuvertrauen. Dabei sollte ich betonen, dass die Konzepte des „Surrender“ und „Detachments“ mir schon vorher unter dem Namen des Gesetzes des Abstandes von Deepak Chopra und auch aus der taostischen Literatur vertraut waren. Nur hatte ich noch nie zuvor erlebt, dass sie so absolut zur Anwendung gebracht worden waren und auch zu so wunderbaren Ergebnissen geführt hatten.

Eine praktische Anwendung des Gesetzes des Loslassens kann darin bestehen, täglich die folgenden Absichten zu formulieren:

Heute, an jedem Tag und in jeder Stunde will ich eine Haltung des Abstands einnehmen. Ich will Abstand halten gegenüber allem in dieser materiellen Welt. Ich will mit einem Schmunzeln erkennen, dass letztendlich alles eine Illusion ist. Ich werde in dieser Welt leben, aber nicht von dieser Welt sein.

Abstand halten bedeutet auch, sich freimachen von Angst und Furcht. Indem ich den Liebeskräften in meinem Inneren erlaube, sich voll zu entfalten, verliere ich zugleich alle Tendenzen der Furcht. Ich weiß, dass es einen Gott gibt, der mich lenkt und führt.

Ich klammere mich nicht an meine Wünsche und Ziele. Ich formuliere sie klar und überantworte sie dann den Kräften des Universums, die eine unbegrenzte Anzahl von Raum-Zeit-Ereignissen in die Wege leiten werden, um meine Ziele und Wünsche zu verwirklichen.

Ich dränge meinen Mitmenschen nie meine eigenen Wünsche und Vorstellungen auf. Meine vornehmste Aufgabe in dieser Welt besteht darin, anderen die Möglichkeit zu geben, ihren eigenen Lebensplan zu verwirklichen. Ich nehme sie an ihren Händen und tanze mit Ihnen gemeinsam durch das Leben.

Hermann Hesse hat ein wunderbares kurzes Gedicht über den Zusammenhang von Loslassen und Glück geschrieben, mit dem ich dieses Kapitel abschließen möchte:

Solang du nach dem Glücke jagst
Bist du nicht reif zum Glücklichsein
Und wäre alles Liebste dein.

Solang du um Verlor'nes klagst
Und Ziele hast und rastlos bist,
weißt du noch nicht was Frieden ist.

Erst wenn du jedem Wunsch entsagst,
nicht Ziel mehr noch Begehren kennst,
das Glück nicht mehr mit Namen nennst,
dann reicht dir des Geschehens Flut
nicht mehr ans Herz, und deine Seele ruht.

4. Das Gesetz der Polarität und der Balance

Ein Symptom für einen sich anbahnenden Nervenzusammenbruch ist die Überzeugung, dass die eigene Arbeit unheimlich wichtig sei …

Bertrand Russel

Das Gesetz der Polarität und der Balance, das sich unter dem gleichen Namen schon in den Schriften des Hermes Trismegistos findet, kann auch das Gesetz des Ausgleichs genannt werden. Es ist eines der elementarsten und offensichtlichsten Gesetze des Universums und man kann sich über das Ausmaß, in dem es täglich überall auf unserer Welt ignoriert und missachtet wird, nur wundern. Dabei muss ich leider eingestehen, dass ich selber lange Zeit zu den schlimmsten „Übertretern" gehörte. Erst als ich verinnerlicht hatte, dass es sich hier um ein Gesetz handelt, dessen Übertretung Konsequenzen nach sich zieht, gelang es mir, mein Verhalten zu ändern.

Das Gesetz der Polarität besagt, dass alles auf dieser Welt aus Gegensätzlichkeiten besteht. Es gibt immer zwei Pole, die einander bedingen:

Tag – Nacht
gut – schlecht
Licht – Schatten
männlich – weiblich
schön – hässlich
Plus – Minus
dafür – dagegen
gewinnen – verlieren
Gesundheit – Krankheit

Das Licht wird in der Dunkelheit gefunden. Betont man den einen Pol, folgt zwingend der andere auf dem Fuß, wie wir beim Ein- und Ausatmen ständig erfahren. Beide Pole haben immer ihre Existenzberechtigung, eben weil sie einander bedingen. Jeder Erfolg trägt auch den Keim des Misserfolges in sich und jeder Misserfolg den Keim des Erfolges. Dies kommt in dem bekannten Sprichwort zum Ausdruck: „Wenn Gott eine Tür schließt, öffnet er zugleich eine andere, größere Tür." Wir müssen nur danach Ausschau halten.

Im Yin- und Yang-Symbol der östlichen Traditionen ist in der Dunkelheit der Lichtpunkt und im Licht der Schattenpunkt. Beide Punkte sind in einem Kreis angeordnet. Das zeigt uns, dass beide Pole die Ganzheit bilden (der Punkt ist das Symbol der Einheit, der Kreis ist der Punkt in den Raum ausgedehnt). Keiner von beiden kann ohne den anderen sein und sie sind gleichwertig.

Der eine Pol könnte ohne den anderen nicht existieren. Wenn es die Liebe nicht gäbe, dann wüssten wir nicht, was Hass ist. Wenn es keinen Krieg gäbe, könnte auch kein Frieden existieren. Polarität ist Voraussetzung für unser Leben auf der Erde. Ohne Polarität würde es die Schöpfung nicht geben. Die Erfahrung hat gezeigt, dass es nicht dauerhaft möglich ist, sich auf nur einen Pol festzulegen, denn nach dem Gesetz der Polarität sind beide Pole ständig aktiv. Wenn wir immer nur Liebe erfahren möchten, drängt sich der Hass ohne Rücksicht in unser Leben zurück. Das, was wir dauerhaft ablehnen – unser „Schatten" –, ist für uns nicht immer sichtbar, aber es ist nie abwesend. Im Alltag kann sich der verdrängte Pol dann in körperlichen oder seelischen Symptomen, Problemen mit verschiedenen Personengruppen oder allgemeinen Verstimmungen äußern. Das, was uns im Leben Probleme bereitet, ist immer der Gegenpol, der Schatten, der sich einen Weg zurück ins Bewusstsein kämpfen möchte. Manchmal mit kleinen Hinweisen aus der Umwelt, manchmal als chronisches und belastendes Symptom einer Krankheit.

Polarität gilt im gesamten Universum. Auch in der geistigen Welt. Wie oben, so unten. Natürlich kommt alles aus dem Einen, und das Eine ist natürlich nicht durch Polarität gekennzeichnet. In der irdischen Inkarnation sollen wir lernen, die Einheit von allem wieder zu erkennen – indem wir bedingungslose Liebe lernen. Das ist eines unserer wichtigsten Lernziele auf der Erde!

Wenn wir in der bedingungslosen Liebe leben, leben wir in der Nichtpolarität.

In der Natur zielt alles auf den Ausgleich hin. Das kann man bei elektrischen Ladungen sehen. Für ein glückliches Leben kommt es darauf an, den Ausgleich zu finden und Extreme zu vermeiden. Wenn sich jemand zum Beispiel in extremer Weise darauf konzentriert, Geld zu verdienen oder Ansehen zu erringen, wird er nicht auf Dauer glücklich sein. Es ist auch so, dass dann irgendwann zwangsläufig eine Gegenbewegung einsetzt. Das muss nicht in der gleichen Inkarnation geschehen. Das Gesetz der Polarität und des Ausgleichs gilt über mehrere Inkarnationen hinweg. Aber die negativen Aspekte des Sich-nicht-im-Gleichgewicht-Befindens zeigen sich in der Regel schon in der laufenden Inkarnation. Man denkt hier an das Bild des verbitterten, einsamen, alten Geizhalses, der in der berühmten Weihnachtsgeschichte von Charles Dickens dargestellt wird. Das Gegenteil gilt natürlich auch. Menschen, die sich vollständig aufopfern und nie an sich selber denken, sind häufig auch nicht glücklich. Hier kommt einem das Leiden von Mutter Theresa in den Sinn, das sie in einigen ihrer Schriften offenbarte.

Das Phänomen des Burn-Outs, von dem in diesen Tagen so viel gesprochen wird, ist natürlich ein ganz typisches Beispiel für mangelnde Balance im Leben eines Menschen. Die Betroffenen stecken ihre ganze Energie in ihre Arbeit und geben dem Element des Ruhens und des zwischenmenschlichen Austausches nicht genug Raum. Auch in einer so grundlegenden Angelegenheit wie Essen zeigt sich häufig ein Mangel an Balance, wobei der Körper natürlich eine innere seelische Unausgeglichenheit widerspiegelt. Wie innen, so außen. Ich habe das an meinem eigenen Körper erlebt, denn ich war häufig geneigt, zu schnell und zu viel zu essen. Plötzlich verspürte ich dann den Drang, ohne jede ärztliche Überwachung für zwölf Tage bei vollem Arbeitseinsatz zu fasten. Ich konnte diesem Drang einfach nicht widerstehen. Überessen hat übrigens nicht immer etwas mit Übergewichtigkeit zu tun. Begreiflicherweise greifen die üblichen auf Gewichtsverlust oder Gewichtszunahme ausgerichteten

Programme in der Regel zu kurz. Sie attackieren das Problem nicht an seiner Wurzel!

Welche Handlungsempfehlungen ergeben sich nun aus dem Gesetz der Polarität und des Ausgleichs? Es geht also immer darum, Balance zu finden. Der erste Schritt besteht darin, sich einer mangelnden Balance in seinem Leben bewusst zu werden. Das ist gar nicht so einfach. Der Zustand der mangelnden Balance ist ja zum Normalzustand geworden. In diesem Zusammenhang hilft es sehr, einen Punkt der inneren Ruhe und des inneren Gleichgewichts zu finden. Das kann durch Achtsamkeit und durch die Praxis der Meditation erreicht werden. Darüber werden wir später noch mehr sagen. Zunächst genügt es schon, sich an jedem Tag für ein paar Minuten ruhig hinzusetzen, tief durchzuatmen und die innere Stille zu empfinden, die immer präsent ist („Sei still und wisse, dass ich Gott bin“, sagt die Bibel). Von diesem Punkt der Ruhe aus können Sie dann einen Blick auf Ihr Leben werfen und werden sofort wissen, wo mangelnde Balance besteht. Unsere Intuition, die innere Stimme unseres Herzens, sagt uns das immer ganz deutlich. Unser Problem besteht nur darin, dass wir zumeist nicht geneigt sind, auf diese Stimme zu hören, ihr Gewicht beizulegen und entsprechende Verhaltensänderungen einzuführen. Und wenn wir nicht auf die innere Stimme hören, fordert das Gesetz manchmal auf überraschende und drastische Weise seinen Tribut, zum Beispiel durch einen Herzinfarkt, einen Schlaganfall oder auch „nur“ einen Nervenzusammenbruch. Wir alle kennen diese Fälle nur zu gut.

Das Gesetz der Polarität und des Ausgleichs wirkt wie ein Pendel. Wenn der Ausschlag in eine Richtung zu weit geht, schwingt das Pendel automatisch in der entgegengesetzten Richtung über den Mittelpunkt hinaus. Das sieht man auch auf der Ebene von Nationen. Die jüngsten Reaktionen der Politik auf die Flüchtlingskrise in Deutschland ist ein typisches Beispiel dafür. Auch bei Wahlen zeigt sich das häufig sehr deutlich. Um die Auswirkungen eines zu starken einseitigen Pendelausschlages auszugleichen, der sich oft in gewissen Gewohnheiten niederschlägt, kann es hilfreich sein, bewusst in der entgegengesetzten Richtung über das Ziel hinauszuschießen. Dadurch erfolgt dann der gewünschte Ausgleich.

Ein Ausdruck der Polarität sind die männlichen und weiblichen Züge, die in uns allen schlummern. Männliche Energien sind Handeln, Denken, Logik und Aggressivität. Das weibliche Gegenstück ist Sein, Intuition, Schöpfen, Einfühlen, Verstehen. Unser Ziel besteht darin, auf unsere Intuition zu lauschen und beiden Elementen in gleicher Weise Raum in unserem Leben zu geben. Meditationen, die darauf abzielen, das Gewicht des männlichen und weiblichen Elements in unserem Inneren zu zeigen, offenbaren zuweilen ein groteskes Ungleichgewicht. Eine derartige Erfahrung machte ich selber bei einem von Robert Betz organisierten Workshop. Bei ausgeprägten Alphatieren wie Bundeskanzlern kommen derartige Ungleichgewichte häufig besonders deutlich zum Ausdruck.

Natürlich hat das Konzept der Balance weitreichende Implikationen für alle Aspekte unseres Lebens. Für jemanden, der davon überzeugt ist, dass wir in erster Linie spirituelle Wesen sind, kommt es vor allem darauf an, unser „spirituelles Leben“ in Balance zu bringen. Thich Nhat Hanh, dessen Lehren ich intuitiv zugleich überzeugend und praktisch finde, spricht davon, dass unser spirituelles Leben aus viererlei Aspekten bestehen solle: Studieren, Arbeit, Praxis und Spiel. Wenn wir unser Leben auf ausgeglichene Weise leben, bilden diese vier Bereiche ein harmonisches Muster, so wie ein Mandala[31] der Praxis in unserem täglichen Leben. Lassen Sie mich kurz etwas zu diesen vier Bereichen sagen.

Wie schon erwähnt, wohnt jedem Menschen der Drang inne, Wahrheit zu erlangen, Antworten auf die großen Fragen der Menschheit zu finden. Alle großen Weltreligionen haben einen wichtigen Beitrag zum Lüften der Schleier, die sich über

31 Ein Mandala ist ein figurales oder in der Form des Yantra angeordnetes, geometrisches Schaubild, das im Hinduismus und Buddhismus in der Kultpraxis eine magische oder religiöse Bedeutung besitzt.

die großen spirituellen Wahrheiten gesenkt haben, zu leisten. Natürlich gibt es auch große, lebende spirituelle Lehrer und jemand, der einen solche Lehrer gefunden hat und zu seinen Füßen sitzen kann, um ihm zu lauschen, ist gesegnet. Sicher haben Sie schon den Ausspruch gehört: „Wenn der Schüler bereit ist, erscheint der Lehrer." So ist es in der Tat. Wie sagte doch Albert Einstein: „Höre nie auf, Fragen zu stellen!" Wir sollten nie aufhören von den Quellen spiritueller Wahrheiten zu trinken. Später in diesem Buch, in dem Kapitel über das Gesetz der Wahrheit, wird noch viel mehr darüber gesagt werden. Hier geht es nur um die Balance zwischen den verschiedenen Aspekten eines spirituellen Lebens.

Unter der Arbeit wird hier eine geregelte Tätigkeit verstanden, die Elemente des Dienens enthält. Hierzu wird noch unter dem Punkt „Gesetz des Dienens" viel mehr gesagt werden.

Unter Praxis verstehe ich die Praxis der Achtsamkeit, wie sie in dem Kapitel über das Gesetz der Bewusstheit dargestellt ist, und natürlich die Praxis der täglichen Meditation, der ich auch ein eigenes Kapitel gewidmet habe.

Ganz besonders betonen möchte ich in diesem Zusammenhang den Aspekt des Spiels, der Sie vermutlich überraschen wird, liebe Leserin und lieber Leser. Da kommt mir das bekannte englische Sprichwort in den Sinn: *All work and no play makes Jack a dull boy* – Nur Arbeit, kein Spiel, macht Jack zu einem langweiligen Burschen. Soweit ich weiß, gibt es im Deutschen kein entsprechendes Sprichwort. Wir Deutschen haben wohl generell die Tendenz, zu ernst zu sein und dem Spiel nicht genügend Raum in unserem Leben einzuräumen.

In den von Thich Nhat Hanh gegründeten Klöstern, zum Beispiel Plum Village im Südwesten Frankreichs, gibt es jede Woche einen sogenannten „Lazy Day", einen faulen Tag also, an dem jeder tun und lassen kann, was er möchte – seinen Lieblingstätigkeiten nachgehen oder einfach faulenzen. Mich hat das zunächst sehr gewundert. Ich erkannte aber rasch den ungeheuren Wert dieser Praxis und bemühe mich jetzt immer, dem Spiel Raum in meinem Leben einzuräumen. Für jemanden, der sich einbildet, er müsse immer arbeiten, immer irgendetwas leisten und erreichen, ist das eine sehr heilsame Praxis. Nicht ohne Grund empfiehlt auch die Bibel in jeder Woche einen Ruhetag.

Abschließend will ich versuchen, die Handlungsgebote, die sich aus dem Gesetz der Polarität und des Ausgleichs ergeben, auf eine kurze Formel zu bringen:

Nehmen Sie sich an jedem Tag etwas Zeit, um Ihren inneren Ruhepunkt zu erfahren. Atmen Sie tief durch und betrachten Sie Ihr Leben aus der Perspektive eines losgelösten Beobachters.

Versetzen Sie sich in die Schuhe der Menschen, mit denen Sie es täglich zu tun haben, zu Hause und bei der Arbeit. Erteilen Sie diesen Menschen in Ihrem inneren Dialog das Wort. Lassen Sie die Worte einsinken.

Fassen Sie bei entdeckten Ungleichgewichten den Entschluss, bewusst über das Ziel hinauszuschießen und das Pendel in die entgegengesetzte Richtung schwingen zu lassen.

Erstellen Sie sich einen Zeitplan. Setzen Sie Ihren Plan in die Tat um und beobachten Sie, was geschieht! Sie werden sich wundern!

5. Das Gesetz des Fließens

Im Herzen eines jeden Winters regt sich bereits ein Frühling, und hinter dem Schleier einer jeden Nacht wartet das Lächeln der Morgenröte.

Khalil Gibran

Das Gesetz des Fließens ist eines der großen grundsätzlichen kosmischen Gesetze, das sich auch in den Schriften des Hermes Trismegistos findet[32]. Alles fließt, *Panta rhei,* wussten schon die alten Griechen. Alles ist vergänglich.

Offensichtlich besteht hier wieder eine deutliche Übereinstimmung mit der Quantenphysik. Wir wissen, dass es nichts Starres, Feststehendes in unserem Universum gibt. Alles fließt hinein und wieder hinaus. Alles besitzt seine Gezeiten. Alles steigt und fällt. Alles ist Schwingung. Zyklen, Kreisläufe und Spiralen finden sich im gesamten Universum, von der Bewegung der Galaxien um ihre Zentren über die Bahnen der Planeten, welche ihre Sonne umkreisen, bis hin zu den Gezeiten, zu den Jahreszeiten, dem Zyklus der Frau, dem Tag-Nacht-Rhythmus und vielem anderem.

Auch in Unternehmungen und Völkergeschichten können Aufs und Abs beobachtet werden. Das Imperium Romanum, das Mongolenreich des Dschingis Khan, das britische Weltreich – sie alle erlebten einen Aufschwung und einen Niedergang.

Auf Phasen des Aufstiegs folgen zwangsläufig Phasen des Niedergangs und auf Phasen des Niedergangs Phasen des Aufstiegs. Nichts kann für immer wachsen. Ungezügeltes Wachstum

32 Ich nehme hier Bezug sowohl auf das dritte wie auch das fünfte hermetische Prinzip. Das dritte hermetische Prinzip lautet: „Nichts ruht; alles ist in Bewegung; alles schwingt". Das fünfte hermetische Prinzip lautet: „Alles fließt – aus und ein; alles hat seine Gezeiten; alles hebt sich und fällt; der Schwung des Pendels äussert sich in allem; der Schwung des Pendels nach links ist das Maß für den Ausschlag des Pendels nach rechts; Rhythmus gleicht aus".

führt zu Krankheit, wie wir das alle von den Krebszellen kennen. Es ist wichtig, ein Gespür für den natürlichen Rhythmus unseres Körpers zu entwickeln. Phasen des Aufschwungs werden in der Regel von Phasen einer gewissen Ruhe und Konsolidierung gefolgt. Das Erkennen derartiger Phasen und in Einklang damit zu leben sind wichtige Elemente des Glücks.

Die Seele kehrt in vielen Inkarnationen auf die Erde zurück und durchläuft den Rhythmus von Geburt – Leben – Tod – Regeneration – Geburt. Dabei entwickelt sie ihre Erfahrung von sich selbst in spiralförmigen Bahnen weiter und kehrt immer wieder zum Ausgangspunkt zurück, aber auf einer jeweils höheren Bewusstseinsebene.

Aus dem Gesetz des Fließens ergibt sich eine Reihe von spirituellen Prinzipien, die erhebliche praktische Bedeutung für unser tägliches Leben, unseren inneren Frieden, unser Glück und unseren Erfolg besitzen. Es sind dies das Prinzip der Veränderung, das Prinzip der Zyklen, das Prinzip des Gebens und das Prinzip der Akzeptanz. Vor allem das Prinzip des Gebens hat mein Leben auf tiefgreifende Weise verändert.

Alles verändert sich dauernd. Die einzige Konstante in unserem Leben ist der Wechsel. Daraus ergibt sich zwingend, dass konservative politische Bewegungen, die sich dem natürlichen Wechsel der Dinge entgegenstellen, langfristig nie erfolgreich sein können. Rechts gerichtete nationalistische Parteien, die sich der Globalisierung in den Weg stellen und ganze Länder abschotten wollen, können auf die Dauer keine positiven Resultate erzielen. Es ist nicht notwendig in Panik zu verfallen, wenn derartige Parteien temporär große Gewinne verzeichnen. Ihre Thesen werden schlicht und ergreifend von der Wirklichkeit überrollt werden.

Dem Prinzip der Veränderung wohnt etwas sehr Tröstliches inne. Auch der größte Albtraum wird einmal enden. Am Ende eines jeden Tunnels wartet das Licht, auch wenn das in Augenblicken großer Not nicht immer offensichtlich zu sein scheint. In unseren Zeiten sozialer Medien haben einige Freunde von mir die Angewohnheit, ihre Leiden, die mit der Behandlung bestimmten Krankheiten wie zum Beispiel Krebs zusammenhängen, auf Facebook darzustellen. In solchen Situationen hilft es, sie an dieses Prinzip der Veränderung zu erinnern.

Von König Salomon wird berichtet, er habe einst eine große innere Unruhe empfunden und sich nach der Rückkehr einfacherer und friedlicherer Zeiten gesehnt. So befahl er, dass der beste Goldschmied des Landes für ihn einen magischen Ring herstellen solle mit einer Aufschrift, die wahr und angemessen für alle Zeiten unter allen Umständen wäre – Worte die helfen würden, Leiden zu mildern und dem Träger des Ringes große Weisheit und eine besondere Perspektive bescheren würden. Der Goldschmied stellte einen ganz besonderen Ring her. Aber erst nach vielen Tagen des Nachdenkens und der Meditation wurden ihm die göttlichen Worte der Weisheit zuteil. Schließlich präsentierte er dem König den Ring. Eingraviert in diesen waren die folgenden Worte: „Auch dies wird vorübergehen."

Genauso wichtig und tröstlich ist natürlich die schon früher erwähnte Erkenntnis, dass wir nie alleine sind. Unsichtbare Helfer stehen uns immer zur Seite, sind immer bereit, uns unter die Arme zu greifen. Das liebevolle, intelligente Universum steht immer bereit, Synchronizitäten in die Wege zu leiten, die unser Leben in neue und aufregende Richtungen führen. Je weiter ich auf dem spirituellen Pfad voranschreite, desto mehr wird mir das bewusst. Erst unlängst geschah es wieder. Meine Frau und ich brauchten eine geeignete Person, die bei unserem Sprachunterrichtsprogramm für arme Kinder mitarbeiten kann. An einer völlig abgelegenen Stelle unseres Dorfes traf ich eine Frau, die bereit ist, diese Rolle zu übernehmen und deren Schwingungen mit den meinen übereinstimmen.

Auch das Bewusstsein, dass wir in erster Linie spirituelle Wesen sind, hilft uns enorm, mit Zeiten von Krisen und Herausforderungen fertigzuwerden. Wir brauchen uns nur in die Position des Zeugen zu versetzen, der das irdische Drama von der Perspektive der Seele aus betrachtet, und schon erscheint alles in einem völlig anderen Licht.

Hand in Hand mit der Erkenntnis, dass sich alles verändert, geht eine entsprechende Erwartung. Wir erwarten Veränderungen. Wir erwarten nicht, dass alles so bleibt, wie es ist. Wir sind nicht schockiert und frustriert, wenn sich Dinge, zum Beispiel Verkehrsregelungen oder politische Systeme, verändern. Wir sind darauf vorbereitet, erwarten es und heißen den Wechsel immer willkommen. Mehr noch, wir setzen uns an die Spitze des Wechsels und werden sein Vorreiter. Wir beobachten das Außen, horchen nach innen, ahnen und erkennen, welche Richtung der Wechsel nehmen will, und helfen den Potenzialen, die wir erkennen, sich zu verwirklichen. Der deutschstämmige Professor Otto Scharmer, der am Massachusetts Institute of Technology in Boston lehrt, hat diese Methode unter dem Namen „Theorie U" auf großartige Weise durchdacht und operationalisiert[33]. Nichts könnte mächtiger sein als eine Idee, deren Zeit gekommen ist. Das Gegenteil davon wäre es, die Hände in den Schoß zu legen, mit vor Angst geweiteten Augen auf die herandonnernde Woge der Veränderung zu warten und sich von ihr überrollen zu lassen, mit allen verderblichen Konsequenzen, die sich aus einer derartigen Haltung ergeben.

Das Gegenteil von Fließen ist Horten. Horten führt zu Stagnation. Geld muss fließen. Es muss fließen, um sich zu vermehren. Man muss es fließen lassen, um Gutes damit zu bewirken. Jesus brachte das sehr deutlich zum Ausdruck durch das bekannte Gleichnis von dem Herrn, der vor einer Reise dreien seiner Diener einen bestimmten Geldbetrag übergab. Ein Diener vergrub das Geld in der Erde, um ganz auf Nummer sicherzugehen. Die beiden anderen brachten es in Zirkulation und vermehrten es. Derjenige Diener, der das Geld vergraben hatte, wurde von Jesus dafür gescholten. Horten ist ein Ausdruck von Unsicherheit. Jemand, der hortet, hat Angst, etwas zu verlieren. Er stellt sich dem natürlichen Fluss der Dinge in den Weg. In-

33 Vergleiche Otto Scharmers gleichnamiges Buch

dem wir unsere Schränke leer machen und Dinge weggeben, schaffen wir Raum für Neues. Dies hat eine wunderbar befreiende Wirkung.

Wegwerfen, Loslassen, Ausmisten spielen auch eine wichtige Rolle bei dem Prozess des Lernens. Einer meiner verehrten Lehrer, Shoaib Sultan Khan, von dem ich fast alles gelernt habe, was ich über Armutsbekämpfung weiß, pflegte einige seiner Schüler mit vollen Tassen zu vergleichen. In eine volle Teetasse kann kein weiterer Tee gegossen werden. Erst wenn wir uns für Wissen öffnen, das nicht mit unseren Überzeugungen übereinstimmt, erst wenn wir lernen, aus der Perspektive des anderen zuzuhören, beginnen überholte Vorstellungen zu fließen und Raum für das Neue zu schaffen.

Der für mich persönlich wichtigste Aspekt des Gesetzes des Fließens ist das Prinzip des Gebens. Wie schon mehrfach erwähnt und aus der Quantenphysik bekannt, besteht das Universum aus Energie in Bewegung. Austausch und Bewegung liegen in der ureigensten Natur des Universums. Nichts steht still. Da unsere Körper und unser Geist sich in einem ständigen Austauschprozess mit dem Universum befinden, wäre das Anhalten des Energieflusses, als hielte in unserem Körper das Fließen des Blutes an. Wann auch immer Blut aufhört zu fließen, wie zum Beispiel bei langen Flügen, während derer wir unsere Beine nicht bewegen können, verklebt es, verklumpt und führt im Extremfall zu Thrombose und Tod. Deswegen müssen wir geben und empfangen, um alle guten Dinge in unserem Leben, einschließlich Geld und Vermögen, im Fluss zu halten.

In der englischen Sprache wird Geld unter anderem als „Currency" bezeichnet. Das Wort „Currency" kommt von dem lateinischen Wort „currere", was so viel wie „fließen" und „laufen" bedeutet. Auch im deutschen Wort Überfluss steckt dieses Bild der fließenden Energie. Geld ist ein Symbol für die Lebensenergie, die wir untereinander austauschen, unter anderem für die Dienste, die wir uns gegenseitig leisten.

Wenn wir also den Fluss, die Bewegung unseres Geldes, anhalten, wenn wir es horten wollen, halten wir dadurch auch seinen Rückfluss in unser Leben auf. Um sicherzustellen, dass uns Energie zufließt, müssen wir sie in Bewegung halten.

In meinem eigenen Leben habe ich es viele Male erlebt, dass mir in kürzester Zeit das Gleiche oder sogar ein Vielfaches dessen zufloss, was ich gegeben hatte. Einmal, ich erinnere mich daran, als wäre es gestern gewesen, musste ich ganz kurzfristig Flüge umbuchen und war schockiert von den hohen Preisen, die Airlines mir angeboten hatten. Um Luft zu schnappen und meinen Geist zu beruhigen, beschloss ich zunächst einmal, eine Spende an die Christian Blind Mission zu tätigen. Vor meinen staunenden Augen sanken die angebotenen Preise nahezu zeitgleich um genau den gleichen Betrag. Gleich im Anschluss an diese Erfahrungen besuchte ich einen Workshop in Taos, New Mexico. Noch ganz unter dem Eindruck dieses „Wunders" könnte ich es mir nicht verkneifen, anderen Teilnehmern von meinem Erlebnis zu berichten. Tränen traten mir in die Augen und auch manch anderem, der davon hörte.

Wie schon erwähnt gehört das Prinzip des Gebens zu den Prinzipien, die mein Leben auf weitreichende Weise verändert haben. Vorsicht, um nicht zu sagen Knausrigkeit in Gelddingen sind typisch für meine Generation, die unmittelbar nach dem Zweiten Weltkrieg aufwuchs, in einer Welt der Zerstörung, in der es an allem mangelte. Der Gedanke, dass es nicht genug gibt, verankerte sich vermutlich tief in unserem Unterbewusstsein – was übrigens einer der großen Grundirrtümer der Menschheit überhaupt ist. Mangeldenken erzeugt Mangel. Erst langsam und Schritt für Schritt konnte ich in mir die Erkenntnis, Erfahrung und Überzeugung heranreifen lassen, dass dies ein reiches Universum ist, in dem es grundsätzlich an absolut gar nichts mangelt und in dem wir als mit Schöpferkraft ausgestattete Teile des Schöpfers, als „Unterschöpfer" sozusagen, ebenso wie der große Schöpfer mit unbegrenzten Schöpferkräften ausgestattet sind. Affirmationen und Taten sind mehr als alles andere die Instrumente, mit denen man einen derartigen Bewusstseinswandel herbeiführen kann. Von Louise Hay stammt der Ratschlag, wann immer wir eine Münze in unserer Wohnung oder auf der Straße finden, und sei sie noch so klein, die folgende Affirmation zu sagen: „Dies ist ein reiches Universum, es gibt reichlich von allem für uns alle." Ich lehrte meine vier Söhne diese Affirmation und habe sie wohl hunderte, wenn nicht tausende von Malen vor mich hingesagt. Noch wirksamer ist es, praktische Großzügigkeit zu üben. Die Freude in den Augen der Empfänger schenkt oft die größten Glücksgefühle eines Tages und, wie schon gesagt, fließt alles, aber auch wirklich alles, um ein Vielfaches vermehrt zu mir zurück, sodass man also in keiner Weise das Gefühl habe, ein Opfer zu bringen.

Zur Frage der Bewusstseinsveränderungen sollte ich, wieder ganz persönlich gesprochen, noch erwähnen, dass das tägliche Schreiben von drei Seiten, den sogenannten „Morning Pages"[34] für mich eine äußerst wichtige und wertvolle Praxis darstellt mit dem Ziel, auf ganz ehrliche Weise mit mir selber, mit meiner Seele zu kommunizieren und mir Rechenschaft darüber abzulegen, ob meine Taten gekennzeichnet sind von einer Überzeugung des Mangels oder des Überflusses. Die „Morning Pages" bieten mir dann auch gleich Gelegenheit, spezielle Handlungen zu planen, um mein Vertrauen in die spirituellen Gesetze des Universums zum Ausdruck zu bringen.

Jede zwischenmenschliche Beziehung besteht aus Geben und Nehmen. Geben erzeugt Empfangen und Empfangen erzeugt Geben. Wessen Herz wurde noch nicht von der Großzügigkeit eines anderen Menschen berührt und dazu veranlasst, ähnliche Großzügigkeit walten zu lassen?

Als einen praktischen Ausdruck des Gesetzes des Gebens habe ich es mir zur Angewohnheit gemacht mich zu bemühen, jeden Tag mit kleinen Taten der Liebe zu beginnen. Das mag Ihnen mechanisch vorkommen, liebe Leserin und lieber Leser, es funktioniert für mich aber auf wunderbare Weise. Wenn ich mich morgens an meinen Computer setze, besteht oft meine erste

---

34 Diese Praxis geht auf das Buch „The Artist's Way" von Julia Cameron zurück

Handlung darin, eine Spende zu tätigen. Ich rufe zum Beispiel die Webseite von Médecins Sans Frontières auf und gebe eine Spende. Dann danke ich dem Universum dafür, dass es mir die Mittel für eine derartige Spende zur Verfügung stellt und sehe vor meinem geistigen Auge, wie diese in großartige, helfende Taten der Ärzte ohne Grenzen umgesetzt wird. Wir alle werden täglich mit Bildern über Kriege in der weiten Welt bombardiert. Die beste Reaktion darauf besteht darin, einen Beitrag – und sei er auch noch so klein – dafür zu leisten, dass das von diesen Kriegen ausgelöste Leid ein wenig gelindert wird. Durch meine Spende kann ich eine derartige, kleine Wirkung auslösen. Zyniker mögen sagen, dass dies nur ein Tropfen auf den heißen Stein sei. Für denjenigen, dessen Qual gelindert, dessen Leben durch meine Spenden gerettet wird, könnte es nichts Wichtigeres geben. Und wenn viele das Gleiche tun, verändern wir die Welt.

Ich muss gestehen, dass es mir nicht leicht fällt, diese sehr persönlichen Elemente meiner Reise hier widerzugeben. Es geht gewiss nicht darum, mich in irgendeiner Weise als beispielhaft zu präsentieren. Ich möchte nur zeigen, wie es auf eine durchaus etwas mechanisch anmutende Weise gelingen kann, langsam Schritt für Schritt alte Gewohnheiten der Selbstbezogenheit aufzuweichen und langsam sein Herz zu öffnen.

Liebestaten könne übrigens auch durch Unterlassen ausgeführt werden. Wenn wir zum Beispiel den Drang empfinden, irgendjemanden barsch anzufahren zu beleidigen oder auch nur zu verurteilen, können wir tief durchatmen und stattdessen etwas Liebevolles sagen. Auch das stellt eine Liebestat dar.

Lassen Sie mich nun zu dem vierten Prinzip kommen, das sich aus dem Gesetz des Fließens ergibt. Hierbei handelt es sich um das Prinzip der Akzeptanz. Kurz gesagt dient das Prinzip der Akzeptanz dem Ziel, eine weitere Verhaltensweise zu vermeiden, die genau wie das Horten dem freien Fluss der Schwingungen entgegensteht und die Tendenz hat, diese wie einen abgeklemmten Schlauch abzuwürgen. Haben Sie es manchmal in Ihrem Leben erlebt, liebe Leserin und lieber Leser, dass Ihnen etwas ganz Dummes, Ärgerliches mit weitreichenden negativen Konsequenzen passierte, etwa ein falsches Wort während eines wichtigen Gesprächs mit Ihrem Vorgesetzten, ein platter Reifen auf dem Weg zu einer wichtigen Besprechung, eine gestohlene Brieftasche im Ausland? Haben Sie es erlebt, dass Ihre Gedanken immer wieder um dieses Ereignis kreisten, um Gedanken wie „Wenn doch nur nicht …", „Hätte ich doch nur …"? Haben Sie es erlebt, dass Sie sich immer wieder wünschten, es wäre nicht geschehen und dass sich auch in Ihrer Vorstellung der ursprünglich geplante Kausalablauf abspielte mit dem heimlichen Wunsch im Hinterkopf: „Vielleicht kann ich irgendwie das Geschehene ungeschehen machen." Wenn Ihnen dieses Muster, das ich übrigens während meiner Jugend bei mir selbst häufig beobachten konnte, vertraut vorkommt, ist die Handlungsempfehlung der Akzeptanz genau das, was sie brauchen. Dass die Elemente des jetzigen Augenblicks und auch jeder Augenblick aus dem Zusammenspiel unzähliger Elemente im Universum erwuchsen und erwachsen, habe ich schon eingangs ausgeführt. Wir leben in einem intelligenten Universum und dieser Augenblick ist genau so, wie er sein soll. Sich dagegen zu stemmen wäre, als wollten wir mit unseren bloßen Händen einen tausend Tonnen schweren Zug aufhalten, zurückschieben oder umdrehen. Die Macht liegt immer im Augenblick und die Kunst besteht darin, alles vorwärtsschauend anzugehen, so dass es zu optimalen Ergebnissen führt. Gedankenakrobatik basierend auf Überlegungen wie „wenn doch nur nicht", oder „hätte ich doch nur nicht", führen zu absolut garnichts.

Es gibt aber noch eine weitere, äußerst interessante Überlegung zu der Charakterisierung eines Augenblicks als negativ oder gar schrecklich. Wenn wir Frustration über ein Ereignis oder das Verhalten einer Person empfinden, reagieren wir nicht auf die Situation oder die Person, sondern auf unsere Gedanken und Gefühle hinsichtlich der Situation oder der Person. Absolut genommen sind Ereignisse weder gut noch schlecht. Eine Gewitterfront mit viel Regen stellt eine Katastrophe dar für den Mann, der eine Demonstration oder einen Umzug geplant hatte. Sie wird aber von dem Bauern als Segen empfunden, der sich Sorgen um seine verdorrenden Pflanzen machte. In jedem Problem steckt das Samenkorn einer großen Gelegenheit. Wir wissen nie ob ein Ereignis, das auf den ersten Blick eher negativ aussieht, sich nicht längerfristig als etwas Positives auswirkt und herausstellt. Im Englischen gibt es hierfür das schöne Wort von dem „Blessing in Disguise" – der versteckten Segnung. In dem Zusammenhang kommt mir immer ein Vorfall in den Sinn, der sich im Jahre 2014 in Boston zutrug. Meine Frau und ich wohnten dort in einem Hotel um an der Hochzeit unserer Sohnes Philipp teilzunehmen. In großer Vertrauensseligkeit hatte ich meinen schon etwas betagten Apple Laptop einfach offen auf dem Schreibtisch des Hotelzimmers liegen lassen um ihn dort aufzuladen. Als wir spät abends in das Hotelzimmer zurückkamen war der Computer weg. Natürlich war ich zunächst entsetzt, und beklagte mich bitterlich beim Management des Hotels. Zu allem Unglück war auch noch unser Abflug für den nächsten Morgen um 4 Uhr gebucht. Wir sahen den Computer nie wieder. Glücklicherweise führte uns unsere Reise später auch noch nach Deutschland, wo ich mir gezwungenermaßen einen moderneren, leichteren und schnelleren Laptop kaufte. Rückblickend muss ich sagen, dass ich ohne den Diebstahl diesen außerordentlich wichtigen Schritt wahrscheinlich nicht getan hätte, und wahrscheinlich hätte ich mit dem alten an allen möglichen Krankheiten leidenden Laptop dieses Buch nie fertig stellen können. Es bedurfte einfach des äußeren Anstoßes durch den Diebstahl um diese wichtige Kausalkette in Gang zu bringen. Der finanzielle Verlust war am Anfang schmerzlich wurde aber durch die Vorteile des viel leistungsfähigeren Computer sehr rasch aufgewogen – ein echter Fall von „Blessing in Disguise"! Ich erwähnte schon mehrfach meine Depression im Alter von 27 Jahren. Rückblickend betrachte ich sie als einen reinen Segen, weil sie meinem Leben eine völlig neue Richtung gab.

Unsere Gefühle sind eng mit unseren Gedanken verbunden. Wenn wir ein Ereignis als absolut schlecht betrachten, fühlen wir uns natürlich schlecht. Gelingt es uns aber, Abstand zu gewinnen, uns selber zu beobachten und vielleicht sogar über uns zu lachen, verändert sich die gesamte Situation auf einen Schlag.

Im Jahre 2012 planten meine Frau und ich, die Weihnachtsfeiertage mit unseren beiden jüngeren Söhnen auf Hawaii zu verbringen. Wir beide trafen schon etwas früher ein als die Jungen, um alles vorzubereiten und auch Lebensmittel einzukaufen. In unserer Vorfreude und unserem Überschwang packten wir eine Unmenge von Konservendosen und sonstigen Lebensmitteln in einen größeren Koffer, um sie zu unserem Apartment zu transportieren. Beim Ausladen geschah dann das Missgeschick. Der Griff des überladenen Koffers riss heraus und brachte eine scharfe Metallplatte zum Vorschein, die tief in meine Hand einschnitt. Blut strömte aus der Wunde und meine Frau, einer Panik nahe, wollte sofort eine Ambulanz bestellen. Zuerst kamen mir die typischen Gedanken: „Wie schrecklich, wie konnte das nur passieren, hätte ich den Koffer doch nur nicht so überladen, wäre es doch nur nicht geschehen etc." Dann befand ich mich auf einmal gleichsam außerhalb meines Körpers, sah mich alten Narren mit überladenem Koffer in der Garage und mit bluttriefender Hand dastehen, meine Frau in Aufregung, und fand die Situation irgendwie sehr komisch. Die Situation war, wie sie war. Da gab es nichts daran zu rütteln, und sie war komisch. Alle Aufregung verschwand, es gelang uns, ein Taxi zu bestellen; wir fuhren zu einem Krankenhaus; die Hand wurde genäht, heilte schnell und schon vor dem Ende unserer Ferien konnte ich wieder im Meer schwimmen. Das plötzliche Umschlagen meiner Haltung von Widerstand, Schrecken und Entsetzen auf Akzeptanz, Abstand und Lachen über mich selber steht mir noch heute deutlich vor Augen. Natürlich konnte ich der Versuchung nicht widerstehen, unseren Söhnen gleich nach ihrer Ankunft, noch am Flugplatz, von dieser äußerst interessanten Erfahrung zu berichten.

Zum Thema Akzeptanz gibt es ein wunderbares Buch einer amerikanischen Autorin, Byron Katie, mit dem Titel „Lieben was ist". Katie befand sich jahrelang in einer schweren Krise, war stark depressiv und selbstmordgefährdet, so sehr, dass sie kaum noch ihr Bett verlassen konnte. Schließlich wurde ihr an einem Morgen blitzartig klar, dass all ihr Leiden von ihren Gedanken herrührte, von ihrem Wunsch, dass die Welt, ihre Umwelt, anders sein sollte, als sie war. Wenn die Welt anders wäre, als sie war, so hatte sie geglaubt, wäre alles gut. Sie begann, ihre Gedanken zu hinterfragen und entdeckte, dass dieser Prozess eine ungemein heilsame und befreiende Wirkung hatte. Dieser Prozess des Infragestellens der eigenen Gedanken, den sie später viele Male unter dem Namen „The Work" in öffentlichen Veranstaltungen, im Fernsehen und im Internet vorstellte, hat bereits die Leben von Millionen von Menschen positiv verändert. Der bekannte deutsche Psychologe Robert Betz hat ihn als integralen Bestandteil in seine sehr erfolgreichen Seminare eingebaut.

In diesem Zusammenhang kommt mir, wie so oft, ein Ausspruch von Albert Einstein in den Sinn:

Die einzigen wirklichen Feinde eines Menschen sind seine eigenen negativen Gedanken.

Die Haltungen, die sich aus der Kenntnis des Gesetzes des Fließens ergeben, lassen sich wie folgt zusammenfassen:

Offenheit und eine Willkommenskultur gegenüber dem Prozess der Veränderung in Ihrem Leben, der genauso unvermeidlich ist wie das Aufgehen der Sonne an jedem Morgen.

Ein Bewusstsein für die Endlichkeit aller Prozesse in dieser irdischen, dreidimensionalen Existenz. „This too will pass."

Großzügigkeit und Geberfreude gegenüber allen Menschen aus dem Bewusstsein heraus, dass dies ein reiches Universum ist und wir mit unbegrenzter Schöpferkraft ausgestattet sind. Beobachten

Sie auch wie alles, aber wirklich alles, was Sie geben, um ein Vielfaches zu Ihnen zurückkehrt.

Ein Gefühl für die Schwingungen und Zyklen des Lebens, die sich in allem offenbaren, und das Gehen mit dem „Flow".

Eine schmunzelnde Akzeptanz aller Ereignisse in unserem Leben in der Gewissheit, dass dies ein intelligentes, liebevolles Universum ist, das immer alles zum Besten wendet, auch wenn dies nicht immer auf den ersten Blick erkennbar wird.

6. Das Gesetz der Bewusstheit

Denn das ist eben die Eigenschaft der wahren Aufmerksamkeit, dass sie im Augenblick das Nichts zu allem macht.

Johann Wolfgang von Goethe

Das Gesetz der Bewusstheit, das auch das Gesetz der Achtsamkeit und das Gesetz des Aufwachens genannt werden kann, habe ich schon mehrfach erwähnt. Es handelt sich hier im Wesentlichen um eine tägliche Praxis, die Ihnen die Möglichkeit geben wird, liebe Leserin und lieber Leser, Ihr Leben grundlegend zu verändern und Ihren täglichen Glücksspiegel sozusagen dauerhaft anzuheben.

Kurz gesagt, geht es darum, sich zweier Dinge bewusst zu sein, einmal der Tatsache, dass wir spirituelle Wesen sind, und zum anderen, dass nur das Hier und Jetzt von Bedeutung ist, während Vergangenheit und Zukunft keine Bedeutung für unsere Existenz auf dieser Erde besitzen. Bewusstheit bedeutet auch gleichzeitig das Gegenteil von Schlafwandeln. Ein bewusst lebender Mensch nimmt jeden Augenblick in seiner ganzen Fülle und Schönheit auf.

Es sind zwei spirituelle Lehrer, die in erster Linie mein Verständnis für das Gesetz der Gegenwart geschärft haben: Eckhart Tolle und der vietnamesische Mönch Thich Nhat Hanh. Beide habe ich schon mehrfach erwähnt. Eckhart Tolle schrieb schon vor vielen Jahren das Jahrhundertbuch „Die Macht des Jetzt", das inzwischen über vier Millionen Mal verkauft wurde. Thich Nhat Hanh hat sich dem Thema vor allem unter dem Gesichtspunkt der Achtsamkeit genähert. Ich hatte auch, wie schon erwähnt, zwei Mal die Gelegenheit, an von Thich Nhat Hanh geleiteten „Retreats" in dem von ihm im Südwesten Frankreichs gegründeten Kloster teilzunehmen.[35]

Worum geht es hier nun genau? Wie lautet das Gesetz der Bewusstheit und welche Handlungsempfehlungen ergeben sich aus dem Gesetz?

Es geht darum, dass die meisten Menschen in unserer Gesellschaft ihren Weg verloren haben und schlafwandeln. Wie schon oft betont, sind wir Menschen in erster Linie spirituelle Wesen. Wir sind Wanderer zwischen zwei Welten. Wir haben uns entschieden, uns zu inkarnieren, weil wir die besondere Erfahrung der irdischen Existenz machen wollten. Zu diesem Zweck haben wir uns darauf eingelassen, unsere wahre Natur zu vergessen, haben uns darauf eingelassen, ein irdisches Umfeld zu erschaffen und im Laufe der Zeit überhaupt vergessen, dass dieses Umfeld von uns selbst (zusammen mit anderen) erschaffen wurde und dauernd erschaffen wird. Damit soll nicht gesagt sein, dass dieses Umfeld nicht auch einen Wert hat. Erst die irdische Situation macht es uns möglich, den Prozess des Schöpfens zu erfahren und uns weiterzuentwickeln. Aber es ist eben eine selbstgeschaffene Welt. Bei diesem Gesetz geht es darum, sich dieser Tatsache bewusst zu werden und wieder den Weg zu unserem wirklichen, unserem höheren Selbst und einer anderen, höheren Realität zurückzufinden, einer Realität, die durch weise Stille, tiefe Freude, unendlichen Frieden und unbegrenzte Liebe gekennzeichnet ist. Wenn es uns gelingt, diese Realität zu erfahren, zu erspüren, ist das Wandern in der Fremde vorbei, wir kommen heim.

---

35 Erst in jüngerer Zeit kam ich mit Jon Kabat-Zinn, einem anderen sehr bedeutenden Lehrer zum Thema Achtsamkeit in Berührung. Er gründete an der Universität von Massachusetts das „Center for Mindfulness in Medicine, Health Care and Society" – das Zentrum für Achtsamkeit in Medizin, Gesundheitsversorgung und Gesellschaft und kann auf eindrucksvolle statistisch gut belegte Heilerfolge hinweisen. Jedem, der sich für eine rasche und eindrucksvolle Einführung zum Thema Achtsamkeit interessiert, kann ich die auf Youtube verfügbaren Interviews mit Jon Kabat-Zinn sehr empfehlen.

Viele Bilder sind gebraucht worden, um diese andere, höhere Realität zu beschreiben. Mir kommt in dem Zusammenhang immer das Bild eines Ozeans in den Sinn, das Bild eines Ozeans, der gekennzeichnet ist durch Stille, Weite, Freude, Frieden, Weisheit und mehr als alles andere durch umfassende Liebe. Wenn es uns gelingt, in diesen Ozean einzutauchen, fühlen wir, dass wir geliebt sind, geliebt werden, so wie wir sind, und dass wir gar nichts zu tun haben, um uns dieser Liebe als würdig zu erweisen oder sie zu verdienen. Wir sind Gottes Kinder, wir sind von ihm erschaffen, sind ein Teil von ihm, und all unsere Probleme lösen sich auf, wenn wir dies erkennen. Uns wird auch klar, dass wir in unserem innersten Kern Liebe sind, dass Liebe eine „Himmelskraft" ist, die alles erschaffen hat und alles am Laufen hält.

In allen Kulturkreisen hat es Menschen gegeben, die diese Erfahrung des Einsseins mit allem, was ist, und des Empfindens dieser unbegrenzten Liebe beschrieben haben. Mir kommt dabei die Beschreibung in dem Buch von Paramahansa Yogananda, *„Autobiographie eines Yogi"*, in den Sinn[36].

Meditation kann zu dieser Erfahrung führen. Auch extremes Unglücklichsein, wie es zum Beispiel Eckhart Tolle beschreibt. Häufig wird diese Erfahrung besonders intensiv von Menschen in Todesnähe gemacht. Eines der eindrucksvollsten Zeugnisse zu diesem Thema stammt von Anita Morjani, die darüber ein Buch mit dem Titel *„Dying to be me"* – *„Sterben, um ich selbst zu sein"*[37] – geschrieben hat.

In diesem Kapitel geht es weniger darum, dieses Eintauchen in das große Meer der Freude, des Friedens und der Liebe in seiner vollsten und reinsten Form zu erfahren, als vielmehr darum, sich zunächst einmal aus dem Stadium des Schlafwandelns zu lösen und zu befreien. Wenn Sie die in diesem Kapitel beschriebenen

---

36 S. 158
37 S. 65

Schritte zuerst zaghaft und später bestimmt und regelmäßig beschreiten, wird es Ihnen eines Tages wie Schuppen von den Augen fallen, Sie werden erkennen, dass unsere moderne Welt dem Kaiser ohne Kleider gleicht und Sie werden sagen: „Wie habe ich mich doch schrecklich verlaufen." Schritt für Schritt, zuerst nur für kurze Augenblicke, später für längere Zeiten, werden sie erkennen, dass sie angekommen sind, dass der Himmel sich nicht irgendwo in weiter Ferne, am fernen Firmament befindet, sondern hier und jetzt. Wir empfinden dann, dass das Leben heilig ist, dass wir ein Teil dieses heiligen Lebens sind und dass alles andere in unserer Welt auch Teil dieses heiligen Lebens ist. Die Pflanzen, die Tiere, die Sonne und die Sterne, sie sind alle Teil des Lebens. Wir sind alle eins. Wenn wir das fühlen und empfinden, dann versetzt uns das in eine gewisse Begeisterung, eine Ekstase. Wir spüren, dass es etwas Größeres, Tieferes in uns gibt als den Verstand.

Dinge und Umstände können uns Vergnügen verschaffen, aber sie bringen immer auch Leid. Dinge und Umstände können uns Vergnügen verschaffen, aber sie bringen uns keine Freude. Nichts kann uns Freude bringen. Freude ist ohne Ursache und steigt aus dem Inneren als Freude des Seins auf. Sie ist ein essenzieller Anteil des inneren Zustandes von Frieden. Dieses Befinden wird der Friede Gottes genannt. Es ist unsere natürliche Beschaffenheit, nicht irgendetwas auf das wir hinarbeiten oder das wir uns erkämpfen müssen. Manche Traditionen sprechen in diesem Zusammenhang von Erleuchtung

Um es nochmals in anderen Worten, in den Worten von Eckhart Tolle zu sagen:

„Erleuchtung ist ganz einfach dein natürlichen Zustand von empfundener Einheit mit dem Sein. In diesem Zustand bist du mit etwas Unermesslichem und Unzerstörbarem verbunden, mit etwas, das paradoxerweise du selbst bist und das zugleich etwas viel Größeres ist als du. Es geht um das Entdecken deiner wahren Natur jenseits von Name und Form. Die Unfähigkeit zu fühlen, dass du derartig verbunden bist, führt zur Illusion von Trennung. Trennung von uns selber und von deiner Umwelt. Dann nimmst du dich selbst, bewusst oder unbewusst, als ein isoliertes

Fragment wahr. Angst entsteht, innere und äußere Konflikte werden die Norm. Das Sein ist das ewige, immer gegenwärtige Eine Leben jenseits der unzähligen Erscheinungen, die Geburt und Tod unterworfen sind. Doch das Sein befindet sich nicht nur jenseits von Formen, sondern auch tief im Inneren der Formen als ihre innerste, unsichtbare und unzerstörbare Essenz. Das bedeutet, das Sein ist jetzt zugänglich für dich, es ist unser eigenes, tiefstes Selbst, unsere wahre Natur. Aber versuche nicht, es mit dem Verstand zu erfassen. Du erfährst es nur, wenn der Verstand still ist. Wenn du gegenwärtig bist, wenn deine Aufmerksamkeit voll und ganz auf das Jetzt gerichtet ist, dann wird das Sein spürbar, aber es entzieht sich dem Begreifen des Verstandes".

Bei dem Gesetz der Bewusstheit geht es darum, das Bewusstseins des Seins wiederzuerlangen, einen Zustand fühlenden Erkennens zu erreichen und in ihm zu verweilen. Wenn uns dies gelingt, sind wir, wie schon gesagt, daheim.

Es sind im Wesentlichen drei eng miteinander verknüpfte Faktoren, die uns in der Illusion gefangen halten und uns den Weg zu unserem wahren Sein versperren. Wir sind Sklaven unseres Denkens, erliegen der Illusion der Zeit und lassen uns von unserem Ego manövrieren.

Ungefähr 60 000 Gedanken schießen den meisten Menschen täglich durch den Kopf. So wie ein beständig laufender Text im unteren Teil mancher Fernsehsender folgt ein Gedanke dem anderen. Manche liebgewordenen Gedanken wiederholen sich häufig. Während Zeiten des Stresses pflegen unsere Gedanken sich zu überschlagen. Wenn wir glauben, einen schweren Fehler gemacht zu haben, kehren unsere Gedanken unweigerlich zu diesem zurück. „Wenn ich das doch nur ungeschehen machen könnte", denkt unsere Denkmaschine.

Als ich in jungen Jahren glaubte, einen schweren Fehler gemacht zu haben, wurden meine Gedanken zu meinen Peinigern. Unaufhörlich kreisten sie um meinen Fehler, bis sich Kopfschmerzen und eine Depression einstellten.

Auch stetiges Urteilen, Verurteilen und Schuldzuweisen sind typische Verhaltensweisen unseres unkontrollierten Verstandes.

Der ständige Fluss von Kommunikationen, der unsere moderne Welt charakterisiert, verstärkt den Druck, der auf uns lastet.

Studien haben gezeigt, dass Menschen, die extrem risikoreiche Sportarten betreiben, zum Beispiel das Klettern an senkrechten Felswänden ohne Seil, dies tun, um jedenfalls für einige Augenblicke der Tyrannei ihres Denkens zu entrinnen. Ihre Aufmerksamkeit ist so sehr auf den nächsten Schritt, den nächsten Griff, aufs Überleben konzentriert, dass für einige Augenblicke der Gedankenfluss stoppt.

Jenseits des Denkens gibt es einen Ozean der Intelligenz und der Kreativität. Das Potenzial unseres Denkens, unserer Denkmaschine sozusagen, ist sehr begrenzt und große tiefe Weisheiten kommen eben nicht vom Denken. Die Menschheit verwendet unnötigerweise unendlich viel Energie auf das Denken. Es ist wie eine Maschine, deren Zahnräder sich im Leeren drehen, ohne irgendetwas zu bewirken. Wahre Kreativität kommt nicht vom Denken und wenn wir wirklich kreativ sein wollen, müssen wir ständig zwischen dem Denken und dem Nicht-Denken hin- und herwechseln, das heißt, wir müssen uns für den Fluss der Weisheit und der Energie aus jenem Ozean, den ich schon vorher mehrfach erwähnte, öffnen.

Wenn wir den Fluss unserer Gedanken beobachten, bemerken wir, dass diese überwiegend um die Vergangenheit oder Zukunft kreisen. Seit Albert Einstein wissen wir, dass weder eine absolute Zeit noch ein absoluter Raum existieren. Während ihres Nahtoderlebnisses wurde sich Anita Morjani der Tatsache bewusst, dass auf einer höheren Existenzebene oberhalb der irdischen Dimension alles gleichzeitig geschieht. Es gibt keine Vergangenheit und keine Zukunft.

Zeit ist ein von Menschen geschaffenes Konstrukt, eine Vereinbarung, die uns hilft, unser Leben zu organisieren, zum Beispiel, wenn wir uns mit einem Freund verabreden oder einen bestimmten Zug benutzen wollen. Eckart Tolle trifft eine sehr hilfreiche Unterscheidung zwischen Kalenderzeit und psychologischer Zeit. Kalenderzeit wird bewusst für praktische Zwecke mit guten, praktischen Ergebnissen eingesetzt, um praktische

Elemente unseres Tageslaufes zu organisieren. Psychologische Zeit spielt sich vorwiegend in unserem Kopf ab. Unsere Gedanken kreisen um überwiegend negative Ereignisse in der Vergangenheit und vorgestellte Szenarien in der Zukunft. Studien haben gezeigt, dass ein Großteil der wirtschaftlich doch vergleichsweise wirklich gut aufgestellten und abgesicherten Bürger Deutschlands von massiven Sorgen um die Zukunft geplagt wird. Tatsächlich existiert die Vergangenheit nur in unserem Kopf, genau wie die Zukunft. Im Englischen bedeutet das Wort „Present" zugleich Gegenwart und Geschenk. Diesen doppelten, tieferen Sinn bringt das folgende englische Sprichwort zum Ausdruck:

The past is history
The future is mystery,
All we have ist the Now.
That's why wie call it a Present.

Auf Deutsch: „Die Vergangenheit ist Geschichte, die Zukunft ist ein Mysterium. Alles, was wir haben, ist das Jetzt. Deswegen nennen wir es ein Geschenk."

Die Tyrannei unserer Gedanken, die in der Vergangenheit und Zukunft weilen, raubt uns den Kontakt mit dem Einzigen, was wirklich zählt, dem goldenen Augenblick des Jetzt, in dem sich unser ganzes Leben abspielt.

Tatsächlich ist unser Erleben von Zeit äußerst flexibel. Wenn wir im Behandlungsstuhl des Zahnarztes sitzen und dieser bohrt, erscheinen uns fünf Minuten wie eine kleine Ewigkeit. Befinden wir uns aber bei einem freudigen Ereignis, wie zum Beispiel einem Picknick mit Freunden im Park, so verfliegt ein ganzer Tag so, als wären es nur wenige Augenblicke gewesen.

Haben Sie sich jemals das Paradoxon der Zeit klargemacht? Zeit erstreckt sich zwischen Vergangenheit und Zukunft, die keine objektive Realität besitzen. Zeit ist eine Übereinkunft, eine Konvention von Denken und Sprache, eine soziale Vereinbarung. In anderen Worten: Zeit existiert, weil wir sagen, dass sie existiert. Zeit ist wie ein Film unseres Lebens, der aus

Einzelaufnahmen besteht, die vor einer Linse vorbeigeführt werden. Jede Aufnahme ist, wo Sie sich gerade befinden, aber die Einzelaufnahmen scheinen sich zu bewegen. Sie können sich in ihren Gedanken und Vorstellungen in das projizieren, was Sie Vergangenheit oder Zukunft nennen, aber Sie können in keinem anderen Augenblick leben als dem gegenwärtigen. Was Sie gestern, vorgestern oder im letzten Jahr getan haben, ist nun verschwunden, existiert nur noch in Ihren Gedanken. Was noch vor uns liegt, ist nur ein Traum. Wir haben nur diesen einen wunderbaren, einmaligen, ruhmreichen Augenblick des Jetzt.

Ist Ihnen bewusst, dass Ihr Gefühl, die Zeit verginge, nichts anderes ist als eine Reihe von Eindrücken und Erinnerungen, die im jetzigen Augenblick geschehen? Das Bedauern eines vergangenen Geschehnisses ist ein Eindruck, der jetzt stattfindet. Auf die Zukunft gerichtete Befürchtungen und Ängste besitzen keinerlei Realität außerhalb Ihres eigenen Denkens in diesem Augenblick, als Bilder, Geräusche, und Gefühle in Ihrer inneren Welt. Mit anderen Worten, Vergangenheit und Zukunft geschehen jetzt, so, wie Sie sie erschaffen. Zeit ist eine Abstraktion. Sie können das Gesetz der Bewusstheit auf sehr praktische Weise zur Anwendung bringen, um sich von Bedauern, Sorgen und Verwirrung zu befreien, indem Sie ihre Aufmerksamkeit auf den heiligen Augenblick des Jetzt zurückbringen, der jetzt und immer vor Ihnen liegt. Unsere Fähigkeit, unsere Aufmerksamkeit zum Hier und Jetzt zurückzubringen verbessert sich durch Übung und Praxis. Eines Tages wird es Ihnen gelingen, diesen „Switch" ganz leicht und natürlich zu vollziehen, so natürlich wie das Atmen.

Wenn ich auf mein Leben zurückblicke, muss ich gestehen, dass Vergangenheit und Zukunft während vieler Jahre eine ungeheuer wichtige Rolle gespielt haben. Die Vergangenheit, weil ich bestimmte Dinge, die ich getan oder nicht getan hatte, bereute, und natürlich auch wegen schöner Erinnerungen an positive Dinge. Die Beschäftigung mit der Zukunft lag in der Natur meiner Arbeit für die Vereinten Nationen. Es ging immer darum, eine bessere Zukunft zu erschaffen, die Armut zu verringern, Regierungssysteme zu verbessern, Korruption zu reduzieren. Planung an sich ist ja nichts Schlechtes. Städte und Verkehrssysteme müssen geplant werden. Das Problem bestand darin, dass ich die Tendenz vorauszudenken und zu planen auch auf alle Aspekte meines persönlichen Lebens ausdehnte. Das gab mir ein Gefühl der Sicherheit und Überlegenheit, auch gegenüber anderen Menschen. Die Kehrseite der Medaille besteht natürlich darin, dass ich der unmittelbaren Gegenwart, dem Hier und Jetzt, nur unzureichende Aufmerksamkeit schenkte. Ich war eben ein Schlafwandler. Planen für die Zukunft, der Realität immer einen Schritt voraus zu sein, wurde zu einer Art Obsession im beruflichen wie im persönlichen Bereich. Manchmal beschert das Leben uns Krisen, um uns zum süßen, einmaligen Augenblick des Jetzt zurückzuführen …

Das Konzept des Egos habe ich schon mehrfach erwähnt. Genauer gesagt gibt es zwei Egos, das weltliche und das höhere. Dem weltlichen Ego geht es vor allem um äußere Dinge, um die Anhäufung von materiellen Gütern, um Macht und Kontrolle. Das weltliche Ego basiert in erster Linie auf Furcht und Angst. Es kann mit einer aufblasbaren Puppe verglichen werden, die ihre Größe, ihre Kraft und auch ihr Aussehen nur behalten kann, wenn ihr von außen von Zeit zu Zeit Luft eingeblasen wird. Ohne eine derartige Einwirkung von außen würde sie auf die Dauer schlaff werden und in sich zusammensacken. Ihre ganze Existenz basiert auf einer Illusion. Angst und Furcht, letztendlich Furcht vor dem Tod, sind ihre Haupttriebfedern. Das weltliche Ego ist vollständig auf die äußere Welt ausgerichtet und bezieht sein Selbstwertgefühl ausschließlich durch äußere Anerkennung, Macht und materielle Dinge. Es sucht das Glück in der Realisierung von Zielen in der äußeren Welt, etwa Karriere, ein großes Haus und ein großes Auto.

Das höhere Ego stellt demgegenüber ein integrales, grundlegendes Element unserer irdischen Existenz da. Ein gesundes Selbstwertgefühl, ein gesundes Bewusstsein des eigenen Wertes als ein von Gott erschaffenes und geliebtes Kind, ist eine Vorbedingung für eine psychisch gesunde Existenz. Typischerweise durchläuft das höhere Ego der meisten Menschen diverse Zyklen der Veränderung im Laufe ihres Lebens. Wenn wir geboren werden, erschaffen von unserer Seele, stehen wir natürlich der Seele, unserem heiligen Selbst, sehr nah. Nicht selten stehen wir während dieser frühen Jahre auch in engem Kontakt mit geistigen Wesen wie zum Beispiel Engeln. Es ist absolut nichts Ungewöhnliches, wenn kleine Kinder Engel wahrnehmen. Unter dem Einfluss einer weitgehend materialistisch ausgerichteten Umwelt und Gesellschaft bewegen sich die Schwingungen der meisten Menschen in eine materialistisch geprägte Richtung, das heißt, sie schwingen sich auf ihre Umwelt ein. Krisen haben häufig eine aufrüttelnde Wirkung, die zuweilen zu innerer Einkehr und einer Annäherung an die Seele führen. Oft gewinnen die äußeren Einflüsse über die Jahre hinweg wieder mehr Gewicht und so entfaltet sich eine zyklische Entwicklung. Das Gesetz des Fließens, auch Gesetz des Rhythmus genannt, spielt sein Spielchen mit uns. Wenn wir uns unserem Lebensabend nähern, verlieren die äußeren Umstände in der Regel wieder an Gewicht und so schließt sich der Kreis.

Im Zusammenhang mit dem Gesetz der Bewusstheit geht es vor allen Dingen darum, dem Einfluss des weltlichen Ego Einhalt zu gebieten. Das weltliche Ego ist eine vom Verstand geschaffene Illusion, eine Scheinidentität. Wie schon gesagt hat unser Verstand die Tendenz, ein Eigenleben zu entwickeln. Er ist wie ein Tyrann, wie ein Herrscher, der die meisten Menschen beherrscht. Im Rahmen dieses Mechanismus wird uns vorgespiegelt, dass wir identisch mit unserem Verstand seien. Uns wird vorgespiegelt, wir seien nichts anderes als unser Verstand. Hand in Hand damit geht eine große Sorge um die fortdauernde Existenz dieses imaginären Selbst, des weltlichen Ego. Es ist vollständig auf die äußere Welt ausgerichtet und bezieht sein Selbstwertgefühl ausschließlich durch äußere Anerkennung, Macht und materielle Dinge. Das weltliche Ego möchte natürlich absolut nichts von der Seele wissen und möchte uns auch davon abhalten, mit unserer Seele in Kontakt zu treten. Dies erklärt das rastlose, unablässige Bemühen des weltlichen Egos, die Denkmaschinen in Gang zu halten und uns davon abzuhalten, innere Ruhe und Frieden zu erleben. Wenn es uns gelingt, den Denkprozess zu beobachten, wird uns automatisch deutlich, dass wir nicht der Denker sind. Wir sind der Beobachter des Denkprozesses, der Zeuge, der zuschaut, wie die Denkmaschine arbeitet und versucht, das Kommando zu übernehmen.

Thich Nhat Hanh hat eine Reihe von Meditationsmethoden entwickelt, um die Herrschaft der Denkmaschine und des Egos sowie das verhaftete Sein in der psychologischen Zeit zu überwinden. Das Achten auf den eigenen Atem spielt dabei eine wichtige Rolle. Wenn wir uns zum Beispiel beim Einatmen sagen: „Ich atme ein, ich weiß, dass ich atme", und beim Ausatmen: „Ich weiß, ich atme aus", gelingt es uns, unsere Aufmerksamkeit ganz auf unseren Körper und den Atmungsvorgang zu konzentrieren. Alle anderen Gedanken treten zurück. In diesem Zusammenhang hilft es, sich klarzumachen, dass die Bedeutung des Atems weit über die mechanische Aufnahme von Sauerstoff hinausgeht. Atem bedeutet zugleich Leben. Nicht ohne Grund spricht die Bibel in 1. Mose 2. Kapitel davon, dass Gott dem Lehmkloß Odem einhauchte, um ihn zum Leben zu erwecken und den Menschen Adam aus ihm zu machen. Durch bewusstes Atmen können wir zu jeder Zeit bewusst die Verbindung zum Leben im Sinne des großen Seins herstellen, von dem ich schon früher sprach. Jeder Atemzug wird dann zu etwas Heiligem.

Im Zuge der sogenannten Walking Meditation, der Geh-Meditation, kann man sich bei jedem Schritt sagen: „Ich bin zu Hause, ich bin angekommen, meine Heimat ist hier." In diesem einfachen Statement liegt eine große Kraft – die Realisierung, dass unser Glück, unser Heimkommen, nicht in einer fernen Zukunft liegt. Nein, es ist hier, jetzt, in diesem Augenblick. Es liegt vor unseren Füssen.

Im ersten Band der „Gespräche mit Gott" von Neale Donald Walsch wird dieser Prozess der Realisierung des Glücks durch ein kleines Wortspiel verdeutlicht: In dem Satz „Happiness is nowhere" fügen wir einen Abstand hinter „now" ein und der Satz lautet nun: „Happiness is now here!“ Das Glück ist schon da. Aus „Das Glück ist nirgendwo“ wird „Das Glück ist jetzt schon hier“.

Bewusstmachung ist auch der Schlüssel zur Überwindung des weltlichen Egos. Zu allen Zeiten suggeriert uns dieses fiktive Selbst, dass das Glück darin bestände, Erfolge in der äußeren Welt zu erringen. Sich dieser Stimme bewusst zu werden, heißt auch schon, sie zu entmachten. Es gelingt uns dann, in unserem inneren Dialog das Ego mal ernst und mal scherzhaft in seine Schranken zu weisen und der leisen Stimme unserer Seele Gehör zu verschaffen. Gewohnheiten spielen dabei eine große Rolle, so banal es auch klingen mag. Mein an sich banaler Vorsatz, an jedem Tag so früh wie möglich so viel Liebestaten wie möglich auszuführen, hat in nicht unerheblicher Weise mein Bewusstsein verändert.

Thich Nhat Hanh versteht es auf wunderbare Weise, Achtsamkeit zu lehren. Er lehrt uns, bewusst und achtsam bei allen kleinen und großen Verrichtungen unseres täglichen Lebens zu sein, beim Atmen, beim Zähneputzen, beim Essen einer Orange und beim Abwaschen unseres Geschirrs. Wenn Sie einen Augenblick innehalten, liebe Leserin und lieber Leser, und sich selbst beobachten, werden Sie vermutlich wahrnehmen, dass Ihre Gedanken bei all diesen täglichen Verrichtungen ganz woanders sind. Zähneputzen und Geschirrwaschen sind zwei besonders gute Beispiele. In der Regel sind unsere Gedanken, wenn wir derartige Handlungen ausführen, bei etwas ganz anderem, etwa in unserer Zukunft.

Achtsamkeit ist ein großartiges, wunderbares Konzept, das es uns ermöglicht, jeden Augenblick unseres Lebens bewusst wahrzunehmen und zu genießen. Wie Thich Nhat Hanh sagt, besteht das Wunder des Lebens nicht darin, dass jemand über Wasser geht, sondern darin, dass es uns erlaubt ist, über diese wunderbare Erde zu gehen und die Schönheit der Natur wahrzunehmen, die Blumen, die Bäume, die Sonne, die Sterne. Diese Erde ist einfach von überwältigender Schönheit.

Ein weiterer Gesichtspunkt der Achtsamkeit bezieht sich auf Intuition. Davon haben wir auch schon kurz gesprochen. Jeder

Mensch ist mit Intuition ausgestattet. Wir haben nicht nur unsere bekannten fünf Sinne, sondern auch den Sinn der Intuition. Sinn im Sinne von Verbindung zu etwas, was außerhalb unseres Körpers liegt. Die Intuition fließt uns über unsere Seele aus dem großen Ozean des Wissens zu, der wiederum identisch mit dem Ozean der Liebe ist. Dieser ist gleichzeitig auch ein Ozean des Wissens und der Weisheit. Sehen Sie, liebe Leser, wie hier alles zusammenkommt? Wenn wir uns bewusst mit dem Ozean der Liebe verbinden, dann fließen uns zugleich wichtige Informationen zu, die wir gemeinhin als Intuition bezeichnen. Wir haben plötzlich „das Gefühl", das etwas getan werden sollte, dass es eine bestimmte Gefahr gibt, dass es richtig wäre, sich in einer bestimmten Weise zu verhalten. Wie auch schon früher betont, ist es äußerst wichtig, dieser inneren Stimme Gehör zu schenken. Eigentlich wissen wir tief in unserem Inneren immer ganz genau, was das Richtige ist. Natürlich hängen unsere Verhaltensweisen mit unserer Gesamtentwicklung zusammen. Es macht keinen Sinn, sich zu sehr zu etwas zu zwingen, zu sehr über seinen eigenen Schatten springen zu wollen.

Das gilt zum Beispiel auch für das Thema des Spendens. Es ist richtig, Spenden so zu dosieren, dass sie Ihnen Freude schenken und Ihnen nicht das Gefühl geben, dass Sie zu große Opfer bringen und dadurch in Unsicherheit verfallen. Dies ist ein ganz wichtiger Punkt. Spenden und überhaupt Taten der Liebe, Taten, die man für andere Menschen ausführt, müssen in Einklang mit dem eigenen, inneren Entwicklungsstand stehen. Grundsätzlich kann man aber sagen, dass es sich besonders lohnt, auf die innere Stimme zu hören, wenn jemand direkt auf Sie zukommt, Sie direkt um etwas bittet. Es lohnt sich auch, sich in die innere Position des Bittstellers zu versetzen. Unsere Seele kommuniziert mit uns auf vielerlei Weise. Und schließlich haben Sie, liebe Leserin und lieber Leser, nach der Lektüre dieses Buches ohnehin bewussten Zugang zu den unbegrenzten Ressourcen des Universums. Vergessen Sie es nie mehr: Dies ist ein reiches Universum. Es gibt genug für uns alle. Wir alle sind nur ein Kanal, durch den die unbegrenzten Güter des Universums fließen, und was immer wir geben, kommt unweigerlich um ein Vielfaches zu uns zurück.

Nie werde ich den Augenblick vergessen, als ich einem Vietnamveteranen, der beide Beine im Krieg verloren hatte, am Fuß einer Subway-Station in New York einen Ein-Dollar-Schein in seinen Pappbecher schob. Er war so begeistert, dass er rief: „Bless you brother, God bless you", immer wieder, bis ich schon um die nächste Ecke bog … und das wegen eines Dollars …

Die Intuition, unsere innere Stimme, bedient sich vielerlei Mittel der Kommunikation. Sie kann Nachrichten über Gespräche, Bücher, Filme Radio- und Fernsehprogramme und natürlich das Internet übermitteln. Wayne Dyer hat ein ganzes Buch zu diesem Thema mit dem Titel „I can see clearly now – Ich kann jetzt klar sehen" geschrieben. Darin zeichnet er sein gesamtes Leben nach und stößt immer wieder auf Weggabelungen, an denen ihn seine innere Stimme veranlasste, eine ungewohnte, scheinbare risikoreiche Route einzuschlagen, die ihn im Endeffekt aber in seiner spirituellen Entwicklung weiterbrachte.

Regelmäßige Meditation kann ein Weg sein, um aus dem Labyrinth des täglichen Schlafwandelns herauszufinden, zurück zu unserem heiligen Selbst. Achtsamkeit ist letztendlich nichts anderes als ein Prozess kontinuierlicher Meditation. Der Achtsame sieht das Göttliche in jeder Blume am Weg, in den Sonnenstrahlen auf dem Haar seiner Geliebten, in jedem Windhauch. Er erkennt auch den göttlichen Willen in allem und überlässt sich freudig zu jedem Zeitpunkt der göttlichen Führung. In der Gegenwart zu sein heißt glücklich sein. Es bedeutet, in jedem Augenblick das Wunder des Lebens wahrzunehmen. Es heißt auch, in jedem Augenblick danach zu trachten, andere glücklich zu machen. Wenn wir nur wollen, können wir geradezu Glückserschaffungsmaschinen sein, Menschen, deren primäre Funktion darin besteht, andere und sich selber fortlaufend im Einklang mit dem Gesetz der Anziehungskraft glücklich zu machen: Glück zieht Glück an!

Seien Sie sich immer der Tatsache bewusst, dass Sie mit etwas Großem, Heiligem verbunden sind. Sie sind mit etwas verbunden, was viel größer als Ihr Verstand ist. Dieses Bewusstsein, dass Ihr Verstand nicht alles ist, ist außerordentlich wichtig. Machen Sie sich immer klar, dass die Weisheit, das große Wissen, immer durch sie hindurchfließt, unabhängig von Ihrem Verstand. Es kommt darauf an, sich mit der Stille zu verbinden. In der Stille liegt große Macht. In der Stille liegt große Kraft. Es liegt nur an Ihnen, den Ozean der Schöpferkraft anzuzapfen. Nicht ohne Grund haben beide, Thich Nhat Hanh und Eckhart Tolle, wichtige Bücher über das Thema Stille geschrieben. „Sei still und wisse, dass ich Gott bin", sagt die Bibel.

Ein sehr erfreulicher und praktischer Aspekt des Gesetzes der Bewusstheit besteht darin, dass seine Anwendung die Verrichtung aller Aufgaben des täglichen Lebens auf außerordentliche Weise erleichtert. Grundsätzlich gibt es immer zwei Arten eine Aufgabe anzugehen: (a) Man kann sich, von einer Aufgabe zur anderen eilend, sozusagen gleich kopfüber hineinstürzen und hoffen, dass alles glattgeht, oder (b) man kann zunächst etwas Luft holen, tief durchatmen, sich zentrieren und geistig auf die Aufgabe ausrichten, die vor einem liegt, bei gleichzeitiger Visualisierung der Ergebnisse und Aufrechterhaltung der Achtsamkeit durch den gesamten Prozess der Verrichtungen. Nach meiner Erfahrung bringt der zweite Ansatz dramatisch bessere Resultate als der erste, was auch nicht überraschen kann, wenn man sich an die Grundsätze erinnert, die zum zweiten spirituellen Gesetz, dem Gesetz der Realisierung von Zielen, schon erwähnt wurden. Was neu ist und hier noch dazukommt, ist der Gesichtspunkt der Achtsamkeit durch den gesamten Prozess, vom Einstimmen bis zur Vollendung.

Sehen Sie die Weite, die gewaltige Weite eines jeden Tages vor sich. Jeder Tag birgt ungeheure, einmalige Möglichkeiten. Er kehrt nie wieder. Jeder Tag hat 24 Stunden. Begreifen Sie, was das bedeutet? Ich meine nicht, dass Sie im Sinne von höchster Effizienz oder Effektivität arbeiten sollten, wie das in unserer Management-Literatur besprochen und diskutiert wird. Ich meine es im Sinne des Erfahrens des Lebens in seiner ganzen

Süße, in seiner Einmaligkeit. Jeder Augenblick ist einmalig. Zum Beispiel das Federballspiel mit Ihrer Geliebten. Die Sonne auf ihrem Haar. Der Anblick der Bäume. All dies ist uns geschenkt und geschickt. Genießen Sie es bewusst. Genießen Sie auch die Weisheiten, die Bücher voller Weisheiten, die Ihnen geschickt wurden und werden. Wir leben in einer Zeit, in der uns täglich erstaunliche Weisheiten und Offenbarungen zuteilwerden.

Ein anderes Bild, das ich liebe, ist das Bild einer Violine. Sie sind wie eine Violine und das Universum spielt auf Ihnen. Sie sind gestimmt und stellen sich zur Verfügung, um wunderbare Melodien zu spielen. Sagen Sie sich an jedem Tag: „Ja, ich will eine wunderbare Violine sein und wunderbare Melodien der Liebe spielen." So ein Tag kann viele verschiedene Formen annehmen. Er kann wie eine schnurgerade Asphaltstraße sein, auf der Sie mit Höchstgeschwindigkeit entlangdonnern, oder wie ein verwunschener Pfad im Walde oder am Rande des Meeres. Es liegt ganz bei Ihnen, was für Eckpunkte Sie setzen. Was wichtig ist, ist, in jedem Augenblick gütig und liebevoll zu sein und nicht zu verletzen. Dann wird jeder Tag, jeder Augenblick, zu einem einmaligen Kunstwerk. Dann können Sie am Ende des Tages auf das Kunstwerk dieses Tages zurückblicken. Tun Sie das, blicken Sie täglich auf das Kunstwerk des Tages zurück!

Der Umgang mit Tieren kann uns lehren, mehr im Hier und Jetzt zu sein. Tiere denken nicht an die Zukunft. Es gibt Tiere, die Vorsorge für die Zukunft treffen. Das ist aber ein rein instinktives Verhalten. Die Bienen, die zum Beispiel Honig für die Zukunft produzieren und sammeln, tun das instinktiv. Sie denken nicht darüber nach. Das gilt auch für Biber, die ganze Kolonien unter Wasser bauen oder Vögel, die ihre Nester bauen. Sie folgen einfach einem inneren Instinkt. Mein Hund Blacky denkt mit Sicherheit nicht an seine Zukunft. Er lebt vollständig im Jetzt. Wie ich täglich sehen kann, ist er total glücklich, wenn ich ihn begrüße, und er kann das auch sehr deutlich zum Ausdruck bringen. Er ist dann wie verrückt, drückt seinen Kopf in meine Hand, streckt seine Pfoten aus und ist völlig außer sich vor Begeisterung. Hunde können uns noch etwas anderes, noch Wichtigeres lehren: die absolute, bedingungslose Liebe.

Zwei Katzen, die auch zu unserem Haushalt gehören, bringen ihr Im-Hier-und-Jetzt-Sein auf ganz andere Weise zum Ausdruck. Wenn sie sich auf den Rücken rollen und mich dazu auffordern, mit ihnen zu spielen, wenn sie genießerisch die Augen schließen, während ich sie kraule, kann ich fühlen, wie sehr ihr gesamtes Sein auf diesen einen glorreichen Augenblick konzentriert ist.

Auch das Innehalten gehört hierher. Einfach innezuhalten, zu stoppen, mit dem was wir gerade tun oder denken. In Anlehnung an eine Praxis, mit der ich in Plum Village, dem Kloster Thich Nhat Hanhs, in Berührung kam, habe ich eine einfache Software auf meinem Computer installiert, die alle halben Stunden eine Tempelglocke erklingen lässt. Wenn ich den dreimaligen Ton der Tempelglocke höre, halte ich mit allem inne, was ich gerade tue, gehe nach innen, atme bewusst, fühle das Energiefeld meines Körpers und mache einen Schritt in Richtung Ozean der Stille, der Freude, der Liebe und des Friedens.

Zum Abschluss möchte ich mit Ihnen noch drei persönliche Erlebnisse teilen, bei denen es um einige der Hauptaspekte des Gesetzes der Bewusstheit geht.

In den frühen Neunzigerjahren unternahm ich eine Dienstreise nach Nepal. Das Land hatte mich immer schon in seinen Bann gezogen. Ein mehrtägiger Projektbesuch führte mich und meine Kollegen vom örtlichen Feldbüro des UNDP in die herrliche Bergwelt. Den ganzen Tag über sahen wir die schneebedeckten Gipfel des Himalaya. Sie leuchteten in der Sonne. Es ging durch farbenprächtige Auen. Dorfbewohner begrüßten uns mit Blumen und Früchten. Einige Bauern kamen uns mit geschwungenen Hörnern entgegen und spielten auf, um uns zu begrüßen. Rote Tikkas wurden uns auf die Stirn gedrückt, um das dritte Auge zu markieren. Auch rotes Pulver wurde über uns ausgeschüttet. Es war ein Tag der Freude und des Feierns gerade auch für mich, weil ich persönlich dieses Projekt, um das es ging, von New York aus initiiert hatte. Meine Gedanken aber kreisten die ganze Zeit nur um ein besonderes Problem, das ich mir selbst geschaffen hatte. Ich hatte mich dazu hinreißen lassen, einen Kredit für eine Wohnung aufzunehmen, die mir jetzt ganz und gar unerschwinglich schien. Das UNDP befand sich in einer Krise. Plötzlich stand die Sicherheit meines Jobs infrage. Meine Gedankenmaschine hatte mich völlig in ihrem Griff. Die äußere Schönheit vermochte mich in keiner Weise aus dieser Sklaverei der Denkmaschine zu befreien.

Eine genau gegenteilige Erfahrung steht mir auch klar vor Augen. Im Jahre 2016 wanderte ich eine Woche lang mit meinem ältesten Sohn Lutz auf der Insel Sizilien. Den Höhepunkt unseres Programms bildete eine Wanderung auf den Flanken des Berges Ätna. Es war während dieses langsamen Aufstiegs über große Aschefelder, als es mir gelang, in besonderem Maße Achtsamkeit zu praktizieren. Die Wanderung zog sich länger hin, als wir ursprünglich erwartet hatten. Mein Sohn wurde schon etwas nervös. Ich sah hier eine besondere Möglichkeit, Achtsamkeit zu praktizieren. Bei jedem Schritt sagte ich mir: „Ich bin hier, ich bin angekommen, was für ein Glück, dass ich diesen Schritt machen kann." Und wirklich gelang es mir, meine Aufmerksamkeit in jedem Augenblick auf diesen einzelnen Schritt zu richten. Das ganze übliche Getöse, das übliche Hintergrundgeräusch des Denkens wurde auf diese Weise ausgeschaltet, meine Augen wurden für die Schönheit des Augenblicks geschärft, für die einmaligen Lavaformationen, die sich wie Spritzgebäck oder Pasta über die Flanken des Ätna ergossen hatten. Zeit spielte keine Rolle mehr. Ich hätte noch ewig so weiterwandern können. Auch beim Abstieg blieb diese besondere Wachheit erhalten. Grüne Kissen von Gebirgspflanzen umgeben von kreisförmig angeordneten roten Blümchen begeisterten mich in ihrer Lebhaftigkeit und Klarheit. Irgendwie hatte ich das Gefühl, dass das Universum sie in ganz besonderer Weise hier so angeordnet hatte, um mein Herz zu erfreuen. Noch heute, viele Monate später, lacht mein Herz und stehen mir Bilder der Blumen wieder lebhaft vor meinen Augen, wenn ich an das Erlebnis denke.

Eine ganz ähnliche Erfahrung machte ich im selben Jahr auf dem Jakobspfad, dem Camino, im äußersten Nordosten Spaniens. Das gleichförmige Gehen über große Entfernungen und viele Tage hinweg hatte eine bewusstseinsverändernde Wirkung. Der Wanderer auf dem Camino schirmt sich bewusst von den üblichen Nachrichten und Reizen ab, wie sie zum Beispiel vom Fernsehen und anderen Medien ausgesendet werden. Er unternimmt die Wanderung, um nach innen zu gehen, um sich selber, sein höheres Selbst zu finden. Er muss sich zwangsläufig auf einfache Dinge konzentrieren, etwa das Wandern, Blasen an den Füßen, Unterkunft und Essen. Außerdem gibt es natürlich spirituelle Helfer, die besonders entlang des Camino zur Verfügung stehen. All dies wirkt zusammen, um die Macht der Denkmaschine zu reduzieren und auch das Auge für die Schönheit der Natur zu schärfen. Dabei geht es um nichts anderes als darum, den göttlichen Geist in allem zu sehen.

Dinge und Umstände können uns Vergnügen verschaffen, aber sie bringen uns keine Freude. Nichts kann uns Freude bringen. Freude ist ohne Ursache und steigt aus dem Inneren als Freude des Seins auf. Sie ist ein essenzieller Anteil des inneren Zustandes von Frieden. Dieses Befinden wird der Friede Gottes genannt. Er ist Ihre natürliche Beschaffenheit, liebe Leserin und lieber Leser, nicht irgendetwas, auf das Sie hinarbeiten oder das Sie sich erkämpfen müssen. Wanderungen auf dem Camino können uns helfen, diesen Frieden Gottes zu erfahren.

7. Das Gesetz von Ursache und Wirkung

Was der Mensch sät, das wird er ernten!

Galater 6, 7

Das Gesetz von Ursache und Wirkung, das auch das Gesetz des Karmas und das Gesetz der Gerechtigkeit genannt wird, verkörpert ein uraltes Prinzip, das die Menschheit schon seit eh und je kennt. Hinweise darauf finden sich in allen großen Religionen und Weisheitslehren. Auf eine kurze Formel gebracht besagt dieses Gesetz, dass jeder Gedanke und jede Tat eine Kausalkette in Bewegung setzt, die ein entsprechendes Ereignis für uns selbst verursacht. Das Universum ist sozusagen wie ein Bumerang. Das Gesetz von Ursache und Wirkung ist identisch mit dem sechsten Hermetischen Prinzip[38].

Aus der Physik kennen wir das Dritte Newtonsche Gesetz, das auch Reaktionsprinzip genannt wird. Es beinhaltet die Aussage, dass Kräfte immer paarweise auftreten. Übt ein Körper A auf einen anderen Körper B eine Kraft aus (actio), so wirkt eine gleich große, aber entgegengesetzte Kraft (reactio) von Körper B auf Körper A. Das gleiche Prinzip gilt in umfassender Weise für alle Aspekte menschlichen Verhaltens, für unsere Handlungen ebenso wie unsere Gedanken.

Jeder kennt die Sätze: „Was der Mensch sät, das wird er ernten" (Galater 6,7) oder „Denn eben mit dem Maß, mit dem ihr messet, wird man euch wieder messen" (Lukas 6, 38). Genauso, wie ein Bauer eine bestimmte Saat sät und dann die Früchte erntet, ist es mit guten und schlechten Taten. Wenn wir Glück in unserem Leben erfahren wollen, müssen wir uns darum bemühen, anderen Glück

38 Das sechste Hermetische Prinzip lautet: „Jede Ursache hat ihre Wirkung; jede Wirkung hat ihre Ursache; alles geschieht gesetzmäßig; Zufall ist nur ein Name für ein unbekanntes Gesetz; es gibt viele Ebenen von Ursachen, aber nichts entgeht dem Gesetz".

zu ermöglichen und zu schenken. Der bekannte amerikanische Dichter und Philosoph Ralph Waldo Emerson brachte dies mit den folgenden Worten zum Ausdruck: *„Es ist ein besonders schöner Ausgleich in diesem Leben, dass sich niemand aufrichtig bemühen kann, einem anderen zu helfen, ohne sich selbst zu helfen … Dient und euch wird gedient"*.

Wichtig und für manche Leser neu ist vermutlich die Erkenntnis, dass das Gesetz von Ursache und Wirkung nicht auf ein einziges Leben begrenzt ist. Es kann sich auf mehrere Leben erstrecken und tut das in der Regel auch. In diesem Zusammenhang wird häufig von dem Gesetz des Karma gesprochen. Durch gute Handlungen wird gutes Karma erzeugt und durch schlechte Handlungen schlechtes.

Die Wirkung entspricht der Ursache in Qualität und Quantität. Gleiches muss Gleiches erzeugen. Aktion = Reaktion. Dabei kann die Ursache auf vielen Ebenen liegen. Alles geschieht in Übereinstimmung mit der Gesetzmäßigkeit. Jeder Mensch ist Schöpfer, Träger und Überwinder seines Schicksals. Jeder Gedanke, jedes Gefühl, jede Tat ist eine Ursache, die eine Wirkung hat. Es gibt also keine Sünde, keine Schuld, keinen Zufall, sondern nur Ursache und Wirkung, die viele Jahrhunderte und Existenzen auseinanderliegen können und uns so lange, bis sie von uns in Liebe angenommen und aufgelöst worden sind, immer wieder konfrontieren. „Glück" und „Zufall" sind nur Bezeichnungen für das noch nicht erkannte Gesetz. Nichts geschieht uns „zufällig"!

Eine wichtige Konsequenz dieses Gesetzes besteht darin, dass unser Wissen um das Gesetz uns automatisch veranlassen wird, unseren Gedanken und Taten mehr Aufmerksamkeit zu schenken, uns mehr unserer Wahlmöglichkeiten bewusst zu sein, die in jedem Augenblick bestehen. Die Macht liegt immer im Jetzt und mit jedem Gedanken und mit jedem Tag erschaffen wir unsere Zukunft.

Das Bewusstsein für dieses Gesetz hat in manchen Kulturkreisen zu interessanten Konsequenzen geführt. In manchen buddhistischen Ländern wie zum Beispiel Thailand ist es üblich, Vögel oder Fische zu kaufen und dann freizulassen, um sich dadurch positives Karma zu verschaffen.

Wenn jemand eine gute Tat aus dem rein egoistischen Motiv, positives Karma für sich zu erschaffen, ausführt, so ist das sicherlich nicht ideal. Es stimmt aber auch, dass der Mensch ein Gewohnheitstier ist und dass unsere Gewohnheiten uns verändern. Wenn es sich jemand zum Beispiel zur Angewohnheit macht, immer danach Ausschau zu halten, wie er anderen dienen und helfen kann, so wird das natürlich sein Bewusstsein verändern. Das Ausführen von guten Taten wird zu seiner zweiten Natur und hat in vielerlei Hinsicht natürlich auch Auswirkungen auf sein Sein. Er wird wahrnehmen, wie die Freude, die er anderen schenkt, auf ihn selber zurückstrahlt. Das wird wiederum zu einem motivierenden Faktor, der ihn darin bestärkt, auf dem „Pfad der Tugend" voranzuschreiten.

Lassen Sie sich also nicht durch solche Überlegungen, dass Sie eine ganz lupenreine Motivation haben müssen, von guten Taten abhalten! Wir sind nun mal auf dieser Erde, um zu handeln. Wir haben uns inkarniert, um mit anderen Menschen und der materiellen Schöpfung zu interagieren. Da wir ohnehin dauernd schöpfen und handeln, ist es sinnvoll, sich Ziele zu stecken, die in dem Bereich des Helfens und Dienens liegen. Wie wir schon vorher mehrfach betont haben, erschaffen wir Glück für uns selber dadurch, dass wir andere glücklich machen. So einfach ist das mit dem Glück!

Ich selber habe es mir schon vor langer Zeit zur Angewohnheit gemacht, immer nach Gelegenheiten Ausschau zu halten, wie ich andere Menschen glücklich machen kann. Vielleicht haben Sie schon von der Praxis der „Random Acts of Kindness" gehört. Dabei geht es darum, einem Mitmenschen etwas auf anonyme Weise zukommen zu lassen, zum Beispiel durch das Bezahlen der Straßengebühren für das nachfolgende Auto an einer Brücke in New York. Solche Handlungen besitzen das Potenzial, das Herz eines Menschen zu berühren und ihn dazu zu veranlassen, sich ähnlich zu verhalten. Dadurch werden Kettenreaktionen der Freundlichkeit und Nächstenliebe ausgelöst, die im Endeffekt eine ganze Gesellschaft verändern können. Ich habe einmal eine derartige Handlung eines Fahrers im Auto vor mir erlebt und erinnere mich noch heute, 30 Jahre später, daran! Wie schon mehrfach erwähnt, besteht das ganze Universum aus Schwingungen. Alles hängt zusammen und beeinflusst sich gegenseitig in einem großen Feld von Energie. Positive Gedanken erzeugen positive Reaktionen, negative Gedanken erzeugen negative Reaktionen. Je kraftvoller unser Denken ist, desto größer ist die Wahrscheinlichkeit, dass sich unsere Gedanken verwirklichen. Freude und Begeisterung sind Beispiele für energievolle Gedanken, die zu entsprechend positiven Ergebnissen führen. Es ist also eine gute Strategie, konsequent positives, freudvolles Denken zu praktizieren. Gedanken der Angst sind oft auch sehr energiegeladen und haben daher auch die Tendenz, sich zu verwirklichen. In der Regel trifft das, was wir am meisten fürchten, auch wirklich ein. Davon kann ich aus meiner Jugendzeit ein Liedchen singen. Es hilft, sich dieser Tatsache im Rahmen der aktuellen Diskussion um Terrorismus und die Ströme von Flüchtlingen, die zu uns kommen, bewusst zu sein.

Ähnliche Gedanken haben ähnliche Schwingungen und ziehen sich deshalb an. Dies gilt auch für gleiche oder ähnliche Gedanken von Menschengruppen, was zur Entstehung von sogenannten Gedankenkörpern führen kann. Gedankenkörper verfügen natürlich über ein viel größeres Energiepotenzial als einzelne Gedanken. Dies hat weitreichende Folgen für Unternehmen, Vereinigungen, Völker und die gesamte Menschheit.

Viele Jahre lang war ich Mitglied einer Organisation, die bewusst diese Tatsache und die damit zusammenhängenden Mechanismen einsetzte, um bestimmte, klar definierte Ziele zu verwirklichen. Die Organisation mit dem Namen "Change Facilitation – CFAN" hatte es sich zur Aufgabe gesetzt, Veränderungsprozesse so zu steuern, dass alle Beteiligten einer Gruppe oder eines Unternehmens an einem Strang zogen und alle ihre Energien gemeinsam einsetzten, um sich in eine gewählte Richtung zu bewegen. Ich setzte dabei eine Methode ein, die unter dem Namen „Appreciative

Inquiry (AI)“ bekannt wurde. Dabei handelt es sich um eine Abfolge von vier Schritten, die auch als der “Vier-D-Prozess“ bezeichnet wird. Die vier „Ds“ stehen für:

Discovery (Entdeckung)
Dreaming (Träumen)
Design (Entwerfen, Ausarbeiten)
Delivery (Liefern, Umsetzen)

In der ersten Stufe „entdecken“ Teilnehmer kraftgebende Elemente ihrer Organisationen wie Gefühle des Zusammengehörens, Solidarität, Erfolgserlebnisse, Qualitätsbewusstsein und Fairness. Aufbauend auf die damit zusammenhängenden Gedanken formulieren („erträumen“) die Teilnehmer eine gewünschte Zukunft. In der dritten Stufe wird die Vision in konkrete Aktionsschritte mit zugehörigen Organisationsformen und Funktionen umgesetzt. Im vierten Schritt erfolgt die Verwirklichung der Vision, zumeist in der Form von Pilotprojekten. Die umfangreiche Literatur, die der Methode gewidmet ist, und auch ein internationales Portal[39] belegen anhand von vielen Fällen die erstaunliche Effektivität der Appreciative-Inquiry-Methode, die Unternehmen oft Gewinnsteigerungsraten im zweistelligen Prozent Bereich erbracht hat. Sie wurde und wird eingesetzt, um ganze Städte zu transformieren („Imagine Chicago“), Naturparks zu schaffen, Hospitäler zu reformieren und Friedensprozesse in Gang zu setzten („Imagine Nepal“). In jedem Fall steht die konzentrierte Gedankenenergie großer Gruppen im Zentrum der positiven Veränderungen.

Im Zusammenhang mit unserem Thema ist festzuhalten, dass Gedanken ebenso wie Taten Kausalabläufe in Gang setzen, die unsere Zukunft bestimmen. Nichts, aber auch gar nichts geschieht in unserem Leben, was wir nicht selber initiiert hätten, entweder im jetzigen oder in einem früheren Leben.

39 appreciativeinquiry.case.edu

Wie können wir es nun anstellen, unser Leben so anzugehen und einzurichten, dass wir optimale Gewinne aus dem Gesetz von Ursache und Wirkung ziehen und Schaden von uns abwenden? Wie schon früher erwähnt fällen wir zu jedem Zeitpunkt unseres Lebens kleine und große Entscheidungen, wobei die meisten unbewusste Reflexe sind, basierend auf eingefleischten Gewohnheiten. So wie der berühmte Pawlowsche Hund, der sabberte, wenn eine Glocke ertönte, weil er daran gewöhnt war, bei Glockengeräuschen gefüttert zu werden, reagieren wir häufig automatisch, primär von den Impulsen unseres weltlichen Egos motiviert. Der erste Schritt besteht deshalb darin, sich dieses Prozesses des dauernden Entscheidungsfällens bewusst zu werden und diesen gleichsam wie ein Zeuge zu beobachten. In diesem Schritt liegt bereits eine gewaltige Macht, die das Potenzial besitzt, unser gesamtes Leben grundlegend zu verändern.

Der zweite Schritt besteht darin, sich zu fragen, was die Konsequenzen einer Entscheidung sind. Wird sie Freude, Erfüllung und eine positive Entwicklung für alle Beteiligten in die Wege leiten oder nicht? Bei der Suche nach einer Antwort auf diese Fragen hilft es, seinem Körper zu lauschen und darauf zu achten, wie dieser reagiert. Eine Ausrichtung auf das Herz ist hierbei besonders zu empfehlen. Es wird immer eine Reaktion geben, und sei sie auch noch so schwach. Das Herz ist intuitiv und holistisch. Es nimmt Zusammenhänge und Beziehungen wahr. Es verbindet sich mit dem Feld reiner Potenzialität, von dem wir schon früher sprachen. Es besitzt die Fähigkeit, eine Vielzahl von Elementen und Handlungsabläufen einzubeziehen, die alles, was unser rationales Denken vermag, weit in den Schatten stellt.

Wie sieht es nun aber mit unserem vergangenen Karma aus, werden Sie fragen. Bleibt uns nichts anderes übrig, als dieses auszulöffeln oder gibt es Möglichkeiten, die Auswirkungen schlechten Karmas zu mildern oder gar aufzuheben?

Grundsätzlich lässt sich sagen, dass wir nie wie hilflose Kaninchen dazusitzen brauchen, die nur darauf warten, dass der Schlächter sie abholt. Wie schon oft betont, liegt die Macht immer im jetzigen Augenblick, und wir haben zahlreiche Möglichkeiten, uns selber eine positive Zukunft zu erschaffen, sei unser vergangenes Karma auch noch so schlecht. Generell lässt sich sagen, dass positive Handlungen eine positive Auswirkung auf die gesamte Karmasituation eines Menschen haben. Wenn jemand ein liebevoller, einfühlsamer Mensch ist, der sich immer bemüht, anderen zu helfen und zu dienen, dann wird sein ganzes Leben im Endeffekt zu einer Sinfonie der Liebe, und es liegt auf der Hand, dass die schwarzen Flecken von negativem Karma auf die Dauer in einer solchen keinen Bestand haben können.

Es gibt auch immer das Element der Gnade[40]. Wenn ein Mensch eine schlechte Tat ernsthaft bereut, wenn er sie zunächst annimmt, sich keinen Entschuldigungen mehr hingibt, sondern einfach akzeptiert, dass er einen Fehler gemacht hat und wenn er dann Gott um Gnade und Verzeihung bittet, kann Gott sich dem natürlich nicht verschließen. Gott, der in seiner Essenz aus Liebe besteht, kann sich natürlich nicht der ernsthaften Bitte eines seiner Kinder verweigern, es von seiner karmischen Schuld zu befreien[41].

Hier kann man Parallelen zu christlichen Lehren erkennen, die davon sprechen, dass der Mensch Schuld auf sich geladen habe und die dazu anhalten, Gott zu bitten, die Sünden zu verzeihen. Dabei handelt es sich um nichts anderes als das Erlassen der karmischen Schuld. Es ist natürlich ganz wichtig, dass der „Täter“ aufrichtige Reue empfindet. Das gebetsmühlenartige Wiederholen von Schuldbekenntnissen und Anrufen der göttlichen Gnade in Verbindung mit Sündenerlass durch die Kirchen, sogar zuweilen gegen Bezahlung, hilft natürlich nicht viel. Das hat Martin Luther schon vor 500 Jahren erkannt!

---

40 Peter Michel zeigt in seinem Buch Karma und Gnade (S. 162), dass kein Widerspruch besteht zwischen Karma und Gnade. Beide Prinzipien vereinigen sich wie alle Polaritäten in der Mitte und bedingen sich in Wirklichkeit gegenseitig.

41 Dass Gebete zu Heilerfolgen führen können ist statistisch nachgewiesen. Darauf weist Larry Dossey hin in seinem Buch, Healing Words, mit umfassenden Literaturangaben.

Eine besonders elegante Art, mit schlechtem Karma umzugehen, besteht darin, es zum Ausgangspunkt dafür zu nehmen, etwas Positives für die Menschheit zu tun. Hierzu fallen mir die Wege ein, die zwei gute Bekannte von mir einschlugen.

Der eine, Kitatani Katsuhide, ein Japaner und zeitweilig mein unmittelbarer Vorgesetzter im Entwicklungsprogramm der Vereinten Nationen, erkrankte an Magenkrebs. Drei Viertel seines Magens wurden entfernt und die Ärzte gaben ihm nur noch sechs Monate zu leben. Bei einem Empfang traf Kit, wie wir ihn zu nennen pflegten, einen Kollegen, der ihm von der makrobiotischen Diät und Lebensphilosophie erzählte. Er begann sofort damit und diese Diät und Philosophie rettete nicht nur sein Leben, sondern veränderte auch den weiteren Verlauf seines Lebens auf sehr grundlegende Weise. Aus Dankbarkeit und um andere an seinem gewonnenen Wissen und seiner Erfahrung teilhaben zu lassen, gründete Kit den Makrobiotischen Club in den Vereinten Nationen in New York. Der Club bot ein Forum, um regelmäßig Vorträge über spektakuläre Heilerfolge zu hören, die durch den makrobiotische Ansatz erzielt worden waren. Obwohl er seinen Arbeitseinsatz stark reduzierte und humanisierte, nahm Kits Karriere eine dramatische Wendung mit Posten als Resident Coordinator in Myanmar und Assistant Secretary-General im Bevölkerungsprogramm der Vereinten Nationen. Auch nach seiner Pensionierung und bis in sein heutiges, reifes Alter von über 85 Jahren ist er immer noch unermüdlich im Dienste der Menschheit tätig.

Der andere, ein Nepalese, verunglückte beim Wandern im Himalaja schwer. Mit gebrochenem Nacken musste er drei Tage lang, sich mühsam an einem steilen, rutschigen Hang haltend, ausharren, bis sein Bruder ihn fand. Nachdem seine Wirbelsäule dank einer besonderen Unterstützungsstruktur auf wunderbare Weise wieder geheilt war, gründete er eine Stiftung für Menschen mit ähnlichen Verletzungen. Auch ihm gelang es, ein ursprünglich unheilvolles Ereignis in einen positiven Schritt für die Menschheit umzuwandeln.

Beide hatten den Prozess der Begleichung ihrer karmischen Schuld zum Ausgangspunkt für die Schaffung neuen, positiven

Karmas und dadurch eines glücklichen und erfüllten Lebens genommen.

Auch stetige Meditationspraxis hat eine positive Auswirkung auf das Karma. Durch regelmäßiges Meditieren mit offenem, liebevollem Herzen erhöhen sich die Schwingungen des Meditierenden. Seine eigenen Schwingungen nähern sich immer mehr den göttlichen Schwingungen der Liebe, bis er schließlich mit diesen verschmilzt. Es liegt auf der Hand, dass ein derartig hochschwingender Mensch sich über die Auswirkungen seines negativen Karmas erhebt.

Manchmal wird die Frage gestellt, ob es einen Zusammenhang zwischen dem im Hinduismus und Buddhismus verankerten Konzept des Dharmas und dem Gesetz von Ursache und Wirkung gibt. Es gibt sehr viele Definitionen von Dharma[42]. Im Endeffekt geht es immer um richtiges Verhalten in Einklang mit den spirituellen Gesetzen des Universums und das Ziel des menschlichen Lebens. Grundsätzlich lässt sich sagen, dass die meisten Menschen sich mit einer besonderen Zielsetzung inkarnieren. Das haben wir ja schon früher betont. Das Leben hier auf dieser Erde gleicht in vielerlei Hinsicht einem Klassenzimmer. Wir inkarnieren uns, um bestimmte Lektionen zu lernen. Und wenn wir sie nicht lernen, müssen sie wiederholt werden. Das heißt, uns werden immer wieder ähnliche Konstellationen präsentiert, die es uns ermöglichen, daraus zu lernen und uns weiterzuentwickeln. In Einklang mit den Konstellationen, die uns erwarten und den Handlungen, die wir planen, ist jeder Mensch mit bestimmten Anlagen und Fähigkeiten ausgestattet. Es gibt sozusagen eine innere Abstimmung. Sie haben sich inkarniert um zu handeln. Darin liegt ja ein Element des Charmes des Lebens auf der Erde – uns wird dort die Gelegenheit geboten,

---

42 Im Hinduismus ist Dharma das religiöse und moralische Gesetz, das als Richtschnur dienen soll für das Verhalten des Individuums. Dazu gehören das Sprechen der Wahrheit, das Gebot anderen nicht zu schaden und Großzügigkeit. Im Buddhismus ist Dharma die Doktrin, die universale Wahrheit, die für alle Individuen für alle Zeiten gilt, so wie sie der Buddha verkündet hat.

mit der Materie zu interagieren, zu schöpfen, immer wieder neue Welten zu erschaffen. Es sind also diese beiden Elemente, die beim Konzept des Dharmas zusammenkommen: die Zielsetzungen der Inkarnation und die Ausübung der besonderen Fähigkeiten, die uns mitgegeben wurden.

Eine der wichtigsten Aufgaben der Menschen besteht darin, herauszufinden, mit welchen Absichten sie sich inkarniert haben und diese in ihrem Leben zu verwirklichen. Wenn Ihnen dies gelingt, liebe Leserin und lieber Leser, dann läuft alles in Ihrem Leben rund und leicht, sozusagen „wie geschmiert". Wir können herausfinden, was die Ziele einer bestimmten Inkarnation sind und welche besonderen Fähigkeiten uns in dem Zusammenhang mit auf den Weg gegeben wurden, indem wir nach innen, der leisen Stimme unserer Seele lauschen[43]. Auch Leidenschaft spielt hier eine Rolle. Wenn wir Begeisterung für eine bestimmte Tätigkeit empfinden, wenn sie unser Herz lachen lässt, können wir davon ausgehen, dass sie im Einklang mit unseren ursprünglichen Zielen für diese Inkarnation steht. Das Finden unseres richtigen Pfades hilft uns auch dabei, mit schlechtem Karma umzugehen. Wenn wir uns auf dem richtigen Weg befinden, dann erhöhen sich unsere Schwingungen, wir schwingen im Einklang mit dem göttlichen Willen. Ein Mensch, der im Einklang mit dem göttlichen Willen schwingt, erhebt sich einfach über alles schlechte Karma.

Kann man sagen, dass menschliche Leiden immer ein Zeichen von schlechtem Karma sei? Dem ist nicht so. Es gibt Situationen, in denen eine Seele sich dazu entscheidet, durch das Tal tiefen Schmerzes zu gehen, einfach um diese Erfahrung zu machen.

Es gibt auch Seelen, die sich dazu bereiterklären, das schlechte Karma anderer Menschen zu übernehmen und auszuarbeiten. Das

43 Wie schon früher erwähnt, hat Wayne Dyer ein ganzes Buch zu diesem Thema geschrieben, I can see clearly now, in dem er die verschiedenen Phasen seines Lebens durchgeht und aufzeigt, wie ihn seine Seele kontinuierlich anstubste in die Richtung zu gehen, die seinem eigenen höchsten Gut und dem höchsten Gut aller Beteiligten diente.

sind allerdings sehr seltene Ausnahmefälle. Jedenfalls ist es wichtig und richtig, das Karma eines jeden Menschen zu respektieren. Jeder befindet sich auf seinem eigenen, einmaligen Pfad. Wir gesellen uns zusammen, um uns an der Hand zu nehmen und eine Weile gemeinsam voranzuschreiten, uns zu unterstützen und zu lieben. Wenn wir das tun, haben wir den Sinn des Lebens begriffen.

Zusammenfassend lässt sich Folgendes sagen: Aus dem Gesetz von Ursache und Wirkung ergibt sich, dass unser Universum kein willkürliches ist. Wir sind die Meister unseres eigenen Schicksals. Jeder Gedanke und jeder Tag hat Auswirkungen. Das hat nichts mit Schuld und Sühne zu tun. Es ist einfach der Ausdruck von Gerechtigkeit. Hierdurch wird eines der Hauptargumente entkräftet, das immer gegen die Existenz eines „gerechten Gottes" ins Feld geführt wird.

Die Macht liegt immer im Hier und Jetzt, im jetzigen Augenblick. In jedem Augenblick liegt es in unserer Hand, unsere Zukunft zu gestalten. Es ist deshalb wichtig und hilfreich, sich der Tatsache bewusst zu sein, dass wir dauernd Entscheidungen fällen. Wir entscheiden, welchen Gedanken wir Raum geben und wir entscheiden, welche Taten wir ausführen wollen.

Wir sind mit einem inneren Leitsystem ausgestattet, das es uns ermöglicht, die richtigen Entscheidungen zu fällen. Die Weisheit des Universums, die Zugang zu allen relevanten Informationen hat, fließt uns durch unser Herz zu. Wenn wir auf unser Herz lauschen, hören wir die leise Stimme, die immer da ist und sich immer bemüht, sich Gehör zu verschaffen. Wenn wir erkennen, dass eine ins Auge gefasste Handlung dem Wohle aller Beteiligten, dem Wohle des Universums und unserem eigenen Wohle dient, dann ist es die richtige Entscheidung.

Wir sind nicht die Opfer unseres Karmas. Es gibt immer Möglichkeiten, „schlechtes Karma" zu überwinden. Gnade spielt hier eine wichtige Rolle. Wenn wir unsere „Schuld" akzeptieren, wenn wir aus ehrlichem Herzen bereuen, dass wir etwas falsch gemacht haben, wenn wir aufhören, uns zu verteidigen und wenn wir dann mit offenem und demütigem Herzen um die Aufhebung der karmischen Schuld bitten, kann unser himmlischer Vater dies natürlich nicht verweigern. Wie könnte er auch, wo er in seiner Essenz doch nur bloße Liebe ist. Hier möchte ich nochmal ganz ausdrücklich betonen, dass es nicht darum geht, einen zornigen Gott zu besänftigen, der ärgerlich über unsere Verfehlungen ist. Gott ärgert sich grundsätzlich über gar nichts. Wie könnte er auch, wo er doch alles erschaffen hat und die Macht besitzt, alles so zu gestalten, wie er es möchte? Er hat ein „ordentliches Universum“ geschaffen, das nach bestimmten Gesetzen und Prinzipien funktioniert. Eines dieser Gesetze ist das Gesetz von Ursache und Wirkung. Gnade kann die Wirkung des Karmagesetzes in bestimmten Fällen außer Kraft setzen. Darum geht es. Um nicht mehr und nicht weniger.

Meditation stellt einen wichtigen Weg zur Überwindung von „schlechtem Karma“ dar. Der Meditierende, der mit offenem, liebenden Herzen meditiert in dem Bestreben, eine höhere Bewusstseinsstufe zu erreichen, die durch Liebe, Mitgefühl, Freude und Frieden gekennzeichnet ist, beginnt auf diese Weise langfristig in einer Sinfonie von Güte und Harmonie zu schwingen, in der das negative Karma verschlungen wird.

8. Das Gesetz der Wahrheit

Die Wahrheit wird euch frei machen.

Jesus von Nazareth

Wie Sie vielleicht gemerkt haben, folgt die Darstellung der spirituellen Gesetze einer gewissen Progression von Bereichen mit verhältnismäßig niedrigen Schwingungen zu Bereichen mit hohen Schwingungen. Wir erreichen nun den Bereich der drei am höchsten schwingenden Gesetze: Des Gesetzes der Wahrheit, des Gesetzes der Liebe und des Gesetzes des Einsseins.

Das Gesetz der Wahrheit ist ein ganz großes, grundlegendes Gesetz, das immer eine große Rolle für Sie gespielt hat, liebe Leserin und lieber Leser, sonst hätten Sie dieses Buch gar nicht in die Hand genommen und so weit gelesen. Der Drang nach Wahrheit ist etwas, was uns immer durch unsere vielen, vielen Inkarnationen begleitet hat. Er hat in uns gebrannt. Der Drang nach Wahrheit hat uns immer wieder veranlasst, hinabzusteigen in diese irdische Existenz und uns Schwierigkeiten auszusetzen, die natürlich im Endeffekt nur Gelegenheiten zum Lernen darbieten. *„Ich möchte die Gedanken Gottes kennen, alles andere sind Details.“* sagte Albert Einstein.

Das Gesetz der spirituellen Wahrheiten besagt, dass es ewige spirituelle Wahrheiten gibt, die uns zugänglich sind und uns frei und glücklich machen.

Wie schon früher erwähnt, empfindet jeder Mensch tief in seinem Inneren den Drang, Antworten zu finden auf die großen Fragen der menschlichen Existenz: Wer sind wir? Warum sind wir hier? Gibt es eine Intelligenz, die größer als unsere menschliche Intelligenz ist, die alles geschaffen hat und alles am Laufen hält? Welche Schlussfolgerungen ergeben sich aus den Antworten auf diese Fragen für unser tägliches Leben? Was geschieht nach unserem Tod? Antworten auf diese Fragen schlummern tief in unserem Inneren. Sie sind überdeckt von dem Schleier des Vergessens, der sich bei unserer Inkarnation über uns gesenkt hat. Es ist jedem Menschen möglich, durch einen Prozess des Sich-Erinnerns Antworten auf diese Fragen zu finden. Jeder Mensch ist mit einem inneren Kompass und mit der leisen, inneren Stimme seines Herzens und seiner Seele ausgestattet, die ihn an jeder Weggabelung anstupst, den Weg zu wählen, der ihn zur Wahrheit voranbringt. Antworten auf diese Fragen wurden und werden uns dauernd aus der geistigen Welt übermittelt.

Das Suchen der Wahrheit ist ein Prozess, der während unseres ganzen Lebens anhält, der nie endet. Parallel zum Voranschreiten auf dem spirituellen Pfad wächst unsere Fähigkeit, höhere spirituelle Wahrheiten zu begreifen, von denen es einige gibt, die unser begrenzter menschlicher Geist nicht begreifen und allenfalls erahnen kann.

Mit dem Voranschreiten auf dem Pfad des Wahrheitssuchers wird es uns möglich, uns frei von Glaubensvorstellungen und Lebensregeln zu machen, die uns übermittelt wurden und die uns nicht mehr dienen. Jeder von uns hat die Möglichkeit, Informationen über die Wahrheiten direkt von der Quelle zu erhalten. Dieser Prozess des Sich-Freimachens von überkommenen Glaubensvorstellungen ist ebenfalls ein lebenslanger Prozess.

Fortschritte auf dem Weg zur Wahrheit erfüllen uns mit großer Freude und tiefer Bewunderung für die große Weisheit, die hinter der gesamten Schöpfung steht. Sie macht es uns möglich, zwischen Wirklichkeit und Illusion zu unterscheiden.

Alle großen Religionen und Weisheitslehren übermitteln die gleichen, tiefen, grundlegenden Wahrheiten schon seit Jahrtausenden. Mit voranschreitender Zeit wächst die Gefahr der Verwässerung und Verfälschung. Es ist deshalb wichtig, immer wieder zu den Quellen der geistigen Welt zurückzugehen, die heute so kräftig sprudeln wie vor tausenden von Jahren. Wer Ohren hat zu hören, der höre! Wer Augen hat zu sehen, der sehe! Das ganze Universum, insbesondere die Natur, ist Ausdruck dieser großen Wahrheiten.

Wahrheit und Irrtum sind wie zwei Seiten derselben Münze. Boten der geistigen Welt werden nicht müde, uns immer wieder darauf hinzuweisen, dass weite Teile unserer Gesellschaft sich in einem Netz großer Irrtümer verfangen haben, die zunächst aufgeklärt und überwunden werden müssen, wenn wir ein Leben in Klarheit und Aufgeklärtheit führen wollen. Lassen Sie mich hier zunächst kurz auf einige der am weitesten verbreiteten Irrtümer eingehen. Danach wenden wir uns einigen der großen Wahrheiten zu.

Einer der am weitverbreitetsten Irrtümer besteht darin, dass Mangel herrsche. Die Quantenphysik lehrt uns, dass unsere Gedanken unbegrenzte Schöpferkraft besitzen. Wie kann in einer solchen Welt Mangel herrschen? Es ist natürlich möglich, Mängel zu erzeugen und das ist genau das, was geschieht. Die meisten Menschen sind in diesem schrecklichen Gedanken verhaftet, dass es nicht genug gebe. Sie meinen, diese Welt sei durch Mangel gekennzeichnet. Sie meinen, diese Welt sei ein Nullsummenspiel. Sie werden vom Konkurrenzdenken beherrscht. Gerade im Beruflichen gilt das besonders stark. Jeder denkt, er müsste immer mit den anderen um die Jobs konkurrieren. Und dieses Konkurrenzdenken hat sich auch auf die Schule ausgedehnt. Sehen Sie, wie absurd das ist? Zum Teil werden schon Säuglinge in Universitäten angemeldet. Auch hinsichtlich Wissen und Ausbildung besteht kein Mangel in dieser Welt. Jeder kann zu unbegrenztem Wissen und zu unbegrenzter Ausbildung Zugang haben, wenn er es nur will, wenn er nur davon überzeugt ist, dass dem so ist.

Armut ist mehr als alles andere eine Frage des „Mindsets", eine Frage von Grundüberzeugungen und Ansichten. Das habe ich immer wieder im Rahmen des schon früher erwähnten, von mir initiierten und geleiteten Südasiatischen Armutsbekämpfungsprogrammes erleben können, das Millionen von Menschen half und immer noch hilft, sich aus der Armut zu hieven. Sobald arme Landbewohner die Macht und ökonomische Kraft zu spüren begannen, die in ihrer Zusammenarbeit und ihren Zusammenschlüssen lagen, veränderte sich fast alles in ihrem Leben. Aus hoffnungslosen, verängstigten Lämmern wurden brüllende Löwen, die ihr Schicksal in ihre eigenen Hände nahmen, von Projekt zu Projekt eilten und erfolgreich auf ihre Rechte pochten, auch gegenüber korrupten Bürokraten und hochmütigen Landlords.

Ein ganzer Strauß von großen Irrtümern rankt sich natürlich um das Göttliche und um Gott. Der Gedanke, dass Gott bestimmte Dinge von den Menschen erwartet, ist falsch. Gott braucht gar nichts und Gott erwartet gar nichts von den Menschen. Einen strafenden Gott, ein Jüngstes Gericht gibt es nicht. Weil Gott die Menschen mit Willensfreiheit ausgestattet hat, hat er ihnen eben auch die Freiheit gegeben, sich zu verirren. Das ist bewusst so angelegt. Nur das Endziel steht fest. Im Endeffekt werden alle zu ihm zurückkehren. Wie könnte ein Gott, der alles gemacht hat und am Laufen hält, etwas wollen, was er nicht sofort hätte? Wie könnte er über das Verhalten der von ihm geschaffenen Wesen ärgerlich sein? Schließlich hat er sie so erschaffen, wie sie sind. Sollte er ärgerlich über das Ergebnis seines eigenen Tuns sein? Wie schon mehrfach erwähnt, haben Religionen die Tendenz, Gott im Laufe der Zeit zu vermenschlichen, typisch menschliche Schwächen in ihn hineinzuprojizieren. Auch der Wunsch, Macht über die Schäflein auszuüben und sie an der Kandare zu halten, führt häufig zur bewussten Veränderung und Verfälschung spiritueller Texte. Die, schon früher erwähnte, bewusste, weitgehende Tilgung aller Bezüge auf Reinkarnation in der Bibel ist ein Beispiel dafür.

Ich möchte hier klarstellen, dass ich grundsätzlich den christlichen Kirchen gegenüber eine durchaus positive Haltung einnehme. Es ist eine gute Sache, wenn Menschen zusammenkommen um mit dem Göttlichen zu kommunizieren. Im Namen der Kirchen wird viel Gutes getan und auch Wichtiges gesagt, gerade jetzt durch Papst Franziskus. Es ist aber auch richtig und wichtig auf eine Anzahl von Fehlern und Irrtümern hinzuweisen, die in den heute üblichen Liturgien und Lehren der Kirchen enthalten sind. Darauf wies ich schon zu Beginn der Beschreibung meiner spirituellen Reise hin.

Auch auf unserer elementarsten physischen Ebene sind wir in Irrtümern und Illusionen gefangen, wie in der Vorstellung, dass wir identisch mit einem festen Körper seien, der sich in einer festen Welt bewegt. Tatsächlich haben die Naturwissenschaften uns längst gelehrt, dass unser Körper aus vibrierender Energie in einem vibrierenden Feld von Energie besteht.

Der Mensch ist in erster Linie eine Seele. Diese hat einen Körper. Der Mensch ist nicht der Körper. Man kann das mit einem Reiter und seinem Pferd vergleichen. Das Pferd dient dem Reiter. Es wäre aber verkehrt, das Pferd für wichtiger zu halten als seinen Reiter. Damit will ich nicht sagen, dass man den Körper geringschätzen solle. Ganz und gar nicht. Der Körper stellt ein wichtiges Instrument dar, das wichtigste Instrument, um Erfahrungen in dieser irdischen Welt zu machen. Er ist ein einmaliges Instrument, ein Wunder. Zu jedem Zeitpunkt laufen Millionen von chemischen Reaktionen im Körper ab und alles ist miteinander koordiniert. Seien Sie sich immer der Tatsache bewusst, dass Ihr Körper ein Wunder darstellt, und sehen Sie zu, dass Sie ihn immer gut behandeln. Es ist schon erstaunlich, was die meisten Menschen ihrem Körper zumuten und dass er trotz alledem in der Regel sehr lange durchhält. Das Trinken von Alkohol und das Essen von Fleisch sind übrigens nicht besonders gut für den Körper. Alkohol ist nun mal ein Nervengift. Das Fleisch von Tieren trägt natürlich deren Angst in sich, die mit dem Prozess des Schlachtens zusammenhängt. Diese kommt nun mal in ihren Körper hinein, ob Sie es wollen oder nicht. Aber lassen Sie uns nicht abschweifen.

Genauer gesagt besteht der Mensch aus Körper, Geist und Seele. Der Mensch erscheint auf dieser Erde als ein dreiteiliges Wesen. Optimale Ergebnisse im Sinne von optimalen Glücksgefühlen werden erzielt, wenn man allen drei Komponenten gebührende Aufmerksamkeit schenkt. Der Körper, dieses gutwillige Reittier, muss gut ernährt und auch vor unnötigem Stress bewahrt werden. Täglicher Sport ist äußerst hilfreich für das Glück. Durch ihn erhöhen wir die Schwingungen des Körpers. Für viele Menschen, auch mich selbst, werden dadurch unmittelbar Glücksgefühle freigesetzt. Botenstoffe rufen ein Gefühl des Glücks und des „Highs“ hervor. Ich selbst habe das jahrelang erlebt.

Das Wort „Geist“ hat viele Bedeutungen. Die Wichtigste ist natürlich der große Geist, der alles erschaffen hat, von dem alles ausgeht, der alles am Laufen hält und der sich in allem befindet. Er ist das Alpha und das Omega. Die menschliche Seele ist sozusagen ein individualisierter Teil dieses großen Geistes. Lassen Sie uns das festhalten – über die Seele sind wir immer direkt mit dem großen Geist verbunden, wir sind ein Teil von ihm. Daraus ergibt sich auch das Gesetz des Einsseins, von dem wir später noch im Einzelnen sprechen werden. Es ist hilfreich, sich täglich, am besten zu Beginn des Tages, der Tatsache bewusst zu sein, dass wir eine Seele sind. Für mich bildet es einen Teil meiner Morgenroutine, mir bestimmte Grundtatsachen bewusst zu machen und auch gleichzeitig meine Absichten für den Tag zu formulieren. Genau wie der Körper braucht auch die Seele täglich Nahrung. Das Lesen spiritueller Texte sowie Gebete und Meditationen stellen eine solche dar. Auch Taten der Liebe.

Eine wichtige Weisheit besteht darin, dass die irdische Existenz nur eine kleine Facette in dem großen Spektrum unserer Existenz darstellt. Lassen Sie mich das hier betonen. Die menschliche Seele macht viele Erfahrungen auf verschiedenen Ebenen. Sie ist, wie schon oft erwähnt, ewig und formlos. Gleichzeitig hat sie den Drang, sich immer weiterzuentwickeln, sich immer weiter zu erfahren und im Endeffekt zu ihrer Quelle zurückzukehren. Es hilft, sich von Zeit zu Zeit bewusst zu machen, dass unsere Seele viele Existenzen erlebt hat und erleben wird. Der Übergang aus der irdischen Existenz in die spirituelle Welt stellt eine freudige Erfahrung dar. Ein großes Gefühl der Freiheit geht mit dem Übergang, mit dem Tod, Hand in Hand. Es besteht absolut gar kein Anlass, Angst zu haben. Es gibt auch, wie schon gesagt, kein Jüngstes Gericht. Wir sind mit Willensfreiheit ausgestattet und es gilt das Gesetz von Ursache und Wirkung. Darin mag manch einer so etwas wie eine höhere Gerichtsbarkeit sehen. Es ist aber nicht so, dass Gott oder irgendjemand anderes als ein Richter dahinterstände. Wir gestalten unser Leben und unsere Zukunft in jedem Augenblick, bewusst oder unbewusst, und erzeugen dadurch gewisse Konsequenzen. Über das Element der Gnade beim Abwickeln von Karma haben wir schon gesprochen.

Sie, liebe Leser, sind Licht und Liebe, genau wie Gott. Gott ist Licht und Liebe und Sie sind die Kinder Gottes. Sie sind ein Teil Gottes und deswegen auch Licht und Liebe. Diese stellen die höchsten Schwingungen in diesem Universum dar und Dunkelheit ist nichts anderes als das Gegenteil von Licht, d. h. die Abwesenheit von Licht. Nach unserem Tod hilft es uns, uns in die Richtung auf das Licht zu bewegen. Dann bewegen wir uns in die Richtung des Göttlichen. Große, heilige Wesen, zum Beispiel Jesus, werden oft mit einem Heiligenschein dargestellt. Damit wird zum Ausdruck gebracht, dass das Göttliche in ihnen besonders stark präsent ist. In der Meditation können wir Licht sehen. Auf diese Weise ist das Göttliche in unserem dritten Auge manifestiert.

Die *Frage nach dem Sinn des Lebens* haben wir schon mehrfach berührt. Im Endeffekt geht es immer um die Höherentwicklung der Seele. Diese möchte sich in Richtung des Göttlichen entwickeln, um schließlich wieder damit zu verschmelzen. Das kann viele Formen annehmen. Es liegt auf der Hand, dass ein besonders leichtes Leben nicht unbedingt der Entwicklung förderlich ist. Aber auch das kann man nicht so absolut sagen. Manchmal verdient sich eine Seele ein leichtes Leben, sozusagen als Belohnung nach einem besonders schweren Leben. Im Endeffekt kommt es immer darauf an, auf die Stimme der eigenen Seele zu lauschen. Die Seele hat dauernd das Ziel unserer Inkarnation im Auge und sagt uns, was wir tun sollen, was für uns richtig und wichtig ist. Es ist diese leise Stimme, von der wir schon oft gesprochen haben. Schwierige Zeiten wie Armut oder Krieg sind so gesehen nicht unbedingt schlecht. Sie können sehr wohl der Entwicklung eines Menschen dienen. Das gilt zum Beispiel für den Ersten und den Zweiten Weltkrieg und auch den Krieg, der jetzt im Augenblick in Syrien wütet. Für die Menschen, die sich im Krieg befinden, ist er natürlich schrecklich. Aber diese Erfahrung dient ihrer Entwicklung und natürlich haben sie diese Erfahrung für sich selbst gewählt. Dies ist ein anderer, ganz wichtiger Punkt. Wir alle wählen unsere Erfahrungen selber. Wir sind nicht die Opfer anonymer Schicksalskräfte. Das gilt auch für die Erfahrung der Armut, wie sie zum Beispiel die armen Fischerfrauen auf den Philippinen erleben, mit denen ich schon seit vielen Jahren eng zusammenarbeite. Diese Erkenntnis bewahrt uns davor, irgendwie auf dem hohen Ross zu sitzen. Es ist keineswegs so, dass der Wohlhabende in irgendeiner Weise höher entwickelt ist als der Arme. Wir sind einfach Menschen auf einer Reise. Wir kommen zusammen, um uns auszutauschen, um einen Teil dieser Reise zusammen zu gehen. Dann trennen sich unsere Wege wieder.

Das Wichtigste in unserem Leben sind Beziehungen – zu Menschen, zu Tieren, zu Pflanzen und zur Umwelt. Ohne Beziehungen können wir uns nicht erfahren. Und schließlich haben wir uns ja inkarniert, um Erfahrungen zu machen und uns durch sie zu entwickeln.

Jede Beziehung ist ein Geschenk und in jeder Beziehung stecken Möglichkeiten und Gelegenheiten, sich selbst zu erfahren und zu lernen. Es stimmt, dass alles, was wir in der äußeren Welt erleben, einen Spiegel von uns selber darstellt. Er spiegelt unser Inneres wieder. Wenn Sie, liebe Leser, also zum Beispiel Schwierigkeiten mit einem bestimmten Menschen haben, wenn er Ihnen fürchterlich auf die Nerven fällt, dann können Sie davon ausgehen, dass die Eigenschaften, die Sie besonders schlimm finden, sich auch in Ihrem Inneren befinden. Das Universum spiegelt diese einfach.

Die wichtigste und grundlegendste Wahrheit besteht darin, dass es jenseits der von uns selber geschaffenen Umwelt eine höhere Realität gibt, eine absolute Realität, die Realität des Absoluten. Diese besteht im Wesentlichen aus Liebe und Licht. Wir als von Gott erschaffene Wesen bestehen in unserem Kern auch aus Liebe und Licht und sind Teil dieser Realität. Das ist die höchste Wahrheit.

Zu dieser Wahrheit fällt mir, wie so oft, kein glaubwürdigerer Zeuge ein als Albert Einstein. Er drückte es so aus: *„Die wichtigste Erkenntnis meines Lebens ist es, dass wir in einem liebenden Universum leben."*

Bekanntlich sind den Fähigkeiten unseres Verstandes die ultimativen Wahrheiten unseres Universums zu ergründen und zu verstehen, Grenzen gesetzt. Deswegen tun wir gut daran, den folgenden Spruch von Wilhelm Busch nie ganz aus den Augen zu verlieren:

Schon recht. Du willst als Philosoph
Die Wahrheit dir gewinnen;
Du machst mit Worten ihr den Hof
Um so sie einzuspinnen.

Nur sage nicht, dass zwischen dir
Und ihr schon alles richtig.
Sie ist und bleibt, das wissen wir,
Jungfreulich, keusch und züchtig.

9. Das Gesetz der Liebe

Die Liebe ist die universellste, ungeheuerlichste und geheimnisvollste der kosmischen Energien.

Teilhard de Chardin

Ich zögere, etwas über Liebe zu schreiben, weil das Wort in unserer Gesellschaft so häufig gebraucht und missbraucht wird. Auf der anderen Seite gibt es so viel solide Information über die Liebe, die einfach in dieses Buch gehört. Auch ergeben sich sehr hilfreiche Handlungsanweisungen aus dem Verstehen der Liebe. Gleichzeitig sollte ich betonen, dass es sich hier natürlich nur um Annäherungen handelt und Liebe nicht wirklich zutreffend mit den groben Werkzeugen unserer Sprache beschrieben werden kann. Mehr als alles andere kommt es darauf an, sie in allen Lebensbereichen zu erfahren.

Was ist nun die wirkliche Natur der Liebe, welche Rolle spielt sie im Universum, wie können wir mehr Liebe in unser Leben bringen und welche Konsequenzen ergeben sich daraus?

Die Bedeutung des Mysteriums der Liebe wird zwar von allen großen Religionen und Weisheitslehren herausgestellt, ging aber irgendwie in unseren modernen Zeiten verloren. Es wurde vermutlich durch die Pop- und Schlagermusik „totgedröhnt". Wie kann auch etwas als tief, heilig und mysteriös begriffen werden, was einem aus jeder Lautsprecherbox entgegenschallt. Ich habe lange gebraucht, bis ich die einzigartige Rolle auch nur erahnen konnte, die die Liebe im menschlichen Leben spielt, in unserer Beziehung zum Göttlichen und als eine Kraft im Universum.

Schon das erste Gebot wirft eine Vielzahl von Fragen auf. Wie können wir einen Gott lieben, den wir nicht einmal sehen können? Und können wir uns einfach entscheiden, unseren Nächsten zu lieben wie uns selber? Und wie geht das überhaupt, sich selber zu lieben? „Wenn ich mit Menschen- und mit Engelszungen redete und hätte der Liebe nicht, so wäre ich nichts", sagt der Apostel Paulus in dem berühmten Lied auf die Liebe im ersten Korinther,

13. Diese Bibelstelle hat immer etwas in mir zum Schwingen gebracht, seit ich sie im Konfirmandenunterricht lernen musste. Was es aber wirklich damit auf sich hat, war mir damals vollständig schleierhaft.

Während meiner ausgedehnten Suche und meiner Kommunikation mit meinem höheren Selbst, meiner Seele, wurden mir einige Einsichten zuteil, die ich hier gerne mit Ihnen teilen möchte, liebe Leserin und lieber Leser. Wie immer geht es auch darum, sie in konkrete Handlungsempfehlungen umzusetzen, die uns helfen können, ein erfüllteres und glücklicheres Leben zu führen.

Dass der Begriff der Liebe, wie wir ihn hier verwenden, wenig mit der Liebe zu tun hat, wie sie in der Pop- und Schlagermusik besungen wird, liegt auf der Hand.

Liebe, so berichten zum Beispiel Silvia Wallimann[44] und Emmanuel[45], ist die Urkraft, die als Erstes vom Geist erschaffen wurde und zusammen mit dem Licht für die Erschaffung des gesamten Universums verantwortlich ist. Sie ist auch die Kraft, die das gesamte Universum zusammen- und am Laufen hält. Sie ist verantwortlich dafür, dass die Milliarden von Galaxien, die unser Universum ausmachen, auf Kurs bleiben und auch für alles, was auf der Ebene des Mikrokosmos geschieht. Liebe ist die ultimative Realität, sagt der „Kursus in Wundern“[46].

In allem Lebenden gibt es Zellen, Moleküle, Atome und subatomare Teilchen. Innerhalb eines jeden dieser lebengebenden Systeme existiert leerer Raum zwischen den Teilchen der Materie. Wenn wir diese prüfen, realisieren wir, dass sie irgendetwas zusammenhält. Eine unsichtbare Kraft existiert in dem leeren Raum, in dem sich diese Teilchen bewegen. *„Etwas Liebendes stellt die tiefste Natur des sich ausdehnenden Universums dar“,* sagt Teilhard de

44 Wallimann, "Erwache in Gott", 12.

45 Rodegast and Stanton, "Emmanuel's Book: A Manual for Living Comfortably in the Cosmos", 47.

46 Schucman, "A Course in Miracles", vol. I: Introduction.

Chardin, *„Die Entwicklung des Universums kann als Entwicklung der Liebe beschrieben werden."*[47] Die Energie des Quantenfeldes ist die Energie der Liebe. In mancherlei Hinsicht können wir uns die Liebe wie Elektrizität vorstellen. Elektrizität ist auch eine Kraft, die wir nicht sehen können und die doch Lampen zum Leuchten bringt, Maschinen antreibt und Information überträgt. Bei der Liebe kommt natürlich noch viel mehr dazu.

Gott ist Liebe und Liebe ist Gott, sagt die Bibel[48]. Der Mensch, das Kind Gottes, der von Gott als sein Abbild geschaffen wurde, ist natürlich auch in seinem Kern, in seiner Essenz, Liebe. Liebe ist eine Himmelskraft, die einfach existiert, einfach da ist, die unerschöpflich ist, die stets nicht nur in unserem Inneren brennt, im Inneren von allen Menschen, sondern die auch unbegrenzte Schöpferkraft besitzt. Wenn wir Liebe empfinden und Taten der Liebe ausführen, ist Gott auch immer im Spiel.

Die Liebe brennt in unserem Inneren, in unserer Brust, wie ein großes Feuer, wie ein Vulkan, wie das glühende Magma im Inneren der Erde. Ewig und unerschöpflich. Die Liebe ist einfach, ganz ohne unser Zutun, genauso wie die Sonne jahrein jahraus auf unser hernieder scheint, uns am Leben erhält und nie eine Gegenleistung erwartet.

Da wir und alle Menschen in erster Linie Liebe sind, ist es natürlich aus Liebe zu handeln. Wenn etwas natürlich ist, dann läuft es so natürlich wie ein Bächlein oder ein Fluss. Es bedarf keiner Anstrengung. Es ist natürlich, seinen Nächsten wie sich selbst zu lieben. Es ist natürlich, Gott zu lieben. Es ist natürlich, zu jedem Zeitpunkt Liebe zu sich selber zu empfinden. Es ist natürlich, dass Feuer der Liebe in uns zu empfinden. Wir sind Liebe. Wir sind zusammen ein großes Liebesfeuer.

---

47 Der französische Originaltext des Zitats lautet: „ Quelque chose d'aimant constitue la nature la plus profonde de l'univers en expansion" … L'évolution de l'univers peut être décrite adéquatement comme « l'Évolution de l'Amour" (L'Amour comme Energie chez Teilhard de Chardin, Nouvell Revue theologique 2004/2 (Tome 126) S. 172.

48 1. Johannes 4,16

Dieses Feuer der Liebe, diese Sonne der Liebe in unserem Inneren, kann aber nicht ungehindert in die Welt hinausscheinen, weil sie von zahlreichen Schichten der Konditionierung, Verurteilung und Selbstverurteilung abgedeckt ist. Diese Schichten, die ich manchmal wie eine schwarze, klebrige Plastik empfinde, gilt es aufzulösen und zu verbrennen, damit die Liebe wieder frei fließen kann.

„Deine Aufgabe ist es nicht, Liebe zu suchen, sondern nur die Barrieren zu suchen und zu finden, die du gegen die Liebe aufgebaut hast", sagt der berühmte persische Philosoph Dschalal ad-Din ar-Rumi.

Vor vielen Jahren hatte ich eine äußerst eindrückliche Erfahrung, die mir auf drastische Weise klarmachte, dass bei mir irgendetwas nicht stimmte mit dem Funktionieren meines Herzens als der Quelle und dem Spender dieser unendlichen Liebesenergie. Ich hatte mich für zwei Workshops eingeschrieben, die in Australien, genauer gesagt im „Hidden Valley" im Bundesstaat New South Wales, stattfinden sollten. Durch eine besondere Regressionsmethode ging es unter anderem darum, verdeckte und versteckte karmische Belastungen und Wunden aufzudecken und aufzulösen, um den Weg für eine umfassendere, höhere spirituelle Entwicklung frei zu machen. Nach einer Reihe von Regressionen, die mich immer wieder als mittelalterlichen Ritter zeigten, sah ich plötzlich meinen Oberkörper in einer Ritterrüstung mit einer schrecklich klaffenden Wunde im Zentrum meiner Brust. Mein Herz war buchstäblich herausgerissen worden. Ich war natürlich sehr betroffen und begann, meinem Herzen größere Aufmerksamkeit als zuvor zu schenken. Erst viele, viele Jahre später wurde mir erklärt, was es mit diesem Bild auf sich hatte. Es sollte mir klarmachen, dass mein Herz, mein Liebesorgan, seine prinzipielle Funktion, die darin besteht, Liebe auszusenden und Liebe zu empfangen, nicht wahrnehmen konnte, weil es von den schweren, schwarzen Schichten der Konditionierung, der Verurteilung und Selbstverurteilung überdeckt war.

Das Gegenteil, der Gegenpol von Liebe in dem breiten Spektrum menschlicher Empfindungen und Gefühle, ist die

Furcht. Furcht und Liebe können nicht gleichzeitig nebeneinander existieren. Liebe als die höchste Schwingung im Universum hat natürlich immer die Macht, Furcht zu überwinden und auszulöschen. Das setzt aber voraus, dass ein kräftiger, pulsierender Liebesstrom ungehindert aus der Brust hervortreten kann. Wenn dies nicht der Fall ist, wenn die schon vorher erwähnten schwarzen Schichten den Liebesfluss beeinträchtigen, hat die Furcht freie Bahn und kann die Oberhand gewinnen. Weltliches Ego und Furcht gehen Hand in Hand. Das weltliche Ego, das immer um seine Existenz fürchten muss, findet Gefallen daran, sogenannte Gefahren aufzubauschen, um dadurch Furcht und Abhängigkeiten zu erzeugen. Man kann deutlich sehen, dass die Medien mit ihren ständigen Berichten über Terrorismus und Naturkatastrophen bei vielen Menschen ein Grundgefühl der Angst erzeugt haben. Eine wichtige praktische Handlungsanweisung, die aus dem Gesetz der Liebe folgt, ist es, sich zu allen Zeiten seiner Schwingungen bewusst zu sein. Wir können allen Nachrichten, die durch Schwingungen der Angst gekennzeichnet sind, mit einem gewissen Abstand begegnen. Außerdem hilft es, eine bewusste Anstrengung zu machen, die Gedanken auf Positives zu richten. Es gibt ja so viel Positives in unserer Gesellschaft und in unserer Welt. Das Nachrichtenmagazin „Der Spiegel" hat es sich zur Angewohnheit gemacht, jede Woche eine Nachricht mit der Überschrift „Früher war alles schlechter" zu bringen. Unter dieser wird auf überzeugende Weise gezeigt, dass in der Tat heutzutage vieles besser ist, als es früher war. Zum Beispiel ist der Prozentsatz der Menschheit, der unterhalb der Armutsgrenze lebt, zwischen 1980 und 2015 um 34,4%, von 44% auf 9,6%, gefallen. Es gibt Webseiten, die ausschließlich auf positive Nachrichten ausgerichtet sind. Auch das ist äußerst hilfreich.

Ich habe mich lange mit der Frage beschäftigt, ob es ein Gesetz der Ethik, des ethischen Verhaltens gibt und ob Liebe etwas damit zu tun hat. Schließlich wurde mir bedeutet, dass dem nicht so ist. Gott, der Schöpfer, hat kein Gesetz des ethischen Verhaltens geschaffen. Er hat uns nicht geboten, uns ethisch zu verhalten. Wieso sollte er auch? Er hat uns Willensfreiheit gegeben und damit entschieden, dass er mit allem einverstanden ist, was wir tun. Ja, lassen Sie mich das noch einmal wiederholen. Gott stellt keine moralische Instanz dar, die uns beurteilt und aburteilt. Weil wir ein Teil Gottes sind, handelt Gott auch immer durch uns. Er erfährt sich selbst durch uns und unser Handeln. Wenn es keine „bösen“ Handlungen gäbe, könnte man die guten auch nicht als solche erkennen. Es gibt kein Weiß ohne Schwarz. Man kann aber sagen, dass Menschen, die vollständig in den Schwingungen der Liebe schwingen, zum Beispiel Jesus Christus, sich natürlich auch vollständig ethisch verhalten, im überkommenden, menschlichen Sinne. Solche Menschen empfinden Mitgefühl mit ihren Mitmenschen, versetzen sich in die Schuhe derselben und können ihnen deswegen natürlich keinen Schaden zufügen. Außerdem ist ihnen klar, dass wir ohnehin alle eins sind. Darauf komme ich gleich noch im Zusammenhang mit dem nächsten Gesetz, dem Gesetz des Einsseins, zurück.

Wie können wir es nun anstellen, uns diese Schwingungen der Liebe, diese Urkraft, bewusst zu machen und uns selber, unser ganzes System, unser ganzes Bewusstsein, in Einklang mit diesen Liebesschwingungen zu bringen?

Eine wirksame Methode besteht darin, es zum obersten Ziel unserer täglichen Meditationen machen, uns in die Schwingung der Liebe zu versetzen. Das amerikanische Medium Paul Selig hat in jüngerer Vergangenheit drei bemerkenswerte Bücher „gechannelt“, die zahlreiche spezifische Handlungsanweisungen mit vielen Übungen dazu anbieten, wie wir uns in die Schwingungen der Liebe versetzen können. Dabei handelt es sich um einen zweistufigen Prozess. Zum einen wirkt der Text kombiniert mit den Übungen auf den Leser, zum anderen gibt es auch ein Team unsichtbarer Helfer, das direkt auf das Körper-Geist-Seele-System des Lesers einwirkt, um ihn in seiner spirituellen Stoßrichtung zu unterstützen[49]. Die Praxis der täglichen Meditation hilft uns

49 Die Titel der Bücher, die noch nicht auf Deutsch zur Verfügung stehen, lauten: „I am the Word“, “The Book of Love and Creation“ und “The Book of Knowing and Worth“.

auf vielerlei Weise, die schwarzen Schichten zu entfernen, zu durchdringen und aufzulösen, die es dem in uns brennenden Feuer der Liebe erschweren, an die Außenwelt zu dringen. Bei der Meditation kommen alte Wunden, Verletzungen und Narben hoch, die als schwarze Schichten wirken können. Ich selber trug viele Jahre lang Narben und Verletzungen mit mir herum, die zum Beispiel von meiner ersten Ehe herrührten. Die Praxis der täglichen Meditation half mir, diese zu erkennen und zu akzeptieren, mir selber und anderen zu vergeben und Gedanken der Liebe an diejenigen auszusenden, die ich früher als meine Hauptpeiniger betrachtet hatte. Heute kann ich aus tiefstem Herzen sagen, dass ich dankbar bin für alles, auch für die dunkelsten Stunden.

Psychotherapie kann hier natürlich auch eine Rolle spielen. Das will ich gar nicht herunterspielen.

Woraus können diese Schichten sonst noch bestehen, abgesehen von traumatischen Erlebnissen, Verletzungen, Wunden und Narben? Glaubensvorstellungen spielen auch eine Rolle. Dazu gehören Versprechen, Gelübde und Grundüberzeugungen. Wenn sich jemand zum Beispiel immer von Feinden umringt sieht, wird es ihm schwerfallen, Liebe in die Welt zu schicken. Ich kenne eine Frau, die sich immer von Feinden umzingelt sieht, die immer, wenn sie einen Auftrag vergibt, davon ausgeht, dass alle möglichen Probleme auftauchen werden, dass sie keinen fairen Deal bekommen wird, dass sie grobe Briefe schreiben müssen wird, dass sie mit rechtlichen Keulen drohen müssen wird. Jemand, der eine derartige Grundüberzeugung mit sich herumträgt, wird natürlich genau die Reaktionen heraufbeschwören, die seinen Grundüberzeugungen entsprechen. Er wird es schwierig finden, einen stetigen Strom der Liebe in seine Umwelt hinauszuentlassen. Bei bestimmten Berufen besteht die Gefahr, dass sich derartige schwarze Schichten im Laufe der Jahre aufbauen, zum Beispiel beim Beruf des Rechtsanwalts.

Auch das Spazierengehen in der Natur hilft. Wenn wir uns auf einer sonnendurchtränkten Wiese oder im sonnendurchtränkten Wald bewegen, fühlen wir unser Einssein mit der Natur, unser Herz beginnt zu jubeln. Auch dadurch werden die schwarzen Schichten aufgelöst.

Alles, was unsere Schwingungen erhöht, hilft, zum Beispiel auch Musik. Wenn wir uns die Neunte Symphonie von Beethoven anhören, wenn wir hören, wie die Chöre „Freude schöner Götterfunken“ singen, jubelt unser Herz und die Schichten werden aufgelöst.

Das Wichtigste sind natürlich, um das noch einmal zu betonen, Taten der Liebe.

Dass das Herz unser hauptsächliches Liebesorgan ist, haben die meisten Kulturen erkannt. Das Herz funktioniert sozusagen wie ein Transmissionsriemen, der die Liebesenergie von unserer Seele in die Außenwelt bringt. Nicht ohne Grund empfehlen viele Meditationsschulen Übungen, bei denen man sich auf das Herz konzentriert. Dadurch werden wir uns unseres Herzchakras und seiner Schwingungen bewusst, stärken diese durch Aufmerksamkeit und machen uns zu Bringern der Liebe.

Die Liebesschwingungen unseres Herzens können auch mit Laserstrahlen verglichen werden. Diese können wir auf Menschen, Tiere, Pflanzen und grundsätzlich alles richten, einschließlich uns selber. Wir können die Laserstrahlen so dirigieren, dass sie uns wie eine weiße Wolke der Liebe einhüllen. Das kann ich Ihnen bei Ihren täglichen Meditationen sehr empfehlen, liebe Leserin und lieber Leser. Hüllen Sie sich in diese weiße Wolke der Liebe ein und empfinden Sie Ihre Wärme und Zuneigung. Natürlich können diese Strahlen der Liebe auch eingesetzt werden, um alle Aspekte unserer Gesundheit zu verbessern. Alles ist Schwingung. Der menschliche Körper besteht nur aus Schwingungen. Unsere Gedanken haben Einfluss auf diese Schwingungen. Gedanken der Liebe, der stärksten Kraft im Universum, können alle langsamen und dunklen Schwingungen von Krankheit, Schwermut, Depressionen, alle negativen Schwingungen überwinden. Wie könnte es auch anders sein?

In seinem zweiten Buch, „Love and Creation“, bietet Paul Selig eine Methode an, die es uns ermöglicht, in dem großen Fluss der Liebe zu fließen.

Wie schon früher mehrfach erwähnt, gibt es einen großen Ozean der Stille, der Freude, des Friedens und der Liebe, der gleichzeitig mit Gott identisch ist. Dieser Ozean hat Wasserläufe, die in ihn münden. Einer der ganz großen Wasserläufe ist der Fluss der Liebe. In Ihrem Leben können Sie einfach in diesem Fluss mitschwimmen, sich von ihm tragen lassen oder an seinem Ufer sitzen bleiben. Gefühle des Vorwurfs und der Verurteilung können Sie daran hindern, in diesen Fluss zu gelangen. Paul Selig, inspiriert von seinen geistigen Helfern, bietet eine sehr bemerkenswerte Methode an, um derartige Vorwürfe und Verurteilungen zu überwinden.

Im Folgenden biete ich Ihnen einen erweiterten und modifizierten Ansatz, der aber ursprünglich auf der von Paul Selig erwähnten Methode basiert:

Erstellen Sie zunächst eine Liste von allen Situationen, Dingen und Personen, mit denen Sie durch Gefühle und Gedanken des Vorwurfs und der Verurteilung verbunden sind. Stellen Sie sich sodann vor, dass Sie an einem großen, breiten Fluss sitzen. Es könnte ein Fluss wie der Rhein oder die Donau sein. Nehmen Sie sich einen Augenblick Zeit, atmen Sie tief durch, nehmen Sie die Szene in sich auf. Genießen Sie die Situation, den Sonnenschein, die wunderschöne Landschaft. Entspannen Sie sich. Fühlen Sie sich leicht und entspannt. Stellen Sie sich nun vor, dass nach und nach all die Personen, Situationen und Dinge von Ihrer Liste um Sie herum erscheinen. Es ist eine durchaus entspannte Situation. Die Personen sind munter und haben Ihnen gegenüber eine ausgesprochen positive und lockere Haltung. Nun nehmen Sie sich zunächst jede einzelne Situation und jedes Ding vor und entlassen sie mit gütigen, freundschaftlichen und liebenden Gedanken langsam in den Fluss der Liebe. Sehen Sie ihnen nach, wie sie davonschwimmen. Fühlen Sie, wie die Gefühle des Vorwurfs und der Verurteilung und vor allem Gefühle der Schuld und Selbstverurteilung sich wie Stahlklammern von Ihrem Herzen lösen. Erlauben Sie all den Gefühlen, die mit diesen Situationen verbunden sind, noch ein letztes Mal, vor Ihrem inneren Auge Revue zu passieren. Und entlassen Sie sie dann mit Ihrem Segen in den Fluss. Genießen Sie das Gefühl der Erleichterung, das Gefühl der Freiheit, das Sie jetzt empfinden.

Als Nächstes wenden Sie sich jedem einzelnen der Menschen zu und bringen zum Ausdruck, wie sehr Sie das Verurteilen und Vorwerfen bedauern. Nehmen Sie die positive Haltung dieser Menschen auf, die Ihnen zulächeln und aus dem Zentrum ihrer Seele Verständnis entgegenbringen. Begleiten Sie dann jeden Einzelnen zum Fluss, umarmen Sie ihn und wünschen Sie ihm alles Gute auf seiner weiteren Reise zum Meer der Liebe. Schließlich bleiben Sie nur noch alleine am Ufer sitzen. Wieder empfinden Sie ein ungeheures Gefühl der Erleichterung und der Befreiung. Stellen Sie sich nun vor, dass Ihre Helfer in der geistigen Welt, zum Beispiel Engel, auf Sie zukommen, Sie an der Hand nehmen und Sie ebenfalls zu dem Fluss der Liebe geleiten. Atmen Sie noch einmal tief durch und lassen Sie sich dann in das angenehm temperierte Wasser des Flusses gleiten. Empfinden Sie, wie Sie von diesem Fluss getragen werden und dass Sie ein geliebtes Kind des Universums sind, dass Sie dem Universum vertrauen können und dass alles gut werden wird.

Der bekannte amerikanische Bestseller Autor und Coach Robert Holden beschreibt die Rolle der Liebe in unserem Leben in seinem Buch *Success Intelligence* wie folgt:

> Liebe ist der ultimative Lehrer.
> Tue was du liebst, lasse dich von Liebe leiten.
> Lasse dich von Liebe inspirieren.
>
> **Liebe ist die Aufgabe deines Lebens.**

Zum Abschluss dieses von meiner Perspektive aus gesehen wichtigsten Kapitels möchte ich Ihnen, liebe Leserin und lieber Leser, noch die Nachricht mit auf den Weg geben, dass Sie ein geliebtes Wesen sind. Es gibt so viele Menschen, die uns lieben, unsere Eltern, unsere Geschwister, unsere Kinder, unsere Freunde, unsere Tiere, unsere Pflanzen, die Sonne, den Mond und die Sterne, vor allem aber unseren Schöpfer. Wir und der Schöpfer sind eins. Er hält uns immer in seiner Hand und wir können niemals tiefer fallen als in die Hand Gottes, wie es Margot Käßmann so wunderbar zum Ausdruck gebracht hat.

Abschließend möchte ich Sie bitten, die folgenden Punkte im Auge zu behalten. Diese ebnen uns gleichzeitig den Weg zum nächsten Gesetz, dem Gesetz des Einsseins.

1. Die Liebe ist eine Urkraft in unserem Universum. Sie hat alles erschaffen und hält alles am Laufen. Sie existiert wie ein großes Feuer in unserem Inneren und es kommt darauf an, diesem Feuer zum Durchbruch zu verhelfen.
2. Liebe ist in erster Linie eine Frequenz, auf die wir uns einstellen und einstimmen können. Im Endeffekt gibt es nur die eine große, unerschöpfliche und selbstlose Liebe Gottes. Weil wir Gottes Kinder sind, brennt diese große, selbstlose, unerschöpfliche Liebe auch in unserem Inneren. Alle anderen Formen von Liebe, die uns in dieser Welt begegnen, zum Beispiel die Liebe zwischen Eltern und Kindern, Geschwisterliebe, Freundesliebe oder erotische Liebe, sind alle Modulationen dieser einen Energie und Schwingung.
3. Liebe und Furcht sind Frequenzen, die jeweils am äußersten Ende des Spektrums menschlicher Gefühle und Empfindungen stehen. Alle menschlichen Gefühle und Empfindungen lassen sich Frequenzen innerhalb dieses Spektrums zuordnen. Liebe ist die höchste und stärkste Frequenz schlechthin. Sie besitzt die Kraft, Furcht zu überwinden und auszulöschen.
4. Zu jedem Zeitpunkt unseres Lebens können wir wählen, in welchen Frequenzen wir schwingen wollen. Den Ausgangspunkt bilden immer unsere Gedanken. Wenn wir uns entscheiden, positive, liebende Gedanken zu denken, wenn wir unser Augenmerk in erster Linie auf positive und liebende Dinge richten, schwingen wir in der Frequenz der Liebe. Wenn wir unser primäres Augenmerk auf Negatives wie Gefahren, Bedrohungen, Gewalt, Hass, Katastrophen und Unfälle richten, schwingen wir in der Frequenz der Angst. Die Wahl unserer Gedanken bestimmt unsere Frequenz.

5. Das Feuer der Liebe, das in unserem Inneren brennt, ist von schwarzen Schichten der Konditionierungen, Glaubensvorstellungen und Gewohnheiten abgedeckt. Tägliche bewusste Taten der Liebe stellen einen wichtigen Schritt zum Auflösen und Verbrennen dieser schwarzen Schichten dar. Die uns innewohnende unbegrenzte Schöpferkraft erstreckt sich auch auf unsere Gedanken und Überzeugungen. Von Herzen gesprochene Affirmationen helfen uns bei unserem Übergang zu höheren Schwingungen.
6. Unser Herz, unser Liebesorgan, spielt eine zentrale Rolle im Austausch von Schwingungen der Liebe. Wenn wir unsere Aufmerksamkeit auf unser Herz richten, wenn wir von unserem Herzen sprechen, wenn wir auf die leise Stimme unseres Herzens lauschen, die immer vorhanden ist, wird unser ganzes Leben zu einem Ausdruck der Liebe. Ein gegenteiliges Verhalten ist natürlich auch möglich. Unsere Sprache charakterisiert ein derartiges Verhalten ausdrucksstark durch das Wort „herzlos“!

Wie so häufig fasste Wilhelm Busch die Rolle der Liebe in unserem Leben in wunderbarer Weise zusammen:

> Das Schönste aber hier auf Erden
> Ist Lieben und geliebt zu werden.

10. Das Gesetz des Einsseins

„Alles was wir tun,
hat Auswirkungen auf die ganze Welt."

Der Dalai Lama

Wie ich dieses Kapitel über das Einssein in Angriff nehme, fühle ich wieder einmal die Unzulänglichkeit der menschlichen Sprache. Die menschliche Sprache ist sehr eng verknüpft mit dem Verstand. Die Wahrnehmungsfähigkeit des Verstandes, die Fähigkeit des Verstandes, große Wahrheiten und Realitäten wahrzunehmen ist sehr begrenzt. Mit unserer Seele ist das ganz anders. Die Seele weiß alles, die Seele erfährt bereits das Einssein mit dem Schöpfer. Das Herz ist ein Mittler zwischen Verstand und Seele, ein Transmissionsriemen. Davon haben wir ja schon gesprochen. Horchen Sie darum immer auf Ihr Herz, liebe Leserin und lieber Leser. Horchen Sie immer auf die leise Stimme in ihrem Inneren.

In Einklang mit dem Ansatz, den wir für dieses Buch gewählt haben, wollen wir uns diesem Gesetz auch auf zwei Spuren nähern, der naturwissenschaftlichen und der spirituellen.

Aus der Quantenphysik wissen wir, dass das ganze Universum ein Quantenfeld, eine Quantensuppe darstellt. Es gibt nichts Festes. Es gibt keine Materie. Unser irdisches Denken ist sehr stark auf die Materie und auf Objekte ausgerichtet. Tatsächlich gibt es aber nach den Erkenntnissen der Quantenphysik gar nicht Festes und gar keine festen Objekte in diesem Universum. Es gibt nur Energie in Bewegung. Das hat zum Beispiel Prof. Dr. Hans-Peter Dürr, einer der bedeutendsten Quantenphysiker unserer Zeit, der viele Jahre an meiner Alma Mater, der Ludwig Maximilian Universität in München lehrte, sehr deutlich zum Ausdruck gebracht. Wenn wir der Quantenphysik Gerechtigkeit widerfahren lassen wollen, sagt Dürr, müssen wir eine besondere Sprache benutzen, die sich von unserer alltäglichen insofern unterscheidet, als sie vorwiegend aus Verben besteht und keine Substantive verwendet.

Es geht immer nur um Wahrscheinlichkeiten, „Passierchen", wie Dürr sie nennt. Wenn dem so ist, wenn das ganze Universum nur aus Energie in Schwingung besteht, ist natürlich alles mit allem verbunden und alles beeinflusst sich gegenseitig. Es ist, als ob es nur einen großen Körper gäbe, den Körper des Universums, von dem jede Zelle einen Bestandteil bildet.

Der zweite Aspekt des Gesetzes der Einheit hat, wie gesagt, mit dem Spirituellen zu tun. Wie wir schon oft betont haben, sind wir Menschen in erster Linie spirituelle Wesen. In unserem Kern sind wir eine Seele, die wiederum einen Teil Gottes darstellt. Wenn dem so ist, sind wir alle Teil der großen Gottseele. Wir sind auch spirituell alle eins.

Erlauben Sie mir, hier ein Zitat von einem der größten deutschen Physiker, Max Planck, einzufügen, das die beiden Elemente, das naturwissenschaftliche und das spirituelle, auf wunderbare Weise zusammenbringt:

„Alle Materie entsteht und besteht nur durch eine Kraft, welche die Atomteilchen in Schwingung bringt und sie zum winzigsten Sonnensystem des Alls zusammenhält. Da es im ganzen Weltall aber weder eine intelligente Kraft noch eine ewige Kraft gibt – es ist der Menschheit nicht gelungen, das heißersehnte Perpetuum mobile zu erfinden – so müssen wir hinter dieser Kraft einen bewussten, intelligenten Geist annehmen. Dieser Geist ist der Urgrund aller Materie. Nicht die sichtbare, aber vergängliche Materie ist das Reale, Wahre, Wirkliche – denn die Materie bestünde ohne den Geist überhaupt nicht –, sondern der unsichtbare, unsterbliche Geist ist das Wahre! Da es aber Geist an sich ebenfalls nicht geben kann, sondern jeder Geist einem Wesen zugehört, müssen wir zwingend Geistwesen annehmen. Da aber auch Geistwesen nicht aus sich selber sein können, sondern geschaffen werden müssen, so scheue ich mich nicht, diesen geheimnisvollen Schöpfer ebenso zu benennen, wie ihn alle Kulturvölker der Erde früherer Jahrtausende genannt haben: Gott! Damit kommt der Physiker, der sich mit der Materie zu befassen hat, vom Reiche des Stoffes in das Reich des Geistes. Und damit ist unsere Aufgabe zu Ende, und wir müssen unser Forschen weitergeben in die Hände der Philosophie."

Wie lautet nun dieses Gesetz? Und welche Handlungsempfehlungen ergeben sich daraus? *Das Gesetz* lautet schlicht und ergreifend: Alles ist eins[50]. *„Das Fundament unserer Wirklichkeit ist nicht die Materie"*, sagt Hans-Peter Dürr, *„... sondern etwas Spirituelles, das garnicht begreifbar ist. Schon der Ausdruck Fundament ist falsch, denn „Fundament" ist an die Vorstellung von „Substanz" gebunden. Im Grunde unserer Wirklichkeit ist kein Fundament sondern eine Quelle, etwas Lebendiges ... Es gibt nur Beziehungsstrukturen, es gibt keine Objekte."*

Wir Menschen sind eins mit der Natur, mit unseren Mitmenschen. Wenn wir jemand anderem einen Schaden zufügen, fügen wir ihn uns selber zu. Wenn wir unserer Erde Schaden zufügen, zum Beispiel durch Klimaveränderung oder Luftverschmutzung, schaden wir uns selber. Bei diesen Beispielen ist das offensichtlich. Sehen Sie hier den Zusammenhang mit dem Gesetz von Ursache und Wirkung?

Der Gedanke dass alles mit allem verbunden ist und dass wir zu allen Zeiten eine Verantwortung für das Ganze tragen spielt auch eine zentrale Rolle im Buddhismus, wie er von Thich Nath Hanh (TNH) gelehrt wird. TNH hat die Theorie des „Interbeings" – auf Deutsch „Interseins" entwickelt, die genau diesen Gedanken zum Gegenstand hat. Die Praxis des Buddhismus, wie sie von TNH gelehrt wird, ist in erheblichem Umfang auf die Tatsache des Interseins fokussiert. Dass Mitgefühl für alle lebenden Wesen und Verantwortungsgefühl für die ganze Welt dabei eine zentrale Rolle spielen, liegt auf der Hand. TNH gründete auch einen „Order of Interbeing".

50 „Alles ist Geist", sagt das erste Hermetische Gesetz

Wenn Sie das so lesen mag es Ihnen sogar plausibel und einleuchtend erscheinen. Sobald wir aber zur Realität unseres täglichen Lebens zurückkehren, die von unseren fünf Sinnen und der materiellen Welt bestimmt ist, erscheint uns das Gesetz der Einheit auf einmal wieder sehr fernliegend, abstrakt und vielleicht sogar unsinnig.

Es gibt Schritte, die dabei helfen, das Gesetz des Einsseins zu verinnerlichen und langsam in unserem täglichen Leben umzusetzen. Hier kommt mir ein ganzer Strauß von Maßnahmen in den Sinn. Zuerst der Prozess der täglichen Absichten. Davon habe ich schon früher gesprochen. Am frühen Morgen, bevor ich mein Tagewerk in Angriff nehme, atme ich tief durch, gehe nach innen und sehe mir meine Absichten an. Ich beabsichtige, mir täglich klarzumachen, dass ich in erster Linie ein spirituelles Wesen bin, eine Seele, die einen Teil der Seele Gottes bildet und dass ich deshalb mit allen meinen Mitmenschen, dem ganzen Universum eins bin. Ich stelle mir auch vor, dass ich Licht und Liebe bin. Ich sehe vor meinem geistigen Auge das Feuer der Liebe, das in meinem Herzen brennt, gemeinsam mit dem Feuer im Herzen der Brust aller anderen Menschen. Ich stelle mir das große Meer, den großen Ozean der Stille, der Liebe, der Ruhe, des Friedens und der Kreativität vor und dass ich einen Teil dieses großen Ozeans bilde.

Das bringt uns zum zweiten Handlungsgebot, das mit der Angst, mit der Furcht zusammenhängt, die auf den Menschen lastet. Wie kann das Gesetz des Einsseins den Menschen helfen, mit der Angst fertig zu werden? Es ist der Gedanke, dass wir Teil eines großen, liebenden Universums sind. Das Universum, die Intelligenz, die alles leitet und dirigiert, ist durch Liebe gekennzeichnet. Sie ist Liebe. Das haben wir schon oft wiederholt. Wie kann etwas, was Liebe ist, Ihnen schaden, liebe Leser? Wenn alles eins ist, dann ist dieses Universum der Liebe auch irgendwie in alles involviert. Gott ist in allem, in jedem Windhauch, in jedem Steinchen, in jeder Tat, auch wenn sie scheinbar noch so schlimm und böse aussieht. Die meisten von Ihnen haben Angst vor dem Tod. Tatsächlich gibt es aber keinen Tod. Es gibt nur ein ewiges Leben in verschiedenen Formen, zum Beispiel als irdische Existenz oder in der geistigen Welt nach dem Tod. Das bewusste Leben geht immer weiter. Der Tod ist etwas Erfreuliches, etwas Befreiendes. Emmanuel vergleicht das Austreten aus dem physischen Körper mit dem Ausziehen eines Schuhes, der zu eng ist. Er sagt, es sei auch, als trete man aus einem stickigen Zimmer heraus an die frische Luft. Man empfindet ein Gefühl der Befreiung. Mein an Krebs verstorbener Freund, den ich im Kapitel über die spirituelle Reise erwähnte, brachte das mittels einer „gechannelten" Botschaft während seiner Totengedenkfeier zum Ausdruck. Er sagte, er fühlte ich jetzt so frei wie ein Schmetterling. Eine ungeheure Freude und Begeisterung, ein Gefühl des Freiseins schwang in seiner Botschaft mit, wie sie von seinem Freund übermittelt wurde.

Bei dem Gesetz des Einsseins geht es immer auch darum, Schranken zu überwinden. Schranken gegenüber anderen Menschen, die zum Beispiel in weiter Ferne leben. Der Mensch verändert sich durch seine Gewohnheiten. Wenn man es sich zur Angewohnheit macht, regelmäßig Spenden an Menschen zu tätigen, die man nicht persönlich kennt, so verändert man sich dadurch. Und wenn man Menschen hilft, die man vor sich sieht, so strahlt einem Liebe von ihnen entgegen. Das verändert einen. Das hilft einem, das Gesetz des Einsseins zu realisieren.

Im Endeffekt geht es natürlich immer darum, sich mit dem Absoluten, dem Geist, dem Tao, Brahma, mit Allah, mit Gott zu verbinden. Das ist ja das Endziel unserer irdischen Existenz. Über verschiedene Aspekte der Realisierung dieses Zieles haben wir schon mehrfach gesprochen, etwa den Gedanken, dieses Erdenleben als Klassenzimmer anzusehen, oder den Gedanken, dass wir uns dauernd neu erschaffen können in der höchsten Version, der höchsten Vision, die wir für uns haben. Diese Aspekte stehen nicht in einem Entweder-Oder-Verhältnis. Jeder reflektiert ein Element der Realität. Jeder hat seinen Wert. Meditation und Achtsamkeit können uns helfen, das Gesetz des Einsseins zu begreifen und zu verinnerlichen. Zum Königsweg der Meditation werden wir gleich noch mehr im nächsten Kapitel sagen.

Dass alles eins ist, ist eine Tatsache. Davon sprachen wir schon am Anfang dieses Kapitels. Unser Problem besteht darin, dass wir wegen unserer Ausrichtung auf die materielle Welt und das, was wir mit unseren fünf Sinnen wahrnehmen können, die Fähigkeit verloren haben, das Einssein wahrzunehmen. Lassen Sie mich das nochmal wiederholen. Das Einssein ist eine Tatsache. Und wenn Menschen wie Pramahansa Yogananda das Einssein, das Samadhi, erfahren und erleben, dann hängt das einfach nur damit zusammen, dass es ihnen gelingt, den Schleier, der sie ablenkenden und in die Irre führenden Gedanken beiseite zu räumen. Es ist dann, als ob einem Schuppen von den Augen fielen. Auf einmal sieht man das große Meer der Liebe, man sieht, wie alles fließt. Das ganze Universum ist nur wie ein großer Fluss von Energie, der sich auch durchaus farbig darstellen kann. Merken Sie, liebe Leser, wenn ich jetzt davon spreche, haben Sie schon ein Bild von dieser fließenden, farbigen Energie vor Ihrem inneren Auge! Natürlich können Sie Gott nicht sehen. Gott ist formlos. Er ist in allem. Er ist auch in dieser fließenden Energie. Wenn Sie seine Gegenwart darin fühlen, kommen Sie ihm in Ihrer Wahrnehmung und in Ihrem Gefühl sehr nahe. Etwas Ähnliches gilt auch für den Ton. Vermutlich nehmen viele von Ihnen oft einen relativ hohen Ton in einem oder beiden Ohren wahr. Dies ist die Schwingung Gottes. Wenn Sie sich auf diese Schwingungen konzentrieren und sich dieser Schwingung bewusst werden, sind Sie auch mit der Quelle verbunden. Das ist ein anderer Weg, um die Quelle zu erfahren. Natürlich erfahren Sie die unbegrenzte Intelligenz, die alles gemacht hat und alles am Laufen hält auch in den täglichen Wundern und Synchronizitäten, die Sie unweigerlich mehr und mehr erleben werden.

Vor einiger Zeit stieß ich auf ein vollständig „gechanneltes" umfangreiches Werk von Rasha mit dem bestechend einfachen englischen Titel *„Oneness"*, zu Deutsch *„Einssein"*. Es bedurfte keines großen Unterscheidungsvermögens, um zu erkennen, dass die hier angebotenen Weisheiten von einer sehr hohen Quelle in der geistigen Welt stammen und das Thema Einssein in umfassender Weise behandeln, mit besonderem Abstellen auf die

Prozesse des Aufstiegs und der Bewusstseinsveränderung der Erde, die zur Zeit im Gange sind. Rasha legt großes Gewicht auf die Polarität zwischen Einssein und Getrenntsein. Sie betont, dass wir unser Denken und unsere Verhaltensweisen, die von einem Blickwinkel des Getrenntseins geprägt sind, überwinden müssen, um das Einssein zu erfahren. Und sie bietet besondere Methoden an, um dies zu erreichen. Zum Beispiel betont sie, dass wir uns immer unserer Emotionen bewusst sein sollten. Wenn wir sie nicht verleugnen, können wir auch damit umgehen und vor allen Dingen routinemäßige, tief eingewurzelte Verhaltensweisen vermeiden, ihnen sozusagen mental vorbeugen, indem wir uns immer selber sagen: „Dieses Mal werde ich mich nicht von meinen Emotionen beherrschen lassen und in das etablierte Muster verfallen, das dadurch bestimmt ist, Recht haben zu wollen." Dies ist ein Punkt, den man gar nicht genug betonen kann. Wenn man sich in der Welt umsieht, auch in der Politik, fällt einem auf, das für die meisten Menschen Recht zu haben unheimlich wichtig ist.

Dies ist ein Verhalten, das natürlich ganz maßgeblich von dem weltlichen Ego bestimmt wird. Das weltliche Ego zieht sein Selbstwertgefühl daraus, dass es Recht hat. Eine solche Haltung wurzelt tief in der Überzeugung vom Getrenntsein. Wenn alles eins ist, wenn wir alle eins sind, macht es keinerlei Sinn, Recht zu haben. Es ist begrifflich unmöglich, vollständig absurd, Recht zu haben oder Recht haben zu wollen. Für einen Menschen, der begriffen und verinnerlicht hat, dass alles eins ist, dass wir alle eins sind, ist das Thema des Rechthabens einfach irrelevant. Was wäre es doch für eine Befreiung für unsere Gesellschaft, wenn sich diese Auffassung durchsetzen könnte und das Thema vom Tisch wäre. Diese Erkenntnis öffnet übrigens auch die Augen für die Unsinnigkeit mancher Talkshows, mit denen die Bundesbürger bombardiert werden. Diese sind bewusst so angelegt, dass gegensätzliche Auffassungen in aggressiver Weise aufeinandertreffen. Natürlich ist es gut und richtig, eine Meinung zu einem Thema zu haben. Es ist auch gut und richtig, Vorlieben für bestimmte Dinge zu haben. Für den Erleuchteten kommt es aber darauf an, einen Zustand innerer Harmonie zu erhalten und auch Harmonie mit der Außenwelt. Dies wird dadurch erreicht, dass er eine Haltung des Abstandes, des „Detachments“ gegenüber allen denkbaren Auffassungen zu einem Thema einnimmt.

Lassen Sie mich an einem kleinen Beispiel erläutern, worum es hier geht. Ich stehe politisch eher links, bin linksliberal. Einer meiner vier Söhne neigt manchmal dazu, Sympathien für rechtsgerichtete Kräfte zu hegen und an den Tag zu legen. Wenn derartige Themen bei unseren regelmäßigen Skype-Konversationen hochkommen, neigt mein Sohn manchmal dazu, etwas emotional zu werden. Seine Stimme wird dann lauter und höher. In der Vergangenheit konnte ich bei solchen Gelegenheiten dann auch nicht an mich halten. Ich wurde auch erregt und manchmal laut. Das ist jetzt anders geworden. Bei unserem Gespräch heute Morgen, ich schreibe diese Zeilen am 10. Dezember 2016, ergab sich wieder eine derartige Situation. Diesmal war alles anders. Ich erkannte die Situation, erkannte die Emotionen auf beiden Seiten und sagte mir dann: „Was für eine tolle Gelegenheit, meine neugelernten Prinzipien zur Anwendung zu bringen.“ Verflogen war jedes emotionale Engagement von meiner Seite. Ich konnte auch meinem Sohn gleich meine neugewonnene Einsicht und meine neugewonnene Haltung erklären. Wir konnten beide lauthals darüber lachen und die Frage, wer Recht oder Unrecht hat, war einfach vom Tisch. Um das noch klarzustellen, ich hege nach wie vor keinerlei Sympathien für rechtsgerichtete Kräfte. Es ist aber völlig unwichtig für mich, einen Streit mit meinem Sohn zu diesem Thema zu gewinnen. Wenn wir alle eins sind, gibt es keinen anderen, den man besiegen kann.

Das Empfinden von Mitgefühl ist ein zentrales Thema im Rahmen der Diskussion über das Einssein. Sie und ich, liebe Leserin und lieber Leser, wir sind eins. Wir sind Teil dieses Ozeans, Sie und ich und das verhungernde Kind in Afrika sind wie Wellen dieses großen Ozeans, der die Energiesuppe des Universums verkörpert. Es geht also darum, ein Gefühl für dieses Einssein zu entwickeln sowie dafür, dass auch alle anderen Menschen eins mit dem Ozean und mit uns sind. Sie sind, um bei diesem Bild zu bleiben, andere Wellen desselben Ozeans. Um dies zu begreifen, hilft es sich vorzustellen, in den Schuhen des anderen zu gehen und dadurch Mitgefühl für ihn zu entwickeln, seine Nöte und Ängste zu empfinden und den Wunsch zu empfinden, ihm zu helfen und ihn als unseren Bruder und unsere Schwester zu sehen.

Einige der bewegendsten Beschreibungen der Erfahrung, dass alles mit allem verbunden und dass wir buchstäblich alle eins sind, finden sich in einem von Anita Morjani geschriebenen Buch mit dem Titel *„Dying to be Me"*. Anita befand sich in der Endstufe einer ganz schweren Krebserkrankung und die Ärzte erwarteten in jedem Augenblick ihr Ableben. Der sehr detaillierten Beschreibung ihrer Nahtoderfahrung habe ich das folgende Zitat entnommen, das ich im Originaltext wiedergebe, weil seine Essenz sich nur schwer übersetzen lässt[51].

„I felt myself completely enveloped in a sea of unconditional love and acceptance. I was able to look at myself with fresh eyes, and I saw that I was a beautiful being of the Universe. I understood that just the fact that I existed made me worthy of this tender regard rather than judgement. I didn't need to do anything specific; I deserved to be loved simply because I existed, nothing more and nothing less …

I became aware that we are all connected. This was not only every person and living creature but the interwoven unification felt as though it were expanding outward to include *everything* in the universe – every human, animal, plant, insect, mountain, sea, inanimate object and the cosmos. I realized that the entire universe is alive and infused with consciousness, encompassing all of life and nature. Everything belongs to an infinite Whole. I was intricately, inseparably enmeshed with *all* of life. We are all facets of that unity – we are all One and each of us has an effect on the collective Whole."

---

51 S. 69, 70

Es gibt eine weltweit vernetzte Gemeinschaft von Menschen, die jedes Jahr am 24. Oktober den Tag des Einsseins (Oneness) feierlich begeht. Im Zentrum der Feierlichkeiten steht ein zwölfstündiges Onlineprogramm mit Interviews und Gesprächen zum Thema des Einsseins. Im Folgenden gebe ich die von dieser Gruppe im Jahre 2016 herausgegebene Erklärung wieder, die die Essenz des Gesetzes des Einsseins und seine Implikationen für die Menschheit in großartiger Weise auf den Punkt bringt.

Ich erkläre,

1. dass die Botschaft "Wir sind alle eins" – verbunden und verwoben – mit Gott, dem Leben und Miteinander, die eine spirituelle Botschaft ist, auf die die Welt gewartet hat, damit sie nachhaltige Antworten voller Liebe auf die Herausforderungen der Menschheit gibt;
2. dass die Welt nicht so sein muss, wie sie ist – und dass jeder einzelne Mensch sie durch seine Kraft als Mitglied der spirituellen Gemeinschaft verändern kann;
3. dass die Menschheit gut ist, dass sie unbegrenztes Potenzial hat und dass sozialer Wandel mit persönlicher Veränderung beginnt. Deshalb erkenne ich an, wie wichtig es ist, mich auf meinem gesamten Lebensweg mit meinem göttlichen Kern und meiner inneren Weisheit zu verbinden, um den schönsten und höchsten Ebenen des menschlichen Potenzials zu erlauben, zum Wohle aller zu blühen;
4. dass mein Streben die spirituellen Prinzipien, die weltweite Ethik und die universellen Werte wie Respekt, Gerechtigkeit, Frieden, Würde, Freiheit, Verantwortung und Zusammenarbeit unterstützt, die dieser Erklärung zugrunde liegen:
5. dass sich die Menschen gegenseitig brauchen, um auf dieser Welt zu überleben. Ich erkenne an, dass wir alle zusammen betroffen sind und dass Gemeinschaft wächst, während wir etwas übereinander lernen und das Wunder und die Schönheit unserer Verschiedenheit erkennen. Ich erkläre, dass ich meinen Teil dazu beitragen werde, eine Kultur hervorzubringen, in der wir, die Völker der Erde, unsere gemeinsamen, globalen

Interessen auf ganzheitliche, positive und gestalterische Art und Weise einsetzen und miteinander in Frieden leben können;

6. dass das Einssein die Gesamtheit des Lebens umfasst – auch diejenigen Teile, die wir als „anders" ansehen. Mir ist bewusst, dass die Erfahrung von Ganzheit und Zusammengehörigkeit nur gemacht werden kann, wenn die Einzigartigkeit, die Schönheit und der Sinn aller Lebensbereiche erkannt werden und dass dieser Weg mit meiner Selbst-Erkenntnis beginnt;
7. dass ich Teil eines wachsenden Bewusstseins bin, welches eine Haltung von Offenheit, von Wissbegierde, von intensiver Beziehung zu mir selbst und zum gesamten Universum fördert, eine Haltung, die immer weiter fortfährt, das Wunder, die Schönheit und das Mysterium des Ganzen wertzuschätzen;
8. dass ich den weltweiten Tag des Einsseins unterstützen werde, der für die gesamte Menschheit geschaffen wurde, damit wir jedes Jahr als eine menschliche Familie zusammenkommen, um das Einssein mit dem Göttlichen, miteinander und mit dem Leben selbst zu diskutieren, zu feiern und zu erfahren,
9. dass die Zeit für Veränderung jetzt gekommen ist.

11. Das Gesetz der Meditation

Wenn du die Berührung mit der inneren Stille verlierst, verlierst du den Kontakt mit dir selbst. Wenn du den Kontakt mit dir selbst verlierst, verlierst du dich in der Welt.

Eckhart Tolle

Dass der Meditation eine zentrale Rolle auf dem Weg zukommt, den Ihnen dieses Buch anbietet, ahnen Sie vielleicht schon, liebe Leserin und lieber Leser. In diesem Kapitel geht es nun darum, das Thema der Meditation in gezielter Weise anzugehen und drei zentrale Fragen zu beantworten: Warum meditieren wir, was sind die Wirkungen der Meditation und wie gehen wir am besten dabei vor? Natürlich geht es auch um die Rolle der Meditation beim Verstehen und Meistern der spirituellen Gesetze, die Verbindung von Meditation und Glück und darum, wie genau das spirituelle Gesetz der Meditation lautet.

Ich meditiere nun schon seit über 40 Jahren nahezu an jedem Tag und kann aus vollster Überzeugung sagen, dass die Minuten und Stunden, die ich damit verbringe, zu den wertvollsten und bereicherndsten gehören, die ich täglich erlebe.

Warum berührt das Bild des in Lotusposition sitzenden, still lächelnden Buddhas das Herz der Menschheit nun schon seit so vielen Jahrhunderten bis auf den heutigen Tag? Weil wir eben tief in unserem Herzen fühlen, dass etwas dran ist an diesem Prozess der Meditation, diesem Prozess des Nach-Innen-Gehens und dass es keinen Ersatz dafür gibt. Darin liegt wohl das größte Geschenk, das der Buddhismus der Welt gemacht hat – er hat die Aufmerksamkeit der Welt auf die Bedeutung des Nach-Innen-Gehens gerichtet.

Gleich zu Beginn dieses Kapitels möchte ich ganz klar und deutlich sagen, dass es eine Wissenschaft der Meditation gibt und ihre Wirkung wissenschaftlich bewiesen ist. Es gibt auch Studien über den Zusammenhang zwischen Meditation und Glück. Meditation ist kein schwammiges New-Age-Konzept oder etwas, was nur für östliche Religionen und Philosophien relevant ist. Unter Meditation verstehe ich hier eine Versenkungstechnik, bei der es zu einer Umschaltung des Bewusstseins kommt, das heißt, der Meditierende gelangt in einen Bewusstseinsmodus, der sich von seinem Tagesbewusstsein unterscheidet.

Unser normales Wachbewusstsein – unser rationales Bewusstsein, wie wir es nennen können – ist nur eine bestimmte Art von Bewusstsein, um das herum Bewusstseinsformen liegen, die ganz andersartig und von ihm nur durch dünne Schleier getrennt sind. Keine Betrachtung der Welt kann vollständig sein, die diese anderen Bewusstseinsformen einfach unberücksichtigt lässt. Die Meditation ist die klassische Methode um zu diesen anderen Bewusstseinsformen vorzustoßen.

Der amerikanische Meditationspsychologe Robert Ornstein vergleicht den Meditationsvorgang mit dem Auslöschen des Tageslichtes, um nun in der Dunkelheit die feinen Licht-Reize der Sterne am Himmel wahrnehmen zu können, die bei der großen Helligkeit des Tages nicht sichbar sind.

Und so haben alle Meditationsmethoden miteinander gemein, sich zunächst durch das Zurückziehen der Sinne von der Welt vom Tagesgeschehen und Wachbewusstsein zu lösen. Es wird ein ruhiger Platz gesucht, die Augen werden (nicht bei allen, aber bei den meisten Methoden) geschlossen, sodass möglichst wenige Reize von außen den Meditierenden stören können. Um in den meditativen Bewusstseinszustand zu gelangen, wird dann ein Konzentrationsobjekt zu Hilfe genommen, auf das der Meditierende seine Aufmerksamkeit lenkt. In dieser allgemeinen Form wird die Meditation seit Jahrtausenden von der Menschheit genutzt, und es gibt wohl kaum eine Kultur, die den meditativen Zustand nicht gekannt und keine systematischen Meditationsübungen entwickelt hätte. Dabei gibt es eine große Vielfalt von Meditationsobjekten. Indische Gurus benutzen Mantras (heilige Worte oder Silben) oder Mandalas (symbolische Malereien), meditieren über das Feuer einer Kerze, über die aufgehende Sonne oder über innere Körperempfindungen. Im Buddhismus ist die

Hauptmethode die Konzentration auf den Atem. Im Christentum sind es hauptsächlich Bibelstellen, auf die sich der Meditierende konzentriert. Wie bei den inneren Objekten herrscht Vielfalt auch bei den äußeren Formen des Meditierens, das keineswegs immer und überall nur im Sitzen praktiziert wird. Im Sudan hatten meine Frau und ich Gelegenheit, Sufi-Derwische zu beobachten, die ihr Bewusstsein durch monotone, wirbelnde Gruppentänze veränderten. Bei vielen Naturvölkern verändern das Starren in das Lagerfeuer oder der Tanz um das Feuer das Bewusstsein. Während meiner Aufenthalte in New York kam ich im Rahmen des bei den Vereinten Nationen angesiedelten Parapsychologischen Clubs mit einer typisch amerikanischen Variante in Berührung, dem sogenannten Alpha-Feedback-Training, bei dem ein Gerät die Frequenz der Gehirnwellen misst und dem Übenden bei einer bestimmten Frequenz, nämlich dem Alpha-Rhythmus, ein Signal gibt. Ihm wird von der Maschine rückgemeldet: „Halt, jetzt hast du in deinem Gehirn den Alpha-Wellen-Rhythmus der Gehirnströme eingeschaltet!“ Auf diese Weise lernt der Übende, diesen bioelektrischen Alpha-Rhythmus seines Gehirns willkürlich zu produzieren – und schon ist er im meditativen Zustand. Verschiedene Untersuchungen mit modernen Messinstrumenten zeigen, dass der meditative Zustand, ganz egal durch welche Methode er erreicht wird, mit bestimmten physiologische Veränderungen einhergeht, und eine davon ist die Verlangsamung der Gehirnwellenfrequenz zum Alpha-Rhythmus.

In Deutschland ist mit dem Autogenen Training von H. J. Scholz eine meditative Technik mit psychotherapeutischem Hintergrund entwickelt worden.

Im Folgenden werde ich zunächst die verschiedenen heilsamen Wirkungen der Meditation zusammenfassen und danach noch etwas mehr zu den praktischen Aspekten sagen. Anschließend sprechen wir über die besondere Rolle der Meditation beim Meistern der spirituellen Gesetze und die Frage, wie das Gesetz der Meditation genau lautet.

In ihrem Buch *Selbstentfaltung durch Meditation* erwähnen Schwäbisch/Siems 17 positive, wissenschaftlich erhärtete Wirkungen der Meditation, jeweils mit ausführlichen Hinweisen auf die zugrundeliegende Literatur. Einige will ich hier auflisten:

- Meditierende haben über den Zeitraum von einem Jahr gemessen einen größeren Zuwachs an Intelligenz als Nichtmeditierende. Dabei ist der Zuwachs bei regelmäßig Meditierenden sehr viel größer als der bei unregelmäßig Meditierenden. Die Intelligenz ist mit verschiedenen psychologischen Tests gemessen worden.
- Meditierende sind Nichtmeditierenden in Erinnerungstests überlegen. Dies kann als Verbesserung der Lernfähigkeit interpretiert werden.
- Die Fähigkeit zur Lösung arithmetischer Probleme verbessert sich durch Meditation. Dabei war die Verbesserung bei der Versuchsgruppe größer als bei einer Kontrollgruppe, die zweimal täglich eine Entspannungsübung durchführte.
- Durch Meditation verbessert sich die akademische Leistung von Studenten.
- Meditierende Angestellte schätzen ihre Beziehung zu den Mitarbeitern positiver ein als Nichtmeditierende.
- Meditierende haben bessere Leistungen in motorischen Geschicklichkeitstests als Nichtmeditierende.
- Hoher Blutdruck verringert sich bei Versuchsgruppen, die über ein Jahr hinweg meditieren.
- Meditierende erhöhen ihre innere Kontrolle stärker als eine nichtmeditierende Kontrollgruppe. Die Verringerung von Angst ist ebenso größer.
- Schlaflosigkeit kann durch Meditation zurückgehen. Die mittlere Minutenzahl bis zum Eintritt des Schlafes verringerte sich bei der Experimentalgruppe über 30 Tage von ca. 80 Minuten auf ca. 15 Minuten.
- Durch Meditation verbessert sich die Feldunabhängigkeit der Wahrnehmung, d. h. störende Reize beeinflussen die Wahrnehmung eines Objektes in geringerem Maße. Die Feldunabhängigkeit ist ein gutes Maß für die Güte der neurologischen Organisation.

- Nach eineinhalb Monaten zeigten die Meditierenden bessere Werte für das Ausmaß der Selbstaktualisierung, gemessen an der Northridge Development Scale.
- In den wichtigsten Dimensionen von Selbstverwirklichung oder Selbstaktualisierung zeigen sich schon nach zweimonatiger Meditation starke Verbesserungen.
- Drogenmissbrauch wird durch Meditation drastisch reduziert.
- Ebenso verringert sich Alkohol- und Zigarettenmissbrauch durch Meditation.
- Eine Untersuchung der Wirkung von Meditation auf Gefängnisinsassen zeigt eine starke Verringerung der Angst, Abnahme von Gewalttätigkeit und eine Zunahme von positiven Aktivitäten.
- Eine besonders für Psychotherapeuten und andere Personen in helfenden Berufen interessante Arbeit zeigt, dass Meditation das Einfühlungsvermögen in andere Menschen verbessert.

Von den Universitäten Harvard und Princeton und dem Max-Planck-Institut für Neurowissenschaften in Leipzig durchgeführte Studien zeigen übereinstimmend, dass regelmäßiges Meditieren sich sogar in der Morphologie des Gehirns niederschlägt. Bildgebende Verfahren wie Computertomografien belegen, dass der Mandelkern schrumpft, eine Struktur, die unter anderem an der Steuerung von Angst beteiligt ist. Zugleich nimmt die graue Substanz (die Anzahl von Nervenzellen und Verbindungen zwischen Nervenzellen) in Bereichen des Gehirns zu, die mit Lernen, Erinnern und Mitgefühl assoziiert sind. Deepak Chopra betont in seinem unlängst erschienenen Buch *„Super Genes, the hidden key to total wellbeing“*, das er zusammen mit dem Neurologen E. Tanzi schrieb, dass Meditation eine positive Wirkung auf Gene hat, die mit der Alzheimer-Krankheit assoziiert werden. Meditieren resultiert auch in einem dramatischen Anstieg des „Anti-Aging Enzymes“ Telomerase[52]. Meditation aktiviert den

52 S. 180

Präfrontalen Cortex – den Sitz höheren Denkens – und stimuliert das Freisetzen von Neurotransmittern, einschließlich Dopamin, Serotonin, Oxytocin und Gehirnopiaten. Jede dieser natürlich vorkommenden Gehirnchemikalien weist Berührungspunkte zu Gefühlen des Glücklichseins auf. Dopamin wirkt gegen Depressionen, Serotonin wird mit einem gestärkten Selbstwertgefühl assoziiert, von Oxytocin wird angenommen, dass es das Lusthormon sei (sein Niveau ist auch bei sexueller Stimulation erhöht) und Opiate sind die Schmerzmittel des Körpers, die auch die Hochgefühle hervorrufen, die mit dem „Runners High" assoziiert werden.

Wolf Singer, Leiter der Abteilung für Neurophysiologie am Max-Planck-Institut für Hirnforschung in Frankfurt hat einen Dialog mit dem buddhistischen Mönch Mathieu Ricard über das Thema „Hirnforschung und Meditation" geführt. Dieser Dialog, der 2008 als ein Büchlein im Verlag Suhrkamp veröffentlicht wurde, berichtet ausführlich über die wissenschaftlich belegten Wirkungen und Auswirkungen der Meditation.

Wie Sie dieser Zusammenfassung entnehmen können, besitzt die Praxis der täglichen Meditation das Potenzial, so umfassende, positive Veränderungen in Ihrem Körper-Geist-Seele-System herbeizuführen wie wohl nichts anderes. Der Zusammenhang mit den spirituellen Gesetzen liegt in den meisten Fällen klar auf der Hand.

Zuallererst wären die rein gesundheitlichen Wirkungen anzuführen. Während der Meditation entspannt sich unser Körper. Blutdruck und Pulsschlag normalisieren sich. Wie schon mehrfach erwähnt, gehört zum Rhythmus eines gesunden Körpers die Abwechslung von Spannung und Entspannung. Es gilt das Gesetz des Rhythmus. Alles befindet sich immer in Bewegung und immer im Rhythmus gemäß bestimmter Schwingungsmodalitäten. Wenn sich nun ein Körper immer im Zustand der Spannung befindet, zum Beispiel durch kontinuierlichen Stress, mangelt es ihm an Ruhe und Entspannung. Langfristig kann das nicht gut gehen. Es führt zu Störungen wie Bluthochdruck und anderen Herz-Kreislauf-Beschwerden. Die Meditation hilft dem

Körper, zu seinem natürlichen, gesunden Rhythmus zurückzufinden.

Ein anderes wichtiges Ziel der Meditation besteht im Zurückfinden zu unserer wahren Natur. Wie ich schon mehrfach erwähnt habe, sind wir Menschen in unserem Kern, in unserer wahren Natur, Liebe. In unserem Inneren, in unserer Brust, brennt die Flamme der Liebe, die man auch mit einer strahlenden Sonne vergleichen kann. Liebe, die die höchste Schwingung im Universum darstellt, kann auch mit den höchsten Formen menschlichen Seins gleichgesetzt werden, d. h. mit Güte, Großzügigkeit, Hilfsbereitschaft, Friede, Harmonie und Schönheit. Diese Seinszustände, die unsere wahre Natur ausmachen, sind bei den meisten Menschen durch zahllose Geschichten der Konditionierung überdeckt. Das fängt schon mit dem kleinen Kind an, das dauernd Korrekturen und Hinweisen darauf, wie es sich verhalten soll oder nicht, ausgesetzt ist. Dadurch wird das freie Ausleben des natürlichen, guten, schönen und edlen Menschseins eingeschränkt und schließlich ganz und gar abgeschnitten. Jedes Mal, wenn wir meditieren, leuchtet das Feuer der Liebe in unserem Inneren heller, weil nach und nach die dunklen Schichten der Konditionierung reduziert werden. Sie werden sozusagen weggeschmolzen. Dieser Prozess kann auch mit dem Waschen eines Stück Stoffes in einem Strom verglichen werden. Jedes Mal, wenn wir den Stoff waschen, verringert sich die Anzahl der Flecken, die originären Farben und Muster des Stoffes beginnen mehr und mehr zu leuchten. So ist es auch mit der Meditation: Durch jede Meditation beginnt das im Herzen des Menschen brennende Licht der Liebe stärker zu leuchten.

Wir alle tragen große und kleine psychische Probleme mit uns herum, die vielerlei Ursprünge haben – in Erfahrungen während unserer Kindheit, traumatischen Erlebnissen und vielleicht auch früheren Inkarnationen. Die Meditation macht es möglich, diese Probleme an die Oberfläche zubringen, sie bewusst zu machen und aufzulösen. Natürlich besteht hier eine Parallele zum Prozess der Psychoanalyse. Technisch gesehen vollzieht sich während der Meditation ein dauernder Wechsel zwischen Entspannungsvertiefung und Desensitivierung. Ist eine bestimmte Entspannungstiefe erreicht, kann neues Material aus dem Unbewussten aufsteigen und desensitivierend bearbeitet werden. Ist das geschehen, kann die Entspannung noch weiter vertieft werden. So ergibt sich keine systematische, sondern eine unsystematische, selbstregulative Desensitivierung. Um bildhaft deutlich zu machen, was das auf der Gefühlsebene heißt, können wir sagen, dass in der Meditation negative Gefühle von Angst, Ärger, Hass und Misstrauen ausgeschwemmt werden, während wir mit Gefühlen von Liebe, Vertrauen und Freude angereichert werden. Durch Meditation lösen wir uns von Erfahrungen unter der Überschrift „Ich werde nicht geliebt und das tut weh" und füllen uns mit dem Gefühl „Ich bin liebenswert" an. Damit setzt die Meditation als Methode zur Veränderung an einem der zentralsten Orte der menschlichen Existenz an. Das bedeutet auch, dass ihre Wirkungen unspezifisch sind und auf den verschiedensten Ebenen wahrnehmbar werden können. Körper, Fühlen intrapersonelle Kommunikation, die Kommunikation mit anderen Menschen, intellektuelle Leistungen sowie künstlerische Inspiration – auf all diesen Ebenen ergeben sich positive Veränderungen, wenn wir uns langsam vom alten Stress befreien. Solche Veränderungen geschehen nicht von heute auf morgen und der Vorgang der Entstressung zieht sich über Jahre hinweg. Selbstentfaltung ist ein lebenslanger Prozess. Aber auch schon nach wenigen Monaten Meditation sind erstaunliche Effekte zu erreichen.

Der Begriff der Akzeptanz spielt eine ganz wichtige Rolle in diesem Zusammenhang. Wir akzeptieren ohne zu urteilen, was an Gedanken und Gefühlen hochkommt,. Und seien sie auch noch so „schlecht". Dies ist als das Eintreten in das Ist-Sein bekannt. Im Ist-Sein ist die Freiheit zu finden. Eine Sache, der wir uns widersetzen, bleibt bestehen. Was wir uns anschauen, das verschwindet. Das heißt, es verliert seine illusionäre Form. Wir sehen es als das, was es ist. Und was ist, kann immer verändert werden. Nur das, was nicht ist, kann nicht verändert werden. Wenn wir etwas akzeptieren, verschafft uns das die Kontrolle darüber. Was wir leugnen, können wir nicht kontrollieren, denn wir haben behauptet, dass es nicht da sei. Deswegen hat das, was wir leugnen, Kontrolle über uns. Der schnellste Weg der Evolution beginnt mit dem Eingeständnis und Akzeptieren dessen, was ist, und nicht dessen, was nicht ist.

Auch physische Krankheiten aller Art können durch die Meditation auf positive Art berührt und geheilt werden. Eine Krankheit ist nichts anderes als eine Störung in den Schwingungen, die unseren Körper ausmachen. Wie schon betont, besteht das gesamte physische Universum, die gesamte materielle Welt aus Schwingungen. Das gilt auch für unseren Körper. Störungen in diesem System manifestieren sich als Krankheit. Wie schon gesagt, erschaffen und gestalten wir unseren Körper und besitzen die Möglichkeit, ihn jederzeit zu verändern. Sie können also durch Ihre Gedanken Ihren Körper verändern und natürlich auch heilen. Wenn wir diese Macht zum Ausdruck bringen und klare Ziele formulieren, die eine Heilung und Gesundheit beinhalten, dann setzt dies einen Prozess in Gang, der unweigerlich zu unserer vollständigen Genesung führt.

Was hat das nun mit der Meditation zu tun? Meditation dient immer auch dem Zweck der Aufklärung im Sinne davon, Dinge an die Oberfläche zu bringen, die verborgen sind. Jetzt liegt der Zusammenhang schon klar auf der Hand. Den meisten Menschen ist nicht klar, dass sie ihre Krankheit durch ihre eigenen Gedanken erzeugt haben. Das ist ein Punkt, den Louise Hay in ihrem Buch „Heile dich selbst" immer wieder betont. Die Meditation bringt also die Ursachen der Krankheit an die Oberfläche. Sie zeigt dem Meditierenden, wie er durch seine schädlichen Gedankenmuster die Krankheit hervorgerufen hat. Die Bewusstmachung der Krankheitsursachen stellt den ersten Schritt zur Heilung dar. Manch einer braucht natürlich Führung für einen solchen Prozess. Deswegen sind geführte Meditationen häufig sehr heilsam und hilfreich. Das betont auch Thich Nhat Hanh in seinem Buch *„Und ich blühte wie die Blume"*, das viele geführte Meditationen enthält.

Meditation spielt auch eine wichtige Rolle in unseren Beziehungen. Wie schon früher erwähnt, sind Beziehungen mit das

Wichtigste überhaupt in unserer irdischen Existenz. Ohne Beziehungen sind wir nicht. Erst durch die Interaktion mit Sachen und Personen können wir uns überhaupt wahrnehmen, unser Sein erfahren. Dass Beziehungen eine große Rolle für das menschliche Glück spielen, liegt auf der Hand. Wenn wir zu dem besonderen Menschen in unserem Leben eine gute, liebevolle Beziehung haben, dann erzeugt das Glück für uns. Wenn diese Beziehung gestört ist, fühlen wir uns sehr, sehr unglücklich. Die meisten Menschen stehen Spannungen und Problemen im zwischenmenschlichen Bereich ziemlich hilflos gegenüber. Sie merken zum Beispiel, dass das Verhalten eines anderen Menschen bei ihnen Wut oder Frustration auslöst und denken dann meistens, wenn er oder sie doch nur das Verhalten ändern würde, wäre alles gut. Sie wissen nicht, dass es letztendlich nur um sie selber geht. Hier handelt es sich wieder um etwas, was verborgen ist und durch die Meditation an die Oberfläche gebracht werden kann. Die Meditation macht es uns möglich, uns durch Probleme im zwischenmenschlichen Bereich hindurchzuarbeiten. Durch die Meditation gelingt es uns, sie besser zu verstehen und im Endeffekt auch Lösungen zu finden. Wie schon gesagt, geht es immer um uns selber. Die Gesetze der Spiegelung, der Anziehung und des Widerstandes habe ich schon erwähnt. Dem Meditierenden kann bewusst werden, wie diese Gesetze funktionieren und wie sie zu Spannungen und Problemen im täglichen Leben führen. Es handelt sich hier also auch wieder um einen Prozess des Bewusstmachens. Das Gegenteil ist natürlich Leugnen. Wie Sie schon wissen, lieber Leser, stellt Verleugnung häufig die erste spontane Reaktion auf zwischenmenschliche Probleme dar. Die Meditation kann dem Meditierenden helfen, über das Stadium des Leugnens hinauszugehen und zu erkennen, wo die Wurzeln eines Problems liegen. Hier ist das Bild von einem See wieder hilfreich. Wenn das Wasser unruhig und von einem Sturm aufgepeitscht ist, können wir natürlich nicht auf den Grund des Sees sehen. Durch die Praxis der Meditation glätten sich die Wogen unseres Geistes und erlauben uns Durchblick.

Ganz generell hilft Meditation uns, die Schwingungen unseres Systems zu erhöhen und dadurch in höhere Dimensionen unserer

Existenz aufzusteigen, wo wir Erfahrungen machen können, die uns unser normales Bewusstsein nicht erlaubt.

In allen Weltreligionen finden wir Berichte über kosmisch-mystische Erfahrungen Meditierender. Abhängig von der spezifischen Kultur und von der individuellen Erfahrung wird dieses Erlebnis verschieden benannt und beschrieben, aber letztlich handelt es sich um die gleiche Grunderfahrung. Im Zen-Buddhismus wird sie Satori oder Kensho genannt, im Yoga Samdhi oder Moksha, im Taoismus „der absolute Tao". Sufis nennen es Fana, die Quäker sprechen vom „inneren Licht". Die christlichen Mystiker nennen es „unio mystica", die Einswerdung mit Gott. Andere Begriffe sind „kosmisches Bewusstsein" und „Erleuchtung". Ganz egal, wie wir diese Erfahrung benennen, die Worte bezeichnen eine radikale Veränderung unseres Bewusstseins und das subjektive Erleben des Einsseins mit dem Absoluten, dem Urgrund des Seins. Der Erlebende ist vollkommen im Hier und Jetzt und erlebt den Moment als sich selbst genügend, als Ziel des Lebens. Die Trennung von Individuum und Umwelt wird aufgehoben, der Einzelne erlebt sich nicht mehr getrennt von anderen Menschen, von der Natur und vom Kosmos, sondern fühlt sich eins mit allem, was lebt und existiert. Er erlebt sich eingebettet in ein kosmisches Geschehen, was unmittelbar als vollendet, sinnvoll und liebevoll wahrgenommen wird. Begleitet werden diese Gefühle von unendlicher Liebe, Freiheit und Glück.

In der mystisch-kosmischen Erfahrung ist das Bewusstsein erweitert und funktioniert in einer anderen Weise als im Alltag. Wir haben zwei verschiedene Bewusstseinszustände. Der eine ist für unser biologisches Überleben auf dem Planeten Erde entstanden. In diesem Bewusstseinszustand ist alles Geschehene zeitlich geordnet. Hier gelten die Gesetze unserer Logik. Hier denken wir vornehmlich analytisch und betonen die Getrenntheit der Wahrnehmungsgegenstände. Aber dieser Bewusstseinszustand ist nicht der einzig mögliche. Es ist nur eine bestimmte Welt, die wir auf diese Weise kennenlernen – die Welt unserer Sinne und unserer Konditionierungen. Wir sehen die Dinge nicht so, wie sie sind, sondern nur so, wie unser Nervensystem uns erlaubt, sie wahrzunehmen. In der kosmisch-mystischen Erfahrung gelangen wir in einen anderen Bewusstseinszustand, der uns unabhängig von unserer biologischen Programmierung macht, die Filterfunktion unseres Nervensystems aufhebt und uns die Welt unabhängig von unseren alten Konditionierungen immer wieder neu und frisch wahrnehmen lässt. In diesem Bewusstseinszustand spielt Zeit eine untergeordnete Rolle – im Vordergrund steht hier der Raum. Selbstentfaltung bedeutet auch eine Integration dieser beiden Bewusstseinszustände.

Lassen Sie mich hier ganz kurz eine für mich persönlich sehr eindrucksvolle, jüngere Meditationserfahrung erwähnen, weil es mir bei diesem Buch auch immer darum geht, Sie an meiner persönlichen Reise teilhaben zu lassen – nicht als ein Vorbild, sondern als ein Beispiel dafür, dass Spiritualität und ein Leben mit beiden Füßen in der Realität, in dem Dreck und Geruch der Armut auf den Philippinen, sich keineswegs gegenseitig ausschließen.

Bei dieser Erfahrung verlor ich mein Körperbewusstsein nahezu vollständig. Es war, als ob mein Körper in der Vertikalen riesig ausgedehnt wäre. Die Knochen schienen aus glänzend scheinendem Metall zu sein. Das Gewebe war wie golden scheinendes Licht. Als ich meine Aufmerksamkeit zum Scheitel richtete, hatte ich das Gefühl, einen ganz hoch in den Himmel ragenden Schacht wahrzunehmen. Ich hatte den Eindruck, dass göttliche Energie meinen Körper durchstrahlte. Deswegen nahm ich ihn auf eine völlig andere Weise wahr. Dass derartige Erfahrungen das gesamte Körpersystem in wahrnehmbarer Weise positiv verändern können, einschließlich zum Beispiel die Beweglichkeit der Gelenke und die Verfügbarkeit von Energie, liegt auf der Hand.

Die Frage nach dem „Warum" der Meditation beantwortet sich von selbst nach einem Blick auf die Wirkungen. Jede einzelne der aufgeführten Wirkungen stellt einen guten Grund dafür dar, täglich zu meditieren. Natürlich gibt es noch viele andere Gründe. Für Menschen, die an die Existenz eines höheren Wesens, eines Gottes, glauben, wird die Verbindung zu diesem höheren

Wesen an erster Stelle stehen. Schon seit Jahrtausenden meditieren Menschen mit diesem Ziel.

Zur Frage des „Wie" der Meditation fällt mein Blick auf das größte und schwerste Buch meiner Bibliothek. Der Titel des von Osho geschriebenen Buches lautet „The Book of Secrets". Es enthält auf 1137 klein gedruckten und in Doppelspalten eingeteilten Seiten detaillierte Instruktionen für 112 Meditationstechniken. Meditation wird hier als ein innerer Zustand beschrieben, in dem alle Glaubenssysteme, Lehren, und bereitgestellte Antworten verschwunden sind – ein Zustand, in dem nur reines, gedankenfreies Bewusstsein bleibt, das allein dazu in der Lage ist, Realität direkt aufzunehmen. Aber die Techniken der Meditation sind nicht Meditation. Die Techniken sind Karten, wie wissenschaftliche Formeln. Es kommt nicht darauf an, sie um ihrer selbst zu studieren, sondern sie beim Experimentieren im Labor des eigenen inneren Raumes zu benutzen. Meditation kann als ein Resultat des Experimentierens stattfinden. Das Buch lädt den Leser dazu ein, mit diesen Techniken zu spielen („to play"), bis wir diejenige finden, die uns zusagt und die das Potenzial besitzt, uns selber und unseren Geist zu verändern. Wenn wir die richtige gefunden haben, „klickt es", etwas explodiert in uns. „Wenn ihr die richtige gefunden habt", sagt Osho, „dann wendet sie mit all eurem Ernst und all eurer Energie an. Vorher aber experimentiert und spielt."

Es würde offensichtlich den Rahmen dieses Buches sprengen, auf alle diese Methoden im Detail einzugehen. Dies ist kein Meditationsbuch. Dazu gibt es viele hervorragende Bücher. Eine der besten Möglichkeiten ist es natürlich, sich einen Meditationslehrer zu suchen oder sich einer Meditationsgruppe anzuschließen. Das Meditieren in einer Gruppe kann die Wirkung der Meditation sehr verstärken. Einige Methoden, zum Beispiel die Konzentration auf das Dritte Auge, habe ich im Rahmen einer besonderen Schule jahrelang intensiv ausprobiert. Auch mit Kriya-Yoga, der von Pramahansa Yogananda gelehrten Methode, und buddhistischen Methoden habe ich mich lange beschäftigt.

Was die äußere körperliche Haltung angeht, so kann im Sitzen, Stehen, Liegen oder Gehen meditiert werden. Auf die

Körperhaltung kommt es nicht an. Allerdings würde ich schon sagen, dass Ergebnisse generell am einfachsten im Sitzen erzielt werden. Das kann im Schneidersitz sein oder auf einem Stuhl. Wichtig ist es dabei, das Kreuz so gerade wie möglich zu halten, sodass die Energieströme in der Wirbelsäule ungehindert fließen können. Es ist auch wichtig, lockere, bequeme Kleidung zu tragen und sicherzustellen, dass wir für den Zeitraum der Meditation absolut ungestört sind. Also stellen Sie bitte Ihr Telefon ab!

Für den Anfänger ist es hilfreich, sich in Anlehnung an den von Thich Nhat Hanh empfohlenen Weg einfach auf seinen Atem zu konzentrieren. Spüren Sie, wie er durch die Naselöcher ein- und ausströmt.

- Zählen Sie beim Einatmen von eins bis fünf.
- Zählen Sie beim Ausatmen von eins bis fünf.
- Sobald Ihr Geist still geworden ist, lassen Sie den Atem los.

Eine andere populäre Methode besteht darin, seinen Blick auf die Flamme einer Kerze zu richten, bis die Augenlider schwer werden.

- Nachdem Sie die Augen geschlossen haben, beobachten Sie die Kerze weiterhin mit dem geistigen Auge.
- Konzentrieren Sie sich auf das innere Bild der Kerze
- Sobald Ihr Geist still geworden ist, lassen sie das Bild los.

Auch das Wiederholen eines Mantras oder eines göttlichen Namens als Konzentrationsgegenstand kann einen guten Einstieg bedeuten.

- OM steht für Reine Energie
  Das Sein
  Das Allumfassende
  Das Absolute
  Das Ungeformte
  Das All-Eine

- AH steht für die materielle Welt
  Das Individuelle
  Das Einzigartige
  Das Relative
  Das Geformte

- HUM steht für die Integration
  Das Sein, durchscheinend in der Materie
  Das Allumfassende, manifestiert im Einzigartigen
  Das Absolute im Relativen
  Das Sein bezeugt in der Form

Ein Ausgangspunkt kann sein, worauf es dem Meditierenden ankommt, was sein Ziel ist. Es gibt Techniken, die ganz stark darauf abstellen, die Gedanken zur Ruhe zu bringen. Das ist immer ein wichtiger Punkt. Es gibt Techniken, die die Aufmerksamkeit auf ein bestimmtes Thema richten, wie zum Beispiel Mitgefühl. Das steht sehr stark im Vordergrund bei den tibetanischen Techniken der Meditation.

Etwas, was ich, liebe Leserin und lieber Leser, Ihnen sehr empfehlen und ans Herz legen möchte, ist die Verbindung zu Ihrer Seele und damit dem Absoluten, dem Göttlichen. Wie ich in diesem Buch immer betont habe, sind wir in erster Linie spirituelle Wesen und nicht unser Körper. Dieser ist nur der Diener der Seele. Es ist genau wie bei einem Auto. Das Auto hilft dem Fahrer, dort hinzukommen, wohin er möchte, aber das Auto ist nicht wichtiger als der Fahrer. Noch besser ist der Vergleich mit einem Reittier. Das Reittier, unser Körper, hat in gewissem Umfang ein Eigenleben. Er muss respektiert werden. Wir müssen das Reittier vernünftig füttern und ihm Gelegenheit zum Schlafen geben. Aber die Befehlsgewalt liegt immer bei dem Reiter. Die Meditation stellt ein ganz wichtiges Instrument dafür dar, diese grundlegende Tatsache täglich in unser Bewusstsein zu rücken.

Das bedeutet aber nicht, dass dieses Ziel unbedingt am Anfang des Prozesses der Meditation zu stehen hat. Zu Beginn empfehle ich immer eine Konzentration auf den Atem. Beobachten Sie einfach ihren Atem, das Einströmen der Luft in die Nase und das Heben und Senken des Bauches. Wann immer Ihre Gedanken von dieser Beobachtung des Atems abschweifen, bringen Sie sie liebevoll, aber bestimmt zurück zum Atem. Auf diese Weise lösen wir uns auf eine sanfte Art von der Diktatur unserer Denkmaschine. Das schließt natürlich nicht aus, dass zuweilen ganz tiefe, ganz wichtige Konflikte nach oben gespült werden. Das merken Sie von selber und Sie werden diesen dann sowieso automatisch erlauben, an die Oberfläche zu kommen und sich im Endeffekt aufzulösen. Sie werden merken, dass mit der Konzentration auf den Atem körperliche Veränderungen einhergehen. Es stellt sich eine gewisse Taubheit des Körpers ein. Das Körperbewusstsein ist reduziert.

Auch die Konzentration auf gewisse erwünschte Charakterzüge oder Seinszustände ist weit verbreitet. So können Sie sich zum Beispiel auf inneren Frieden konzentrieren und natürlich auf die Allgegenwart der Liebe. Sie können sich darauf fokussieren, sich der Allgegenwart der Liebe mehr bewusst zu werden und darauf, das alles eins ist.

Ohne auf jedes einzelne spirituelle Gesetz einzugehen, kann gesagt werden, dass die Praxis regelmäßiger Meditation uns eindeutig helfen kann, die spirituellen Gesetze des Universums zu meistern und zur Anwendung zu bringen. Das hängt damit zusammen, dass es bei den spirituellen Gesetzen auch immer darum geht, seine Antennen auszufahren und auf spirituelle Weisheiten und Wahrheiten zu lauschen, die unserem Tagesbewusstsein nicht zugänglich sind. Und das ist genau das, was bei der Meditation geschieht. Unser Tagesbewusstsein tritt zurück und unsere Aufnahmefähigkeit für die Nachrichten und Weisheiten aus anderen Bewusstseinsräumen öffnet sich.

Beim Meistern der spirituellen Gesetze geht es immer auch um eine klare Kommunikation zwischen unserem bewussten Ich und den Kräften des Universums, die etwas bewirken, zum Beispiel dem Quantenfeld. Wie im Zusammenhang mit dem Gesetz der Manifestation betont wurde, spielt die ausdrückliche Willensentscheidung von unserer Seite dabei eine wichtige Rolle.

Eine solche muss auch empfangen werden. Das Senden und das Empfangen sind gleichermaßen wichtig. Hier sind wir wieder bei dem schon mehrfach erwähnten Bild des Sees. Ein Stein, der in einen klar und ruhig daliegenden See geworfen wird, erzeugt deutlich sichtbare symmetrische Ringe und Muster. Befindet sich aber ein See in Aufruhr, zum Beispiel durch einen Sturm, dann könnte man ganze Gesteinsmassen hineinwerfen, ohne dass sie eine sichtbare Veränderung hervorrufen würden. Durch den Prozess der Meditation bringen wir unsere Gedanken zur Ruhe und sie liegen dann ruhig da wie ein spiegelglatter See. Die Absichten und Entscheidungen, die wir jetzt artikulieren, können klar aufgenommen werden.

Eine besonders enge Verbindung besteht zwischen der Praxis der Meditation und dem Gesetz des Einsseins. Wie erwähnt berichten alle großen Religionen über kosmisch-mystische Erfahrungen bei der Meditation. Die Realität des Gesetzes des Einsseins kann in der Meditation erfahren werden.

Meditation und Achtsamkeit, wie sie in dem Gesetz der Bewusstheit besprochen wird, sind nicht dasselbe. Es gibt aber gewisse Berührungspunkte. Der Meditierende befindet sich auch vollständig im Hier und Jetzt. Die lineare Zeit, wie wir sie in unserem irdischen Bewusstsein wahrnehmen, existiert dann nicht mehr. Stattdessen kommt dem Raum viel größere Bedeutung zu. Reisen in spirituellen Räumen stellen eine weitverbreitete Erfahrung Meditierender dar.

Vielleicht haben Sie jetzt eine Frage zum relativen Gewicht von Tätigkeit und Meditation. Natürlich geht es immer darum, ein Gleichgewicht zwischen der Tätigkeit auf dieser Erde und der Meditation zu finden. Wir haben uns inkarniert, um auf dieser Erde tätig zu sein, um mit dem Materiellen zu interagieren. Für die meisten Menschen gibt es hier einen Prozess der Evolution. Bis zur Mitte ihres Lebens sind sie zumeist relativ eng mit dem Materiellen verwoben. Mit zunehmender Weisheit und zunehmenden Einsichten reduziert sich die materielle Verhaftung und das Spirituelle nimmt einen größeren Raum ein. In diesem Zusammenhang möchte ich noch auf einen Irrtum hinweisen. Manchmal hört und liest man, dass für den Achtsamen alles, was er tut, zu einer Meditation wird. Achtsames Handeln ist aber kein Ersatz für Meditation. Wenn wir im Zusammenhang mit diesem Kapitel über Meditation sprechen, meinen wir das bewusste Beiseitesetzen von Zeit, um seinen Geist zur Ruhe zu bringen, nach innen zu gehen, seine Schwingungen zu erhöhen und mit der Seele, dem höheren Selbst und dem Absoluten zu kommunizieren. Das kann nicht Hand in Hand mit weltlichen Aktivitäten gehen. Es ist deswegen falsch, den Eindruck zu erwecken, dass achtsame Tätigkeiten einen Ersatz für Meditation darstellen. Dem ist nicht so!

Es besteht aber eine wunderbare, fruchtbare, wechselseitige Beziehung zwischen Taten der Liebe und Meditation. Wie Sie schon wissen, können Taten der Liebe helfen, das Feuer der Liebe in unserer Brust zum Leuchten zu bringen. Und wenn das Feuer der Liebe in unserer Brust leuchtet, hilft Ihnen das natürlich auch bei der Meditation, weil sie dann einfach in einer viel höheren Frequenz schwingen. Und das gilt in beiden Richtungen. Wenn Sie regelmäßig tief meditieren, strahlt das auch auf Ihr tägliches Leben in der Welt aus. Es strahlt auch auf Ihre Beziehungen aus. Die Menschen können einfach nicht umhin, wahrzunehmen, dass Ihre Schwingungen hoch sind, dass Sie von Schwingungen der Liebe, des Lichtes, der Güte, der Großzügigkeit, des Mitgefühls und der Schönheit bestimmt sind. Diese Frequenzen schwingen einfach durch Sie hindurch, sie zeigen sich in Ihrem Gesicht, sie werden von Ihrer Umwelt aufgenommen. Das bedeutet, dass Ihr ganzes Leben zu einer Symphonie der Liebe, des Lichtes, der Güte, des Mitgefühls und der Schönheit wird.

Wie lautet nun das Gesetz der Meditation? Es lautet schlicht und ergreifend, dass sie den Königsweg darstellt. Sie ermöglicht es uns, täglich den Frieden Gottes zu erfahren, der größer ist als alle Vernunft. Es gibt kein größeres Glück!

Mit das Wichtigste bei der Meditation sind Regelmäßigkeit, Ausdauer und Disziplin. Der folgende Dialog bringt dies auf eine für den Zen Buddhismus typische Weise zum Ausdruck.

„Meine Meditation ist furchtbar. Ich bin dauernd abgelenkt, denke an alles Mögliche, meine Glieder tun weh und ich schlafe immer ein“.

Der Lehrer antwortete schlicht: „Das geht vorüber“.

Eine Woche später kam der Schüler wieder und sagte: „Meine Meditationen sind herrlich, ich bin total konzentriert und im Frieden.“

Der Lehrer antwortete schlicht: „Das geht vorüber“.

12. Das Gesetz des Dienens

Ich weiss nicht, was euer Schicksal sein wird,
aber eines weiss ich mit Gewissheit:
Nur diejenigen unter Euch werden wahrhaft glücklich sein,
die danach getrachtet haben und denen es gelungen ist anderen zu dienen.

Albert Schweitzer

Das Gesetz des Dienens besitzt das Potential, Ihr Leben kurz- und langfristig tiefgreifend zu verändern, liebe Leserin und lieber Leser, wie kein anderes spirituelles Gesetz. Ich habe es hier ans Ende aller spirituellen Gesetze gesetzt, damit Sie an jedem Tag daran denken und es unbedingt zur Anwendung bringen. Es gehört übrigens auch zu den am wenigsten bekannten, verstandenen und beherzigten Gesetzen!

Weil unser Universum, wie ich schon mehrfach gesagt habe, eine positive, hilfreiche Intelligenz darstellt, die das Beste aller Menschen im Auge hat, ist es korrekt zu sagen, dass das Gesetz des Dienens auf übergreifende Weise zu den Wirkungen aller anderen Gesetze beiträgt. Wenn wir dienen, agieren wir in Einklang mit der Natur des Universums.

Auf geradezu mysteriöse Weise wurde ich schon in meiner frühen Jugend auf das Gesetz des Dienens aufmerksam gemacht, natürlich ohne dass mir zunächst der Zusammenhang der spirituellen Gesetze klar war. Noch während meiner Schulzeit, als ich die umfangreichen Bücherborde meines Vaters nach esoterischen Themen durchstreifte, fiel mir ein kleines Heftchen in die Hände, das der bekannte Fastenarzt Dr. med. Otto Buchinger geschrieben hatte. Der Titel lautet „Zur Hygiene des inneren Menschen“. Im Laufe der Jahre habe ich es viele Male in den Händen gehalten, auch fotokopiert und bei meinen zahlreichen Umzügen mitgeführt. Im Augenblick, während ich diese Zeilen schreibe, liegt es vor mir, ganz braun und vergilbt. Ausgehend von der Überzeugung, dass der Mensch aus Seele und Körper besteht und die Seele den eigentlichen Menschen ausmacht, erwähnt Buchinger neun „Innendiät-Faktoren“, die zur Diät der Seele gehören und er erwähnt als achten Faktor „das Nebenamt“, wobei er seinen Ausführungen einen Aufruf Albert Schweitzers voraussstellt:

„Schafft euch ein Nebenamt, ein unscheinbares, vielleicht ein geheimes Nebenamt! Tut die Augen auf, und sucht, wo ein Menschen gewidmetes Werk eure Hilfe braucht. Freiwillige, die einen freien Abend opfern oder Gänge tun können. Wer kann die Verwendungen alle aufzählen, die das kostbare Betriebskapital, Mensch genannt, haben kann? An ihm fehlt es an allen Ecken und Enden! Darum suche, ob sich nicht eine Anlage für dein Menschentum findet. Auch auf Enttäuschungen sei gefasst. Aber lass dir ein Nebenamt, in dem du dich als Mensch am Menschen ausgibst, nicht entgehen!“

Laut Buchinger ist es dieses Nebenamt, das überhaupt erst das Kriterium des Menschseins erfüllt. Irgendwie brachte dieser Aufruf bei mir immer einige besondere Saiten zum Schwingen und ich fühlte während all der Jahre meines Berufslebens die brennende Motivation, nach einem Nebenamt zu suchen, obwohl man sehr wohl argumentieren könnte, dass meine Arbeit für die Vereinten Nationen ja auch schon in vielerlei Hinsicht der Menschheit diente. Es war der direkte Mensch-zu-Mensch-Kontakt, den ich immer in besonderer Weise suchte. So machte ich es mir zum Beispiel zur Aufgabe, in Nepal regelmäßig einen Deutschen zu besuchen, der wegen eines Drogendelikts im Gefängnis einsaß. Mit besonderer Freude erfüllt mich immer noch die Erinnerung an eine von mir ergriffene Initiative, die darauf abzielte, private Spenden für die Schulausbildung von jungen Mädchen aus armen nepalesischen Familien zu mobilisieren. Nach meiner Pensionierung eröffneten sich hier auf den Philippinen, frei von allen beruflichen und institutionellen Zwängen und Beschränkungen, natürlich ungeahnte Möglichkeiten. Und ich kann sagen, dass erfolgreiche Graswurzelprojekte im Rahmen des von mir gegründeten Instituts für Dezentralisierung und Community Organization mir nach wie vor große Freude schenken. In jüngerer Zeit habe ich auch damit begonnen, zusammen mit einigen Freunden Englisch an einer örtlichen Schule zu unterrichten. Die Liebe und Zuneigung, die uns dabei von den Kindern armer Familien entgegenströmt, ist einfach unbezahlbar. Aber lassen Sie mich das Thema zu einer allgemeineren, breiteren Basis zurückführen.

Tatsächlich existiert das Gesetz des Dienens unter dem Namen „The Golden Rule" – die goldene Regel – in allen großen Religionen und Weisheitslehren der Menschheit. Schon Jesus sprach vor über 2000 Jahren davon, dass es das höchste Gebot sei, Gott von ganzem Herzen und seinen Nächsten wie sich selbst zu lieben. Damit meinte er natürlich nichts anderes als das Ausstrahlen der Liebe, von dem wir schon früher sprachen – tätige Liebe. Lassen Sie mich das hier betonen, lieber Leser, lassen Sie mich das in den Mittelpunkt dieses Gesetzes stellen – es ist ein Ausdruck der tätigen Liebe. Auch im jüdischen Glauben, im Buddhismus, im Islam und im Hinduismus finden wir derartige Gebote. Die Weltliteratur ist voll von Zitaten, die das hohe Lied der aktiven Nächstenliebe singen. In den Schriften des tibetischen Buddhismus wird darauf hingewiesen, dass das Gesetz des Dienens sich über die Jahrhunderte hinweg in Einklang mit dem sich entwickelnden Bewusstsein der Menschheit[53] verändert hat. In früheren Zeiten stand das Ziel im Vordergrund, der eigenen Seele zu dienen, das Ziel, auf dem eigenen Weg zur Erleuchtung voranzukommen. Dann kam eine Zeit, während der der Dienst für den Lehrer („the Master") und gleichzeitig der Dienst an der eigenen Seele im Vordergrund standen. Es bestand die Auffassung, dass der Dienst am Meister gleichzeitig die Entwicklung der eigenen Seele fördere. In jüngerer Zeit kommt ein neuer Gesichtspunkt hinzu – der des eigenen Wachstums durch den Dienst an der Menschheit und durch das Kultivieren der Selbstvergessenheit. Der tibetische Buddhismus spricht davon, dass die Wissenschaft des Dienens wichtiger sei als die Wissenschaft der Meditation,

53 Discipleship in the New Age-Vol. II, S.59, zitiert nach http://www.esotericphilosophy.net/lawserv.html

weil sie die Kräfte der Seele freisetzt, Meditation etwas Wesentliches werden lässt und die Methode darstellt, die mehr als alle anderen eine Intensivierung des spirituellen Lebens hervorruft. Nach den Theorien des tibetischen Buddhismus wird dadurch in einer Reihe von Schritten der große Verzicht („The Great Renunciation") in die Wege geleitet, der den Schüler für alle Ewigkeit freisetzt.

Dass Geben seliger ist als Nehmen, wusste der Volksmund immer schon. Es ergibt sich auch unmittelbar aus dem Gesetz von Ursache und Wirkung. Aber erst in jüngerer Zeit hat eine Reihe von umfassenden wissenschaftlichen Studien belegt, dass ein sehr direkter Zusammenhang zwischen altruistischen Taten und Gefühlen des Glücks besteht. Die wohl umfassendsten Studien zu dem Thema stammen von Sonja Lyubomirsky[54] und Jenny Santi[55]. Der aus Frankreich stammende buddhistische Mönch Matthieu Ricard hat in jüngerer Zeit ein umfangreiches Werk mit dem Titel *„Altruism"* zu Ursprung und Wirkung selbstlosen Handelns vorgelegt. Der Mensch ist seiner Natur nach ein „Zoon Politikon", ein Gemeinschaftswesen. Zusammenzuarbeiten und sich gegenseitig zu helfen liegt in unserer Natur, in unserer DNA als Menschen, genauso wie es in der Natur und der DNA von Ameisen und Bienen liegt. Diese würden nie auf die Idee kommen, alleine zu leben und sich nicht gegenseitig zu helfen. Sie könnten das auch gar nicht. Auch wir Menschen können nicht alleine leben. Zum jetzigen Zeitpunkt ist das ganz offensichtlich. Das Überleben unserer Art hängt davon ab, dass wir zusammenarbeiten. Dies ist auch ein Gesetz, bei dem physikalische und spirituelle Aspekte vollständig deckungsgleich sind. Schon am Beispiel der Zellen des menschlichen Körpers kann man sehen, dass es in ihrer Natur liegt, zusammenzuarbeiten. Keine Zelle könnte für sich alleine existieren. Es ist so, dass jede Zelle jede andere Zelle

54 In ihrem grundlegenden Buch „The How of Happiness"
55 In „The Giving Way to Happiness"

unterstützt und ihr auch zuhört und auf sie achtet. Der ganze Körper funktioniert wie eine gigantische, große Sinfonie. Das gilt auch auf der Ebene des Mikrokosmos, der Ebene der Atome und Moleküle. Alle Elektronen und Protonen müssen unglaublich präzise zusammenarbeiten, um ein Atom und ein Molekül am Laufen zu halten. Und es gilt natürlich auch auf der Ebene des Makrokosmos. In unserem Sonnensystem müssen alle Planeten in unglaublicher Exaktheit zusammenarbeiten. Das Prinzip des Dienens ist dort besonders offensichtlich.

Ich erwähnte schon, dass es eine Verbindung zum Gesetz der Liebe gibt. Es geht hier aber um mehr – um den Sinn des Lebens. Jeder Mensch hat das Bedürfnis, ein Leben zu führen, in dem er einen Beitrag leistet. Ein Leben, das nur darin besteht, zu existieren, zu essen, zu arbeiten, zu schlafen, Sex zu haben und sich sonst zu vergnügen, kann niemanden befriedigen. Menschen, die ein derartiges Leben führen, fühlen sich leer und enden oft bei Selbstmord. Dieser ist häufig dadurch ausgelöst, dass jemand das Gefühl hat, sein Leben sei sinnlos und diene keinem höheren Zweck. Solche Menschen erfahren keine Liebe und auch nicht das Glück, das daraus stammt, dass man anderen hilft, dass man dient. "Dienen macht glücklich!" It is as simple as that! Wieso macht Dienen glücklich? Es liegt, wie gesagt, in unserer DNA! Haben Sie schon einmal Kinder beim „Helfen“ beobachtet? Kinder, die „helfen dürfen“, sind glücklich dabei. Sie sind dann „im Flow“. Können Sie, liebe Leserin und lieber Leser, sich an Situationen erinnern, in denen Sie als Kind helfen durften und sich glücklich fühlten? Meine eigenen kleinen Bemühungen, täglich „Taten der Liebe“ auszuführen, habe ich schon im Zusammenhang mit den Gesetzen des Fließens und der Liebe erwähnt und will sie hier nicht wiederholen. Unlängst hatte ich wieder Gelegenheit, an unserer Schule hier in Antipolo zu unterrichten. Die Glücksgefühle, die ich dabei empfand und die immer noch in mir nachklingen, sind etwas sehr Reales.

Ursprünglich dachte ich, dass es bei dem Gesetz des Dienens vor allem darum gehe, seinem Nächsten zu helfen. In der Zwischenzeit wurde mir aber klar, dass es hier um viel mehr geht, nämlich tatsächlich um das Überleben der Menschheit. Der Mensch lebt in einer ganz engen symbiotischen Beziehung mit unserem Mutterplaneten, unserer lieben Mutter Erde. Wir könnten nicht einen einzigen Tag überleben, ohne den Sauerstoff, den wir aus der Atmosphäre der Erde empfangen und ohne die Pflanzen, die auf dem Boden unserer Erde wachsen. Es kann keinem Zweifel unterliegen, dass menschliches Verhalten zu einer Situation geführt hat, in der wir unsere eigene Existenzgrundlage untergraben. Durch das systematische Zerstören der tropischen Regenwälder und anderer Vegetation ist der natürliche Gasaustausch bedroht, der die Basis für die Atemluft bildet, die unser Körper in jedem Augenblick benötigt. Temperaturerhöhungen, herbeigeführt durch den Menschen, bedrohen das natürliche Klimasystem der Erde. Das zeigt sich in der Zunahme der Frequenz und Heftigkeit von Stürmen. Der Klimawechsel führt natürlich auch zu einer Ausweitung von Wüsten und anderen Trockengebieten mit entsprechenden Konsequenzen für die Pflanzendecke der Erde und den damit zusammenhängenden Gasaustausch. Das Abschmelzen der Polkappen und das damit verbundene Ansteigen der Meeresspiegel berühren das gesamte ökologische System der Erde. Durch die unglückliche Angewohnheit der Menschheit, sich mehr und mehr von Fleisch und Fisch zu ernähren, haben wir nicht nur unsägliches Leid über unsere Brüder und Schwestern in der Tierwelt gebracht, sondern auch dazu beigetragen, dass die Klimasituation sich weiter verschlechtert hat, ganz zu schweigen von dem Thema des Hungers in der Welt und der Zunahme von sogenannten Zivilisationskrankheiten wie Krebs und Herzproblemen, die weitgehend auf dem Genuss von Fleisch und Fisch beruhen.

Ein Hektar Land kann 50 Vegetarier ernähren, aber nur zwei Fleischesser. Um ein Kilogramm Fleisch zu produzieren, benötigt man die gleiche Fläche wie für den Anbau von 200 Kilogramm Tomaten, 160 Kilogramm Kartoffeln oder 80 Kilogramm Äpfeln[56].

56 Ricard, Altruism, S. 471.

Das Dienen bezieht sich also nicht nur auf Liebestaten gegenüber dem Nächsten, so wichtig diese auch sind, sondern auch auf Beiträge im Bereich Klimawandel und des Konsums von tierischem Eiweiß. Es sieht so aus, als ob die Uhr wirklich auf fünf Minuten vor Zwölf stünde, und wenn nicht wirklich jeder Einzelne von uns Schritte in Richtung auf einen verantwortlicheren Lebensstil hin unternimmt, einschließlich kleiner Dinge wie den Verzicht auf Plastiktüten und die Reduktion des Energieverbrauchs und des Einsatzes von Automobilen, könnte es sehr wohl sein, dass der „Point of no Return" in Kürze überschritten wird.

Die Handlungsgebote, die sich aus dem Gesetz des Dienens ergeben, liegen ziemlich klar auf der Hand: Es gilt, sich schlicht und einfach immer die Fragen zu stellen, wie man helfen kann, wie man dienen kann, wie man das Leben der Mitmenschen leichter, glücklicher, fröhlicher und erfüllter machen kann. Es liegt auch auf der Hand, dass es sich hier um das genaue Gegenteil einer Haltung handelt, die von den Wünschen und Zwängen des weltlichen Egos bestimmt ist. Dieses fragt immer nur: „Wie kann ich profitieren? Was ist für mich drin? Was gibt mir den maximalen Lustgewinn?" Fast hat es den Anschein, als wäre das Erreichen maximalen Lustgewinns zu einem übergeordneten Ziel großer Teile der Menschheit geworden. Man kann diesen Eindruck gewinnen, wenn man sich die täglichen Darstellungen von Millionen Menschen auf „Facebook" ansieht, wo viele darum wetteifern, zu zeigen, wie sie ihren täglichen Lustgewinn maximiert haben. In Anlehnung an ein sehr lesenswertes Büchlein von Wayne Dyer mit dem Titel „The Shift" möchte ich hier das Augenmerk auf drei wichtige innere Veränderungen richten, die Hand in Hand mit dem Übergang unserer Haltung von primärer Ego-Bezogenheit in die Richtung einer Haltung des Dienens gehen:

Die erste Veränderung ist der Übergang von Anspruchsdenken in die Richtung auf Bescheidenheit. Wir kommen aus dem Nichts und wir gehen zurück in das Nichts. Also steht uns überhaupt nichts zu. Alles, was wir diesem Leben erhalten – materielle

Güter, Ausbildung, Liebe und Zuneigung – sind Geschenke. Es geht hier um eine Haltung des Beschenkt-Werdens. Das ist natürlich das genaue Gegenteil des Anspruchsdenkens, das heutzutage in großem Umfang unsere Welt beherrscht.

Die zweite Veränderung ist der Übergang von Kontrolle zu Vertrauen. Wir alle sind mit dem Bestreben des weltlichen Egos vertraut, alles zu kontrollieren, sowohl unser eigenes Leben als auch das Leben unserer Angehörigen, Mitarbeiter und Freunde. Je mehr wir uns aus den Klauen der Selbstbezogenheit befreien, desto geringer wird auch unser Wunsch, alles zu kontrollieren. Wir beginnen mehr und mehr, uns selber zu vertrauen, d. h. auf die innere Stimme unseres Herzens zu lauschen. Wir lassen auch mehr und mehr anderen die Freiheit, ihrer eigenen inneren Stimme zu folgen und, am wichtigsten, wir vertrauen mehr und mehr dem Schöpfer, der Quelle, aus der wir alle kommen und zu der wir alle zurückkehren. Wir können darauf vertrauen, dass das Universum einen großen Plan für uns hat und uns auch zeigen wird, welche Rolle für uns darin vorgesehen ist. Es liegt auf der Hand, dass eine derartige Haltung Ruhe und inneren Frieden schenkt.

Die dritte Veränderung ist die vom Anhaften zum Loslassen. Wir sind alle mit der Tendenz des weltlichen Egos vertraut, Recht haben zu wollen und Dinge zu akkumulieren. Dienen und Loslassen sind wie zwei Seiten derselben Münze. Dienen heißt natürlich weggeben. Es heißt, dass wir uns darüber im Klaren sind, dass wir nackt, ohne irgendetwas, in diese Welt kamen und sie auch wieder nackt verlassen werden. Wir können nichts mitnehmen. Das einzig Sinnvolle, was wir tun können, ist weggeben. Und die Ironie besteht darin, dass wir, je mehr wir weggeben, umso mehr erhalten. Es gilt das Gesetz des Fließens und das Gesetz von Ursache und Wirkung. Wenn wir unser Augenmerk auf Gelegenheiten richten, zu dienen, stimmen wir uns zugleich auf die Art und Weise ein, wie die Natur funktioniert. Die Sonne scheint tagein tagaus, schenkt uns ihre Strahlen und ihre Wärme, ohne jemals danach zu fragen, ob sie etwas zurückbekommt. Die Erde schenkt uns ihre Pflanzen. Die Blumen schenken uns ihre Schönheit. Eine der großartigsten Praktiken besteht darin, die Frage zu stellen: „Wie denkt und handelt der Schöpfer?" Albert Einstein formulierte es auf pointierte Weise: „Ich möchte die Gedanken Gottes kennen, alles andere sind Details."

Wie schon oft betont, ist dieses Universum, die Quelle, der Schöpfer, das Tao, wie auch immer wir es nennen wollen, durch eine Haltung totaler Liebe und totalen Wohlwollens gegenüber allen Wesen dieser Schöpfung gekennzeichnet. Wenn wir in Einklang mit dieser Haltung leben, werden uns zugleich die fünf großen Segnungen zuteil: Gesundheit, Wohlstand, Glück, ein langes Leben und Frieden.

Wie eingangs erwähnt, habe ich aus gutem Grunde dieses Gesetz an das Ende der Reihe der spirituellen Gesetze gesetzt – nicht, weil es unbedingt das höchste wäre, aber es ist sicher das Gesetz mit den größten praktischen Auswirkungen. Wenn Sie sich nur dieses Gesetz an jedem Tag zu Herzen nehmen, liebe Leserin und lieber Leser, wenn Sie sich vornehmen, am heutigen Tag als ein hilfreiches, konstruktives Wesen zu funktionieren, was ja, wie schon betont, in Ihrem Blut und Ihrer DNA liegt, wird dieser Tag ein glücklicher sein. Und so wird Ihr ganzes Leben aus einer Serie von glücklichen Tagen bestehen. So sei es und so ist es!

Wie so oft, bringt Albert Einstein das Gesetz des Dienens auf den Punkt, wenn er feststellt:

> Only a life of service is worth living – Nur ein Leben des Dienens ist es wert gelebt zu werden.

VI. EIN UMFASSENDER WEG ZUM GLÜCK

Wenn Sie, wie ich, liebe Leserin und lieber Leser, aufgrund von Erfahrungen zu der Überzeugung gelangt sind, dass unser Universum ein intelligentes ist, dass eine wohlwollende, liebende Intelligenz hinter allem steht, was sich auf dieser Erde zuträgt und was ihnen zustößt, liegt es natürlich nahe, einen Versuch zu unternehmen, mit dieser Intelligenz in Kontakt zu treten und einen dauernden Kontakt aufrechtzuerhalten. Es liegt auch nahe, dass ein derartiges dauerndes In-Kontakt-Stehen die ultimative Glücksformel darstellt. Die Schritte, die notwendig sind, um dies zu erreichen, ergeben sich unmittelbar aus meinen Ausführungen zu den spirituellen Gesetzen.

Zuallererst ist hier das bewusste, tiefe Atmen zu nennen. Atem ist Leben. Durch den Atem strömt der Odem Gottes in uns hinein. Atem ist heilig. Sie erinnern sich, Gott blies dem Lehmkloß Atem ein, um ihn zum Leben zu erwecken.

Des Weiteren sind hohe Gedanken und deren hohe Schwingungen bedeutsam: Gedanken der Liebe, des Mitgefühls, der Demut, des Friedens, der Schöpferkraft, der Schönheit. Vermeiden Sie alle negativen Gedanken!

Das Dritte sind Gefühle. Gefühle der Liebe zum Beispiel. Gefühle und Gedanken sind nicht dasselbe. Gedanken sind etwas Rationales, Gefühle folgen Gedanken und natürlich auch Erfahrungen. Gefühle können Sie durch Vorstellungen hervorrufen. Wenn Sie sich zum Beispiel vorstellen, dass ein Kind Sie liebt und umarmt, dann erzeugt das Gefühle der Liebe. Sie fühlen die Liebe, die Ihnen von dem Kind entgegenströmt.

Das Nächste ist Stille. Je mehr Sie Stille erleben, desto besser und tiefer können Sie sich mit der höheren Intelligenz des Universums verbinden. Es ist gut, längere Zeiträume der Stille zu erleben, zum Beispiel ein längeres buddhistisches oder christliches Retreat.

Die Taten der Liebe, über die wir schon so oft gesprochen haben, sind natürlich ebenso von Bedeutung. Es gibt kaum etwas Wichtigeres in unserem Leben.

Auch Balance spielt eine wichtige Rolle: Balance in allem, zwischen Arbeit und Ruhe, Schlafen und Wachsein, Spiel und Arbeit. Wir haben schon ausführlich darüber gesprochen. Spiel ist sehr wichtig für die Balance. Es kann etwas ganz Simples wie Federballspielen, Schach oder natürlich mit Kindern zu spielen sein. Balance heißt auch, sich mit der Erde zu verbinden und mit der Erde zu arbeiten.

Bei dem In-Kontakt-Bleiben mit der höheren Intelligenz des Universums und dem Befolgen der spirituellen Gesetze des Universums handelt es sich um einen iterativen Prozess des sich gegenseitigen Verstärkens und Unterstützens. Nehmen Sie zum Beispiel das Gesetz des Abstandes. Sehen Sie immer alles mit Abstand, liebe Leserin und lieber Leser! Verkrampfen Sie sich nicht. Vertrauen Sie dem Universum! Die Kraft des Universums ist immer bei Ihnen. Sie können, wie schon gesagt, nie tiefer fallen als in die Hand Gottes. Das Vertrauen, das aus diesen Worten spricht, kann natürlich nur durch die tägliche Erfahrung der Gegenwart Gottes gewonnen werden. Das Gesetz der Bewusstheit ist hier auch ganz relevant. Wenn Sie immer ganz bewusst im Hier und Jetzt leben, sind Sie immer mit Gott verbunden. Natürlich erfahren Sie das Göttliche auch in den täglichen Wundern und Synchronizitäten, die für Sie jetzt immer häufiger werden.

Auch in der Natur können wir das Göttliche erfahren. Zum Beispiel beim Anschauen einer Hibiskusblüte am frühen Morgen. Ich empfinde Hibiskusblüten wie ein Wunder. Sie erblühen für einen Tag. Während dieses einen Tages zeigen Sie Ihre wunderbaren, großen, roten Blüten mit einem langen Stängel in der Mitte, der wiederum in einer Krone mit gelben Knötchen mündet. Diese Blumen sind ein Beispiel totaler Hingabe und totalen Vertrauens. Sie vertrauen dem Göttlichen und geben sich dem Göttlichen für einen Tag vollständig hin! Wir können viel von diesen Blumen lernen!

Ebenso ist es hilfreich, sich immer des Gesetzes des Fließens bewusst zu sein. Es bedeutet, Wechsel immer willkommen zu heißen und als etwas, was unsere Seele und das Universum uns geschickt haben, anzusehen.

Dass die Anwendung der Gesetze der Liebe, des Einsseins und der Meditation helfen, mit dem Göttlichen in Kontakt zu sein, liegt ohnehin auf der Hand. Ebenso, dass es sich hier um einen langfristigen Prozess der Transformation handelt, der Ihr Bewusstsein stetig verfeinert und erhöht, bis in die letzte Stunde Ihrer irdischen Existenz. Dass Menschen, die sich auf einem derartigen Pfad befinden, zutiefst und von innen her glücklich sind, leuchtet ein. Sie sind erleuchtet!

Merken Sie, lieber Leser, wie alles zusammenkommt? Der Kreis schließt sich. Alles passt auf wunderbare Weise zusammen. Sie sehen jetzt das wunderbare Zusammenspiel der spirituellen Gesetze. Sie sind wie die Gesetze der Musik. Wenn wir den Dirigentenstab richtig schwingen, ergibt sich ein wunderbares Konzert.

ANHANG

Meine täglichen Absichten

Ich will jeden Tag damit beginnen, mir bewusst zu machen, dass ich in erster Linie ein spirituelles Wesen bin. Ich bin in dieser Welt, aber nicht von dieser Welt. Ich bin in erster Linie eine Seele. Meine Seele bemüht sich dauernd, mit mir Kontakt aufzunehmen und mir Nachrichten zu senden. Ich beabsichtige, den ganzen Tag über der leisen Stimme meiner Seele zu lauschen.

Ich will auch jeden Tag damit beginnen, Dankbarkeit für die vielen Gaben auszudrücken, die mir täglich geschenkt werden.

Heute Morgen und den ganzen Tag über will ich mir darüber im Klaren sein, dass in diesem Universum und meinem persönlichen Leben spirituelle Gesetze gelten, deren Beachtung es mir ermöglicht, ein glückliches und erfülltes Leben zu führen.

Insbesondere will ich mein Augenmerk auf die folgenden spirituellen Gesetze richten:

Das Gesetz der Macht unserer Gedanken
Ich beabsichtige, mir immer der Tatsache bewusst zu sein, dass meine Gedanken schöpferische Kraft besitzen und sich dauernd entfalten. Dadurch, dass ich Gedanken der Liebe, des Mitgefühls, des Verzeihens, der Schönheit, des Friedens und der Begeisterung denke, erschaffe ich für mich eine Welt, die durch derartige Gedanken und die damit verbunden Gefühle charakterisiert ist.

Das Gesetz der Manifestation
Ich beabsichtige, mir immer der Tatsache bewusst zu sein, dass ich unbegrenzte Schöpferkraft besitze und dass der Prozess meiner Schöpfungen in seinem Kern aus Gedanke, Wort und Tat besteht. Ich beabsichtige, den ganzen Tag über ein bewusster Schöpfer zu sein.

Das Gesetz des Loslassens

Heute und mein ganzes Leben lang will ich mir darüber im Klaren sein, dass wahres Glück von innen kommt und nicht von äußeren Dingen, die vergänglich sind. Das übermäßige Anhaften an äußeren Dingen schafft zwangsläufig Leid. Ich will alles, was in dieser Welt der Form geschieht, mit einem gewissen Abstand betrachten, wohl wissend, dass es eine andere, tiefere Realität gibt. Ich will auch im Prozess der Realisierung meiner Absichten Abstand halten, wohl wissend, dass unser Universum ein intelligentes ist, dass die Fähigkeit besitzt, Raum-Zeit-Ereignisse in Gang zu setzen, deren Einzelheiten mein Vorstellungsvermögen übersteigen. Ich will auch gegenüber meinen Mitmenschen Abstand halten. Ich will es ihnen überlassen, ihr Schicksal so zu gestalten, wie es ihnen als richtig erscheint. Ich will niemandem meinen Willen aufzwingen.

Das Gesetz der Polarität und der Balance

Ich will mir immer der Tatsache bewusst sein, dass die Welt der Formen durch Polaritäten gekennzeichnet ist. Ohne Weiß gäbe es kein Schwarz, ohne Liebe keinen Hass. Ich will danach trachten, Extreme zu vermeiden und Ausgleich zu schaffen in Bereichen, in denen mein Leben außer Balance gerät. An jedem Morgen und jedem Abend will ich einen bewussten „Balance-Check" meines Lebens durchführen.

Das Gesetz des Fließens

Ich beabsichtige, mir den ganzen Tag darüber im Klaren zu sein, dass alles fließt, dass sich alles verändert und dass auch alles vergänglich ist. Der Gedanke der Vergänglichkeit gibt mir ein Gefühl der Leichtigkeit und des Abstandes gegenüber all den materiellen Dingen, die unserem Ego so wichtig erscheinen. Ich will alles, was in meinem Leben geschieht, freudig akzeptieren in dem Bewusstsein, dass unser Universum ein intelligentes ist, das nur mein Bestes im Sinne hat, auch wenn dies nicht immer sofort offensichtlich ist.

Das Gesetz der Bewusstheit
Ich will mir immer der Tatsache bewusst sein, dass das Hier und Jetzt, der jetzige Augenblick, das Einzige ist, was ich wirklich in meinem Leben habe. Vergangenheit und Zukunft existieren nur in meinem Geist. Den ganzen Tag über will ich die Eigenschaft des Zeugen kultivieren, des Zeugen, der den Prozess seines Denkens und auch die Einflüsterungen seines Egos beobachtet. Ich will den ganzen Tag über verbunden sein mit der leisen Stimme meines Herzens, die mir immer den Weg weist, auch wenn die Stürme des Lebens noch so heftig blasen.

Das Gesetz von Ursache und Wirkung
Ich beabsichtige, mir immer der Tatsache bewusst zu sein, dass alle meine Gedanken und Taten Wirkungen habe, die im Endeffekt zu mir zurückkehren, und dass ich in jedem Augenblick Entscheidungen fälle. Ich beabsichtige, Entscheidungen zu fällen, die durch Liebe und Mitgefühl charakterisiert sind.

Das Gesetz der Wahrheit
Ich beabsichtige, mir der Tatsache bewusst zu sein, dass es jenseits unserer irdischen Welt mit ihren Illusionen absolute Wahrheiten gibt. Ich bemühe mich immer, diese Wahrheiten zu begreifen und zu erfahren.

Das Gesetz der Liebe
Ich beabsichtige, mir immer der Tatsache bewusst zu sein, dass die Liebe eine Urkraft in unserem Universum darstellt, die alles erschafft und alles erhält. Liebe ist in erster Linie eine Frequenz, auf die wir uns einstellen und einstimmen können. Indem ich den ganzen Tag über meine Aufmerksamkeit auf mein Herz, mein Liebesorgan, richte, indem ich der leisen Stimme meines Herzens lausche, die immer vorhanden ist, wird mein ganzes Leben ein Ausdruck der Liebe.

Das Gesetz des Einsseins
Ich will mich an jedem Tag daran erinnern, dass die Botschaft „Wir sind alle eins" – verbunden und verwoben – mit Gott, dem Leben und miteinander, die eine spirituelle Botschaft ist, auf die die Welt gewartet hat, damit sie nachhaltige Antworten voller Liebe auf die Herausforderungen der Menschheit gibt. Ich erkenne an, wie wichtig es ist, mich auf meinem gesamten Lebensweg mit meinem göttlichen Kern und meiner inneren Weisheit zu verbinden, um den schönsten und höchsten Ebenen des menschlichen Potenzials zu erlauben, zum Wohle aller zu blühen.

Das Gesetz der Meditation
Ich will mir immer darüber im Klaren sein, dass es jenseits dieser Welt der äußeren Formen eine tiefere Dimension, eine tiefere Wirklichkeit gibt. Ich werde mir an jedem Tag Zeit nehmen, um meinen Geist zur Ruhe zu bringen, innere Stille zu erfahren und Zugang zu dieser tieferen Dimension zu finden, die durch Freude und den Frieden Gottes, der größer als alle Vernunft ist, gekennzeichnet ist.

Das Gesetz des Dienens
Ich will mir immer darüber im Klaren sein, dass Dienen einen fundamentalen Aspekt meiner menschlichen Natur darstellt, dass es in meine DNA eingebettet ist. Ich will mir immer darüber im Klaren sein, dass Glücklichsein und Dienen untrennbar miteinander verbunden sind. Dienen bedeutet Glücklichsein. Glücklichsein bedeutet Dienen. In diesem Geist will ich den ganzen Tag über Ausschau nach Gelegenheiten halten, meinen Mitmenschen zu helfen und unter die Arme zu greifen. Ich will mir auch immer darüber im Klaren sein, dass Geben und Empfangen so eng miteinander verbunden sind wie die beiden Seiten einer Münze. Alles, was wir anderen geben, geben wir uns selbst.

Im Besonderen beabsichtige ich, die folgenden Dinge zu verwirklichen:

Es ist meine Absicht, immer dem höchsten Gut aller Beteiligten, dem höchsten Gut des Universums und meinem eigenen höchsten Gut zu dienen.

So sei es und so ist es!

LITERATURHINWEISE

Ablass, Werner. *Leide nicht – liebe: Über die Liebe zur Liebe ohne Objekt.* 1st ed. Aachen: Silberschnur, 2004.

Allen, James. *As A Man Thinketh.* Place of publication not identified: Sublime Books, 2015.

Anthony, Mark. *Evidence of Eternity: Communicating with Spirits for Proof of the Afterlife.* Woodbury, Minnesota: Llewellyn Publications, 2015.

Aronson, B. C. *Secrets to Happiness: Uplifting Quotes for Everyday Life.* New York: Gramercy, 2008.

Assaraf, John; Proctor, Bob. *Having It All: Achieving Your Life's Goals and Dreams.* Csm Rev Up edition. New York: Atria Books, 2007.

Auhagen, Ann Elisabeth. *Positive Psychologie: Anleitung zum „besseren" Leben.* 2nd ed. Weinheim; Basel: Beltz, 2008.

Betz, Robert. *Raus aus den alten Schuhen!: So gibst du deinem Leben eine neue Richtung.* Heyne Verlag, 2016.

Betz, Robert. *Willst du normal sein oder glücklich?: Aufbruch in ein neues Leben und Lieben.* München: Heyne Verlag, 2011.

Bormans, Leo. *Glück. The World Book of Happiness.* Köln: DuMont Buchverlag GmbH, 2011.

Broers, Dieter. *Gedanken erschaffen Realität: Die Gesetze des Bewusstseins.* 1. Berlin: Trinity Verlag, 2010.

Bucher, Anton. *Psychologie des Glücks: Ein Handbuch.* 1st ed. Weinheim; Basel: Beltz, 2009.

Buchinger, Otto. *Vom Marinearzt Zum Fastenarzt.* Hyperion-Verl., 1955.

Burroughs, Tony. *Code: 10 Intentions for a Better World: Use the Laws of Manifestation to Achieve Your Highest Good.* San Francisco, CA: Weiser Books, 2008.

Burroughs, Tony; Knight, Brenda. *Get What You Want: The Art of Making and Manifesting Your Intentions.* Berkeley, Calif: Viva Editions, 2012.

Byrne, Rhonda. *The Secret*. 1st Atria Books/Beyond Words Hardcover Edition. New York: Hillsboro, Or: Atria Books/Beyond Words, 2006.

Cameron, Julia. *The Artist's Way: A Spiritual Path to Higher Creativity*. 10th Anv. edition. New York: Jeremy P. Tarcher/Putnam, 2002.

Canfield, Jack; Switzer, Janet; Padnick, Steven; Harris, Rick. *The Success Principles*. William Morrow, 2005. http://videoplus.vo.llnwd.net/o23/digitalsuccess/SUCCESS%20Book%20Summaries/2010%20December%20SBS/The%20Success%20Principles%20Summary.pdf.

Capra, Fritjof. *The Tao of Physics: An Exploration of the Parallels between Modern Physics and Eastern Mysticism*. Third Edition. Shambhala, 1991.

Cerminara, Gina. *Erregende Zeugnisse von Karma und Wiedergeburt*. München: Droemer Knaur, 2001.

Chinmoy, Sri. *Meditation: Man Perfection in God Satisfaction*. Jamaica, N.Y: Aum Publications, 1989.

Chopra, Deepak. *The Seven Spiritual Laws of Success: A Practical Guide to the Fulfilment of Your Dreams*. San Rafael, Calif: New World Library/Amber-Allen Publishing, 1994.

Chopra, Deepak; Carlson, Richard. *Creating Affluence: The A-to-Z Steps to a Richer Life*. Chopra, Deepak edition. Novato, Calif.; Enfield: New World Library and Amber-Allen Publishing, 1998.

Chopra, Deepak, and Rudolph E. Tanzi Ph.D. *Super Genes: Unlock the Astonishing Power of Your DNA for Optimum Health and Well-Being*. 1st edition. New York: Harmony, 2015.

Chopra, Deepak; Williamson, Marianne; Ford, Debbie. *The Shadow Effect: Illuminating the Hidden Power of Your True Self*. Reprint edition. New York: HarperOne, 2011.

Collier, Robert. *The Secret of the Ages*. Merchant Books, 2013.

Cooper, Diana. *Der spirituelle Lebens-Ratgeber: Im Einklang mit dem Universum fühlen, denken, handeln*. 4th ed. München: Ansata, 2003.

Covey, Stephen R. *The 7 Habits of Highly Effective People: Powerful Lessons in Personal Change*. Revised edition. New York: Free Press, 2004.

Covey, Stephen R. *The 8th Habit: From Effectiveness to Greatness.* Reprint edition. New York: Free Press, 2005.

Covey, Stephen R.; Covey, Sandra Merrill. *The 7 Habits of Highly Effective Families: Building a Beautiful Family Culture in a Turbulent World.* 1st edition. New York: Golden Books, 1997.

Cranston, Sylvia; Williams, Carey. *Wiedergeburt – Ein neuer Horizont in Wissenschaft, Religion und Gesellschaft.* München: Deutsche Vereinigung für Wasserwirtschaft, Abwasser und Abfall, 1989.

Csikszentmihalyi, Mihaly. *Flow: The Psychology of Optimal Experience.* 1st edition. New York u.a.: Harper Perennial Modern Classics, 2008.

Dahlke, Ruediger. *Die Schicksalsgesetze: Spielregeln fürs Leben – Resonanz Polarität Bewusstsein.* 10th ed. Arkana, 2009.

Dahlke, Ruediger. *Lebenskrisen als Entwicklungschancen: Zeiten des Umbruchs und ihre Krankheitsbilder.* München: Goldmann Verlag, 1999.

Dethlefsen, Thorwald. *Schicksal als Chance. Das Urwissen zur Vollkommenheit des Menschen.* 49. Auflage. München: Goldmann Verlag, 1980.

Dyer, Wayne W. *10 Secrets for Success and Inner Peace.* 2nd edition. Hay House, Inc., 2016.

Dyer, Wayne W. *Being in Balance: 9 Principles for Creating Habits to Match Your Desires.* 2nd Reprint edition. Carlsbad, CA: Hay House, Inc., 2016.

Dyer, Wayne W. *The Shift: Taking Your Life from Ambition to Meaning.* 1st edition. Carlsbad, Calif: Hay House, 2010.

Dyer, Wayne W. *Wishes Fulfilled: Mastering the Art of Manifesting.* Reprint edition. Carlsbad, Calif.: Hay House, Inc., 2013.

Dyer, Wayne W.; Hicks, Esther. *Co-Creating at Its Best: A Conversation Between Master Teachers.* Carlsbad, California: Hay House, Inc., 2014.

Dyer, Wayne W. *Change Your Thoughts – Change Your Life: Living the Wisdom of the Tao.* Reprint. Carlsbad, Calif: Hay House, 2009.

Dyer, Wayne W. *Your Sacred Self: Making the Decision to Be Free.* Harper Collins, 2009.

Egli, Rene. *Das LOL²A-Prinzip: Die Vollkommenheit der Welt.* Oetwil: Editions d'Olt, 1999.

Glasenapp, Helmuth von. *Die fünf Weltreligionen*. Kreuzlingen; München: Diederichs, 2005.

Goldstein, Joseph. *The Experience of Insight: A Simple and Direct Guide to Buddhist Meditation*. Reissue edition. Boulder, Colo.: New York: Shambhala, 1987.

Greber, Johannes. *Der Verkehr mit der Geisterwelt Gottes – seine Gesetze und sein Zweck. Selbsterlebnisse eines katholischen Geistlichen*. 9. Auflage. Teaneck, N.J; Buschhoven: Johannes Greber Memorial Foundation, 1986.

Hanh, Thich Nhat. *Anger: Wisdom for Cooling the Flames*. New York: Riverhead Books, 2002.

Hanh, Thich Nhat. *Awakening of the Heart: Essential Buddhist Sutras and Commentaries*. Original edition. Berkeley, Calif: Parallax Press, 2011.

Hanh, Thich Nhat. *Present Moment Wonderful Moment: Mindfulness Verses for Daily Living*. Revised. Berkeley, Calif: Parallax Press, 2006.

Hanh, Thich Nhat. *Silence: The Power of Quiet in a World Full of Noise*. Reprint edition. HarperOne, 2016.

Hanh, Thich Nhat. *The Heart of the Buddha's Teaching: Transforming Suffering into Peace, Joy, and Liberation*. New Ed. New York: Harmony, 1999.

Hanh, Thich Nhat. *Touching the Earth: Guided Meditations for Mindfulness Practice*. Revised ed. Berkeley, Calif: Parallax Press, 2008.

Hanh, Thich Nhat. *Und ich blühe wie die Blume …* Braunschweig: J. Kamphausen Verlag, 1998.

Hay, Louise. *You Can Heal Your Life*. 2nd edition. Santa Monica, CA: Hay House, 1984.

Hesse, Hermann; Westphal, Gert. *Über das Glück*. 1st ed. München: DHV – Der Hörverlag, 2003.

Hicks, Esther; Hicks Jerry; Dyer, Wayne W. *Ask and It Is Given: Learning to Manifest Your Desires*. Hay House, 2004.

Hicks, Esther; Hicks, Jerry. *The Astonishing Power of Emotions: Let Your Feelings Be Your Guide*. Hay House Inc., 2007.

Hicks, Jerry; Hicks, Esther. *A New Beginning II: A Personal Handbook to Enhance Your Life, Liberty and Pursuit of Happiness*. San Antonio, TX: J. & E. Hicks, 1991.

Hirschhausen, Eckart von. *Glück kommt selten allein …* Reinbek bei Hamburg: Rowohlt, 2009.

Holden, Robert. *Success Intelligence: Essential Lessons and Practices from the World's Leading Coaching Program on Authentic Success.* Concordville, Pa.; Norwood, Mass.: Hay House, 2009.

Houston, Jean. *A Passion for the Possible: A Guide to Realizing Your True Potential.* 1st Reprint edition. San Francisco: HarperOne, 1998.

Houston, Jean. *Jump Time: Shaping Your Future in a World of Radical Change.* 2nd edition. Boulder, CO: Sentient Publications, 2004.

Katie, Byron; Mitchell, Stephen. *Loving What Is: Four Questions That Can Change Your Life.* Reprint edition. New York: Three Rivers Press, 2003.

Khan, Vilayat Inayat. *Sufismus – Der Weg zum Selbst. Stufen einer mystischen Meditation.* 2. Barth Verlag, 1975.

Klein, Stefan. *Die Glücksformel: oder Wie die guten Gefühle entstehen.* 2nd ed. Frankfurt, M: S. Fischer Verlag, 2012.

Köcher, Renate; Raffelhüschen, Bernd. *Glücksatlas Deutschland 2011: Erste Glücksstudie von Deutsche Post.* München: Albrecht Knaus Verlag, 2011.

Köppler, Paul H. *So spricht Buddha: Die schönsten und wichtigsten Lehrreden des Erwachten.* 1st ed. Frankfurt am Main: Scherz, 2004.

Kornfield, Jack. *Frag den Buddha und geh den Weg des Herzens.* 1st ed. Berlin: Allegria Taschenbuch, 2004.

Kübler-Ross, Elisabeth. *Über den Tod und das Leben danach.* 39. Güllesheim: Silberschnur, 2010.

Kübler-Ross, Elisabeth; Kessler, David. *Geborgen im Leben: Wege zu einem erfüllten Dasein.* Vollständige Taschenbuchausgabe, 1. Auflage. München: Droemer Knaur, 2003.

Kustenmacher, Werner; Kustenmacher, Tiki; Seiwert, Lothar. *How to Simplify Your Life: Seven Practical Steps to Letting Go of Your Burdens and Living a Happier Life.* 1st edition. New York: McGraw-Hill Education, 2004.

Lama, Dalai. *The Art of Happiness: A Handbook for Living.* 10th Anv. edition. New York: Riverhead Books, 2009.

Losier, Michael J. *Law of Attraction: The Science of Attracting More of What You Want and Less of What You Don't.* 1st edition. New York: Grand Central Life & Style, 2010.

Lyubomirsky, Sonja. *The How of Happiness: A New Approach to Getting the Life You Want.* Reprint edition. New York, N.Y.: Penguin Books, 2008.

Mattiesen, Emil. *Das persönliche Überleben des Todes.* Vol. 1–3. Hamburg: Severus Verlag, 2013.

McLeod, Melvin; Hanh, Thich Nhat. *You Are Here: Discovering the Magic of the Present Moment.* Translated by Sherab Chodzin Kohn. Reprint. Boston, Mass.: Shambhala, 2010.

McMahon, Darrin M. *Happiness: A History.* Reprint edition. New York: Grove Press, 2006.

Michel, Peter. Karma und Gnade. 1. Auflage. Grafing: Aquamarin Verlag, 1988.

Millman, Dan. *The Laws of Spirit: A Tale of Transformation.* 1st edition. Tiburon, Calif.: HJ Kramer/New World Library, 2001.

Moody, Raymond A. *Leben nach dem Tod: Die Erforschung einer unerklärlichen Erfahrung.* Translated by Hermann Gieselbusch and Lieselotte Mietzner. 27th ed. Reinbek bei Hamburg: Rowohlt, 1977.

Moody, Raymond A. *Nachgedanken über das Leben nach dem Tod.* 2nd ed. Reinbek bei Hamburg: Rowohlt Taschenbuch Verlag, 2002.

Moorjani, Anita. *Dying To Be Me: My Journey from Cancer, to Near Death, to True Healing.* 1st edition. Hay House, 2014.

Murphy, Joseph. *The Power of Your Subconscious Mind.* Rev. Upd. edition. New York: Prentice Hall Press, 2008.

Osho. *The Book of Secrets.* New York: St. Martin's Griffin, 1998.

Peale, Norman Vincent. *The Amazing Results of Positive Thinking.* 1st Fireside edition. New York: Touchstone, 2003.

Rasha. *Oneness.* FastPencil, 2010.

Ricard, Matthieu. *Altruism: The Power of Compassion to Change Yourself and the World.* Reprint edition. Back Bay Books, 2016.

Ricard, Matthieu. *Happiness: A Guide to Developing Life's Most Important Skill.* Main edition. London: Atlantic Books, 2015.

Robbins, Anthony. *Unlimited Power: The New Science of Personal Achievement*. Reprint edition. New York: Free Press, 1997.

Robbins, Tony. *Awaken the Giant Within: How to Take Immediate Control of Your Mental, Emotional, Physical and Financial Destiny!* New York: Free Press, 1992.

Rodegast, Pat; Stanton, Judith. *Emmanuel's Book: A Manual for Living Comfortably in the Cosmos*. Bantam Books, 1985.

Santi, Jenny; Chopra, Deepak. *The Giving Way to Happiness: Stories and Science Behind the Life-Changing Power of Giving*. New York: TarcherPerigee, 2015.

Schimmel, Annemarie. *Sufismus: Eine Einführung in die islamische Mystik*. 5th ed. München: C.H.Beck, 2014.

Schmid, Wilhelm. *Glück: Alles, was Sie darüber wissen müssen, und warum es nicht das Wichtigste im Leben ist*. 138. Tsd. Frankfurt am Main; Leipzig: Insel Verlag, 2007.

Schneider, Wolf. *Glück! Eine etwas andere Gebrauchsanweisung*. 4th ed. Reinbek bei Hamburg: Rowohlt, 2007.

Schroeder, Leopold von, Zimmer Heinrich, and Sascha Bowsetzky. *Bhagavadgita; Aschtavakragita; Indiens heilige Gesänge*. Heinrich Hugendubel, 2004.

Schucman, Helen. *A Course in Miracles*. 3rd edition. Foundation for Inner Peace, 2007.

Schwäbisch, Lutz; Siems, Martin R. *Selbstentfaltung durch Meditation – Eine praktische Anleitung*. 1. Aufl. Darmstadt: Schirner, 2006.

Selig, Paul. *I Am the Word: A Guide to the Consciousness of Man's Self in a Transitioning Time*. TarcherPerigee, 2010.

Selig, Paul. *The Book of Knowing and Worth: A Channeled Text*. TarcherPerigee, 2013.

Selig, Paul. *The Book of Love and Creation: A Channeled Text*. Original edition. New York: TarcherPerigee, 2012.

Seligman, Martin E.P. *Der Glücks-Faktor. Warum Optimisten länger leben*. Köln: Luebbe Verlagsgruppe, 2014.

Senge, Peter M.; Scharmer, Otto, Jaworski, Joseph; Flowers, Betty Sue. *Presence: Human Purpose and the Field of the Future*. Reprint edition. New York u. a.: Crown Business, 2008.

Singer, Michael A. The Untethered Soul: The journey beyond yourself. New Harbinger Publications, 2007.
Tepperwein, Kurt. *Die Geistigen Gesetze: Erkennen, verstehen, integrieren.* Bearb. u. erg. S.l.: Goldmann Verlag, 2002.
Tolle, Eckhart. *Jetzt! Die Kraft der Gegenwart.* 3. Aufl. 2011. Bielefeld: Kamphausen, 2010.
Tolle, Eckhart. *Leben im Jetzt: Das Praxisbuch.* Translated by Erika Ifang. München: Goldmann, 2014.
Tolle, Eckhart. *Stille spricht: Wahres Sein berühren.* Translated by Erika Ifang. 11th ed. München: Arkana, 2003.
Tolle, Eckhart. *The Power of Now: A Guide to Spiritual Enlightenment.* New World Library, 2010.
Twist, Lynne; Canfield, Jack. *The Soul of Money: Transforming Your Relationship with Money and Life.* 1st edition. Place of publication not identified: W. W. Norton & Company, 2017.
Vries, Manfred Kets de. *The Happiness Equation: Meditations on Happiness and Success.* New York: iUniverse, Inc., 2007.
Wallimann, Silvia. *Das Wunder der Meditation.* Freiburg im Breisgau: Bauer, Freiburg, 1998.
Wallimann, Silvia. *Erwache in Gott.* Bauer, Freiburg, 1993.
Wattles, Wallace D. *The Science of Success: The Secret to Getting What You Want.* New York: Sterling, 2007.
Wickland, Carl. *Dreissig Jahre unter den Toten.* Translated by Wilhelm Beyer. 15. Aufl., St. Goar: Otto Reichl Verlag. Der Leuchter, 2009.
Williamson, Marianne. *A Return to Love: Reflections on the Principles of "A Course in Miracles".* Reissue edition. New York: HarperOne, 1996.
Yogananda, Paramahansa. *Autobiographie eines Yogi.* Nachdruck der 1. Aufl. S.l.: Self-Realization Fellowship, 1998.
Yogananda, Paramahansa. *Die ewige Suche des Menschen: Eine Sammlung von Vorträgen und Schriften zum Thema Gott im täglichen Leben verwirklichen.* Los Angeles: Self-Realization Fellowship, 2001.

Der Autor

Henning Karcher studierte Jura und Volkswirtschaft in München, Freiburg und Aix-en-Provence, promovierte in Freiburg und wurde am Deutschen Institut für Entwicklungspolitik in Berlin ausgebildet. Er arbeitete während des größten Teiles seines Berufslebens für das Entwicklungsprogramm der Vereinten Nationen. Während er Länderbüros der Vereinten Nationen in verschiedenen Ländern führte und leitende Positionen in New York innehatte, verfolgte er gleichzeitig immer seine Suche nach den spirituellen Gesetzen des Universums und nach dem Glück des Menschen.

Seit 2003 lebt er mit seiner Frau auf den Philippinen. Seine Hauptinteressensgebiete sind neben spirituellen und naturwissenschaftlichen Themen die Armutsbekämpfung im Rahmen einer von ihm gegründeten Nichtregierungsorganisation, organische Landwirtschaft und das Bergsteigen.